ちくま学芸文庫

政治の約束

ハンナ・アレント
ジェローム・コーン 編
高橋勇夫 訳

筑摩書房

目次

政治の約束

凡　例

一　原書中の引用文については、できるだけ既存の邦訳文を参照のうえ、独自の訳をつけた。

二　（　）内の算用数字は原注、〔　〕内の算用数字は訳注の番号を示す。

三　原書中で強調のイタリックの部分は、傍点を付した。なお英文の強調的構文が十分に日本文に反映できかねるとき、またとくに読者の注意を促す必要がある場合、訳者の判断で傍点を付した箇所もある。

四　地の文と対照させるため「　」を用いた箇所がある。

五　小見出しはすべて訳者が付したものである。

序文

ジェローム・コーン

ハンナ・アレントは注文に応じて本を書くということはなかったが、自分自身の注文にすら応じないこともあった。論より証拠、本書の目次にある大部分の論考は、一九五〇年代にかなり綿密に計画され、しかもその綿密さの度合いは日ごとに増していたというのにやがて断念された、二冊の著作のために用意されたものなのである。第一の著作は『全体主義の起原』（一九五一）から派生して構想されたものであり、「マルクス主義における全体主義的諸要因」という表題が予定されていた。つまり『全体主義の起原』では十分に検討されなかったマルクス主義の問題が扱われるはずであった。一九五〇年代前半、アレントは講義、論文、講演、自身の思索ノートへの書き込みなど夥しい数の資料を準備して、マルクス自身にとどまらず、しだいに政治哲学思想の偉大な伝統にマルクスが占めるきわめて重要な位置についても考察を深めているところだった。その際の彼女の中心的な洞察は以下の点にあっただろう。すなわち政治哲学思想の伝統は、マルクスの思想において自らの起源に立ち返り、その極点に達すると同時に、その権威は粉々に打ち砕かれてしまった。そしてアレントにとって、このことは二つのまったく異なる意味を有していた。つまりそれは、第一に、全体主義イデオロギーを吹き込むためにマルクス主義が利用される口実になり、第二に、アレント自身の思考を政治哲学思想の伝統から解放し、そのことが最初の幻の著作の真の存在理由《レゾンデートル》にもなったのである。(1)

アレントがドイツ語で書こうと計画していた第二の著作の構想が明らかになったのは、一九五五年に彼女の師であり友人でもあるカール・ヤスパースをスイスのバーゼルに訪問中のことだった。予定されていた「政治入門（Introduction *into* Politics）(2)」というタイトルが意味するところは、けっして政治学や政治理論を研究するための入門書ではなく、逆に、真の政治的経験へ導くための手引き書であった。(3) この政治的経験の中でもっとも重要なものは活動《アクション》である。もっともこのときのアレントは、「活動」は彼女がほんとうに明らかにしたいことを曖昧化するためによく使われる「ありきたり」の語であると述べている。幻の第二の著作では、アレントが「活動」で意図するもの——平等な同輩たちの前で思い切った発言と行動をすること、前もって結果の判らない何か新しいことを始めること、公共圏（共和国《レス・プーブリカ》）を構築すること、他者に対して約束（promising）と赦し（forgiving）を与えること——についての分析が、重要な役割を果たしている。これらの活動はいずれも単独で始められることはなく、つねに複数性（plurality）のうちにある人々によってのみ始められる。このときアレントが「複数性のうちにある」という表現で意図しているのは、人々が互いに絶対的な差異性（distinctness）のうちにあるということだ。複数的な男と女たちは時として――滅多にないことだが――力を合わせて政治的に振る舞い、彼らの間に生起する世界を変えることに成功してきた。しかるに思想家たちはそうした世界から撤退して独りで行動しているので、単独でいる人間《マン》一般、あるいは、結局同じことになるのだが、単一なる種の集合としての人間《メン》たちに思いを巡らす傾向がある。その結果、彼らは、アレントが活動の最大の可能性とみなしている政治的自由という経験を無視しがちになり、マルクスに至ってはその経験の解釈を誤ってしまう。したがってアレントの理解によれば、これらの思想家たちによって創始され伝えられてきた政治哲学思想の伝統から「活動」の大半は失われてしまったのである。この意味において、第二の幻の著作は第一の幻の著作の続編といえるだろう。

　本書の前半では、政治哲学思想の歴史的起源と発展と到達点について検討される。他方、後半早々には、政治一般に対する私たちの伝統的偏見（prejudice）、とりわけ政治的活動に対する予断（prejudgement）が取り上げられる。注目すべきは、前半と後半の橋渡しをするこれらの偏見と予断が、れっきとした哲学的経験に由来するものとして、アレントによって重視されていることである。さらに未曾有の破壊手段を有する現代世界《モダン・ワールド》(4)においては、活動の予測不能性につねに潜んでいる危険はかつてないほど大きく、差し迫ったものになっている。いっそのこと平穏な人生を求めて政治と政治的活動から完全に身を退き、代わりにマルクスがプロレタリア革命の究極の成果として予見していたもの、すなわち単なる「財貨の管理」を据えたなら、私たちはもっと幸せになれるのだろうか？ それとも、逆に、それは産湯と一緒に赤子を流すことになるのだろうか？ アレントはこうした疑問を解決しようと、第六章「政治入門」の後半部分で政治的経験の意味を明らかにする。もし政治的経験の意味に人間の勇気と尊厳と自由が不可欠だとするなら、私たちが自由にならねばならないのは政治それ自身からではなく、政治に対する偏見と予断からなのだと考えていいだろう。もっとも、たぶんそうした自由は、何世紀もの時間を閲したあとで、世界が提供する新しい活動の可能性をあらためて一つひとつ判断《ジャッジ》することによって、ようやく実現されるのだろう。しかし判断はいかなる標準《スタンダーズ》でなされるのか？ まさにこの難解な疑問を抱くことによって、読者はアレントの政治思想の核心に迫ることになる。

たとえば神の口から発せられる道徳的戒律、不易の自然法に由来する倫理的原則、普遍理性のテストに合格した実践的原理といった伝統的な判断基準が、もはや現実に合致しない（！）時代を想像してみよう。そのような時代、人々は伝統的標準について、その公正さは疑わないまでも、自分たちの実際の生活で求められる行動を指示するものとしては使い物にならないと考えるだろう。(5) 周知の通り、全体主義の支配下で人々は家族を裏切り、隣人を殺した。しかもそれは支配者の命令に服従しただけではなく、人間社会の必然的な「進歩」を律するイデオロギー法則に従った結果でもあったのである。そうした人々は判断をしないで行動したのだと言われても仕方がないかもしれないが、重要なのは、これらの高次の運動法則の観点からは、家族愛や隣人愛という標準など偏見や予断にしかみえないということである。外部から人間の行動を統御しようとする規則《ルール》はすべて——その善悪や由来にかかわらず——非政治的であり、反政治的ですらあることを、アレントは理解するようになった。政治に関する彼女の認識の深さは以下の主張に垣間見られるだろう。すなわち何らかの程度の信頼性を有する唯一の判断基準は、けっして上から降りてくるのではなく、人間の複数性から、つまり政治的情況それ自体からやってくるということである。政治的判断は知識や似非知識や投機的思考の問題ではない。それはリスクを排除することなく、人間の自由と、自由な人々が互いに共有し合う世界を、肯定するものなのである。あるいはこう言った方がいいかもしれない、それは共通世界《コモン・ワールド》内での人間の自由という「現実」を確立するものであると。生活の方法は長い間、考える生活と行動する生活、哲学と政治に分裂してきた。そしてその分裂とともに政治思想の伝統が始まり、私たちの政治的な偏見と予断はいまだにその分裂に根を下ろしているのだ。こうした思考と行動の二分法は、近代の他の思想家たちには見られないアレントの特徴なのだが、「政治的に判断する」という精神の活動《アクティヴィティ》力は、二つの生活方法の長年の分裂に対するアレントの対処法なのである。一九五〇年代に計画されていた幻の二著のいずれにも『政治の約束 *The Promise of Politics*』というタイトルは予定されていなかったが、彼女が準備をしてそれらの著作が棚上げにされても反故にしなかった論考を集めた本書のタイトルとしてそれがふさわしいのは、彼女が「判断」という人間の能力を強調しているからに外ならない。

『全体主義の起原』が出て数カ月も経たないうちに、ハンナ・アレントはグッゲンハイム財団に企画書を提出しているが、それは現在でもなお十分に再読に値するものだ。彼女は『全体主義の起原』における「重大な空白」すなわちボルシェヴィキ・イデオロギーの「背景」に関する「十分な歴史的・概念的分析の欠落」に言及し、さらに「この省略は意図的なものだった」と述べている。彼女は「全体主義の衝撃的な独創性」を、すなわち「そのイデオロギーと統治方法がまったく前例のないものであり、ふつうの歴史用語ではその諸要因を正確に説明できないという事実」を弱めたくなかったのだという。マルクス主義は背後に相当の伝統を有し、それを批判的に検討するためには西洋政治哲学の若干の中心的教義を批判しなければならなかったが、もしそれをたった一つの要因と考えていたのなら、彼女だってボルシェヴィキのイデオロギーを十分に検討していただろう。『全体主義の起原』でアレントが検討した要因は、反ユダヤ主義、帝国主義、人種差別主義、国境《ポリティカル・ボーダーズ》をまたぐナショナリズムだったが、それらはすべて「西洋史の地下水脈」だったのであり、いずれも「西洋の政治哲学の偉大な伝統」とは無関係のしろものだった。

「西洋諸国家の伝統的な社会・政治的枠組みが解体した時と場所で、初めて」それらの諸要因は出現したのである。しかしいまや彼女もマルクス主義を考察するようになり、「一般に受容されている政治思想の諸カテゴリー」と尋常ならざる私たちの「現在の情況をつなぐ失われた環《ミッシング・リンク》」の謎を解き明かそうとしていたのである。(6)

この最後の一節が意味するのは、アレントの考察が、前例のない全体主義の諸要因から第二次世界大戦の余波を被る世界へと、きわめて重要な移行を果たしたということである。あきらかに、こうした企図はすでに『全体主義の起原』を書いているときに彼女の念頭にあっただろうし、彼女自身が述べている理由によってそれは著作から除外されたのだろう。事実、第二版以降の『全体主義の起原』の最終章で、(7)この「移行」について明確にこう語られているのだ。「現代の紛れもない苦境は、全体主義が過去のものとなったとき、初めて真の形態――必ずしも残虐無比なものとは限らないが――を取るだろう」。この現代の「苦境」が取る真の形態こそ、まさしくアレントがマルクス主義に関する幻の著作で立ち向かおうとしたものであった。もっとも、そうした新しい主題への彼女のアプローチの仕方が、その異端ぶりにおいて、『全体主義の起原』の場合より劣ることはなかっただろう。後者においては、彼女は歴史解釈の方法として因果律の範疇を排除し、その代わりに新しい統治形態に具現化する「地下の」諸要因という概念を導入して、その上で、それらの諸要因を例示するために文学に出典を求めて人物像を描いていた。それだからこそアレントは、一様に歴史家、社会・政治学者、哲学者たちの怒りを買ったのである。しかし現に知られずにいて、なおかつ伝統の内部では知られることもかなわないような「悪」を明るみに出そうと考えたなら、彼女には伝統的範疇から離れて――彼女の口癖を用いるなら「手すりなしで *ohne Geländer*（without banisters）」――考えてゆくしか術がなかった。そして隠れた諸要因を再体験しようと考えたなら、彼女は想像力を働かせるしか術がなかったのである。それらの諸要因は、最終的かつ突然に、合体して爆発を引き起こしていた。もしそのまま阻止されずにいたならば、結果として人間の複数性と人間の世界を破壊していただろう。全体主義的支配の恐怖は新奇なものではあったが、アレントが一九五〇年代に好んで用いた表現を借りるなら、「月から輸入された」ものなどではなかったのだ。[8]

アレントが乗り出そうとしていた航海において、彼女が用いようとしていた理解の方法もまた、ひとつの重大な点をのぞいて、やはり異端的なものであっただろう。アレントは、ボルシェヴィキ・イデオロギーの「背景」としてマルクス主義に注目したのだが、マルクス主義がボルシェヴィズムをもたらしたとはけっして考えていなかった。さりとて彼女の「地下の諸要因の具現化」という概念はもう当てはまらなかった。なぜなら、いかなる意味においても、マルクス主義は「地下的なもの」とは考えられなかったからである。アレントの見解では、ボルシェヴィキ独裁者のレーニン、とりわけスターリンが彼の名において犯した犯罪を正当化する理由は、マルクスの中には何一つ見つからないのだ。反対に、彼女は伝統を伝えたり、伝統に叛旗を翻したり翻そうとした人々の物語を語ることによって伝統を裁いたが、それができたのは西洋政治思想主流においてマルクスが占める独特な位置のおかげだったのである。繰り返しを怖れずに言えば、次の点はいくら強調しても強調しすぎるということはないだろう。すなわちアレントが主張しているのは、全体主義が直接的に伝統やマルクス主義に由来したということではなく、彼女自身が（先に引用したH・A・モウ宛の手紙で）述べているように、マルクスの考えでは、伝統自身が「自らの終焉を発見」し、とぐろを巻いた蛇が自らをむさぼり食うように、自己を食い破ったということである。マルクス主義は伝統の権威を打破したが、それはせいぜい、ボルシェヴィキ全体主義を構成するひとつの消極的条件にすぎなかったのである。全体主義が去ったあとの世界では、伝統もその権威も復活することはできない、それはアレントにとって明々白々たることだった。

マルクス関係の著作のためにアレントが用意した草稿には膨大なものがあり、編集したり繋ぎ合わせたりして本書に収録されたのはそのうちのほんの一部にすぎない。社会諸科学に対するマルクスの影響は巨大でありしばしば見逃されがちでもあるのだが、アレントは、現存する何百頁もの草稿において、独特の流儀でマルクスと取り組み、ときとして彼の思想の非科学的な性格を強調している。彼女はマルクスの全著作に通底するある種の陳述を「真理命題（apodictic statements）」と称して強調することもあるが、それはいかなる体系的理論にも増してマルクスの政治哲学を明らかにするものであり、さらに彼が哲学をやめて経済学、歴史、政治学を始めた理由を解き明かしてくれるものだという。またときには彼女は、とくに保守的な批判者たちによるマルクスに関するありがちな誤解を際立たせて、同時代の政治にマルクスが果たした役割や世界中の労働者階級と労働運動に彼が及ぼした影響と、「マルクス主義」との違いを明らかにしている。そして彼女は、折に触れて、ソ連でのマルクスの「偶像化」をプラトンの「哲人王」の具現化とみなしている。相容れないとは言えないまでも相異なるこれらのアプローチから一冊の首尾一貫した本を作り上げることを願って私も長年努力してきたのだが、それは年々歳々妄想めいた難事になってきた。草稿は次々と出現して、それらは私たちがアレントに期待する様々な洞察に満ちているのだが、私の考えでは、それらがまとまって一つの全体を成すことはない。一九五四年五月、彼女がこの作業を断念しかけていたときに、マルクスと伝統に関わる苦労をマルティン・ハイデガーに訴えた手紙があるのだが、私はそれを読んだとき心からほっとしたものだ。それにはこう書かれていた。「この本を具体化しようとすれば、それはきっと終わりのない作業になります」(9)。

これには少し釈然としないところもある。というのも、ひとつのテーマがさまざまな観点から検討されることで「具体化」しリアルになるというのが、いつものアレント流だからである。マルクスを知れば知るほど、彼女はますます彼を嫌いになったということが、幾分かはあったかもしれない。一九五〇年の年末、初めてマルクスの仕事について考え始めたとき、彼女はマルクスに一度も高い評価を与えたことのないヤスパースに手紙を書いて、「あなたの面前でマルクスの名誉を回復させ」たい、と語っていたものだ。その当時、アレントはマルクスについて、「正義の情熱に首根っこを押さえられた」人物だと述べている。それから二年半後の一九五三年、マルクス研究に没頭していた頃、アレントは再びマルクスについてヤスパースに手紙を書いている。こんどはこうだ。「マルクスを読めば読むほど、ますますあなたが正しかったと判ってきます。彼は自由にも正義にも関心を持っていません。(おまけに彼は鼻持ちならない男〈pain in the neck〉です)」[10]。アレントにとって、マルクスは正義に首根っこを押さえられた男から、鼻つまみの男に変じてしまったのである。その頃には、彼女はマルクスその人よりも、彼が切断した伝統の方により大きな関心を抱くようになっていた。そして彼女が自らの著作を構想するとき、それはもはや「マルクス主義における全体主義的諸要因」ではなく、「カール・マルクスと西洋政治思想の伝統」であった。それは、彼女がマルクスに対する幻滅をヤスパース宛の手紙で訴えた年に行った、講義のタイトルでもあった。キルケゴールやニーチェとともに、マルクスは伝統的な思考形態《パターン》に叛旗を翻してきた。しかしアレントの考えでは、彼らも、そしてマルクスも、そうした伝統的思考形態から解放されてはいなかったのである。彼女自身の解放は全体主義の到来と一緒に始まったのだが、その体制は彼ら三人が意図したり予見したりしていたいかなるものとも、ぜんぜん異なるものだった。また伝統から解放されることそれ自体は、政治について考えるための目新しい方法ではないが、そのための必要条件なのである。彼女が「終わりのない」企図への取り組みを中止して、なかんずく「政治入門」に取りかかることになった根本的理由はここにあった、と私には思われる。

もちろん以下の点はきちんと指摘しておかねばならない。つまりマルクスはあらゆる人間の活動力を「労働（labor）」の必要＝必然《ネセシティ》に還元してしまうのだが、『人間の条件』にある通り、それに触発されてアレントは「労働」を世界構築的な活動力としての「仕事（work）」や新しく始める人間的能力としての「活動（action）」と区別するようになったのである。マルクスは「労働」と「仕事」を融合させて、いわば弁証法的法則の青写真から歴史を作ってゆくという概念——それはアレントにとって「活動」と自由が犠牲にされることを意味していた——を導いたが、その点もまた同書で明瞭に説かれている。一九五三年に行われた講義のひとつはほぼ単刀直入に「伝統と近代」と題され、『過去と未来の間』（一九六一）の巻頭論文として収められているし、さらに『革命について』（一九六三）やその他の著作で、アレントはこうした論考で述べられている数々の思考の系列に入念に手を入れている。しかし彼女の最後の未完の大作『精神の生活』（一九七八年に死後出版）——思考と活動の相違の複雑さと、伝統の核心的問題についての、彼女にとってもっとも深遠な哲学的検証——では、マルクスはめったに登場してこないし、言及される場合でもそのほとんどが否定的な扱いである。

いずれにせよ、本書の発行人と編者は以下のように取り決めた。すなわち、そのタイトルが何であれ、もしアレントがそれを完成していたならば陽の目を見たであろうようなマルクス本を、彼女の草稿から再構成するような真似はすまいと。これまで述べてきた理由から、そのようなことは無駄な骨折りだと思われたのである。さらに言えば、アレントは出版のための取りまとめの段階に入ると、いつも進行中の本のために準備した概略も計画も下書きも、一切合切、自由に変更していたので、その本が最終的にどういう形になるのか仮定することすらできないのである。これまで公刊されておらず、年代的にも内容的にも「政治入門」に先立つ思考の系列を具現している素材を草稿の山から集めてくること、そしてアレント自身の言葉に語らせること、その二点が取り決められた。

「政治入門」という表題のもとで本書に収められる素材と取り組むに当たり、編者の仕事は大幅に単純化されることになった。それらのドイツ語で書かれた草稿が、一九九三年、ウルズラ・ルッツのすばらしい編集を得てドイツで出版されているのである。(11) 以下の叙述の一部はルッツに依拠したものである。その本の前半に収録されている草稿は政治的偏見(=先入観)、予断、判断に関するものであり、一九五六年から一九五七年に書かれたものである。また政治の意味、戦争と核戦争による破壊の問題を扱う後半の草稿は、一九五八年から一九五九年に書かれたものだ。一九六〇年、幾つかの偶発的な理由が重なってアレントの企図自体は放棄されるが、彼女は一九六三年にシカゴ大学で行った講座でもその表題を使っている。その企図を断念する前、アレントは「政治入門」を政治に関する体系的な大著とみなすようになっていたが、それは彼女の生涯の全仕事を見渡しても、ひとつのまとまった著作としては存在しないものだ。最初は小さな本が想定されていたのだが、一九五九年四月、アレントはドイツでの彼女の出版元クラウス・ピーパーに「二巻本になるかもしれない」と書き送っている。最終的に一巻目は『革命について』という形に収まることになったが、二巻目は厳密に「入門的な」論考だけを収録する予定であった。しかしそれからちょうど八カ月後、アレントはロックフェラー財団に手紙を書いて、その本の英語版のために支援を求めており、それにはマルクスへの考察も含まれると記されていた。明らかに彼女はこの新しい計画を、前年に出されていた『人間の条件』と対比的に考えていたのである。彼女はこう語っている。『人間の条件』は「じつは私がいま書こうと考えている本の序論みたいなものであり」、新しい本は「『人間の条件』が終わる場所から始まり、……もっぱら活動（action）と思考（thought）に関心を向けることになるだろう」[12]。

さらに彼女は、「第一に、……政治思想の伝統的諸概念と概念的枠組み」に関して批判的に解説するが、その中には「手段と目的」「権威」「政体」「権力」「法」「戦争」が含まれると語っている。アレントは自分の意図を表している見本として、少し前に発表されていた「権威とは何だったのか？」に関する論文を提出したが、その中で彼女は次のように述べている。すなわち政治的権威は、現代世界(モダン)から消滅してしまっているというだけではなく、いわゆる全体主義体制内で受け取られている内容のものとはまったく別物でもある。なぜなら全体主義は政治的権威が過去のものとなってから出現し、またそれが通過し去ったことを示す証なのであるから。

彼女はさらに続けて、「第二に、……私たちが正しくも政治的と呼んでいる世界と人間生活の諸領野」について検証するつもりなのだと語っている。活動《アクション》と公共圏(public realm)を考察するに際して、彼女は「人間の複数性のさまざまな様式と、それらに対応する諸制度に注目」するつもりであった。また彼女は「統治形態とその原理、そしてその行動様式という昔ながらの問題」をも提起するつもりだった。最後に彼女は、複数的な人間が、「その関係から活動が生起する平等な者同士」として、また「思考的活動力の相手としての自己をきちんと持って」、共生できるための「二つの基本的様式」について検討しようとしていた。つまりその本は、結論として、「活動と思考の関係、すなわち政治と哲学の関係」について考察を行うはずだったのだ。しかしアレントはもうその本を二巻本としては考えていなかった。それどころか、二つの巻は「かなり緊密に織り合わされる」はずなので「ほとんどの読者は二重の目的に気づかなくなるだろう」ということだった。

こうした記述を読むと、「政治入門」は、『精神の生活』を俟って初めて完成が望まれるような、途方もない企図のように思われてくる――いや『精神の生活』が出てもなお完成されなかったかもしれない。それというのも、アレントはその本の「判断」に関する最終章を書き終える前にその生涯を終えることになったのだから。この企図は、政治思想の伝統の発端からその終局に至るまで、すなわち政治がその伝統を捨てて目指していたもの、また現に目指している最中のものに至るまで、また活動的生活と精神的生活の単なる分裂ではなく、その両者の関係に至るまで、『全体主義の起原』以降のアレントの思考の全軌跡を映し出している。「政治入門」に傾注されていた彼女の努力が中断させられたのは、彼女がその本の一部を「政治思想の演習」――それは『過去と未来の間』として、また『革命について』の中の多くの章として結実している――に仕立て上げようと決めたせいでもあるし、さらには一九六一年、彼女がイェルサレムでアドルフ・アイヒマンの裁判を傍聴した際に遭遇した「思考の欠落」という邪魔者のせいでもあった。『イェルサレムのアイヒマン』(一九六三)と、現在は『責任と判断』に収められている、その後の諸論考では、「考えないこと」の底知れぬ無意味が彼女を覆い尽くすことになる。さらにそれによって、彼女は、思考、意志、判断という精神の活動力における複数性の意味について、いっそう広く、深く考えるようになるのだ。政治に対する彼女の情熱的な傾倒《コミットメント》は、「政治入門」のための最後のプランに暗黙のうちに語られている。本書『政治の約束』で、アレントは政治思想の伝統と、それが政治を理解しようとするときに用いる諸概念と諸範疇について詳述し、それと同時に、人間的活動《アクション》の自由のみならずその危うさにも関わる多面的な論述を「織り込んで」いくことになるが、読者はアレントの並々ならぬ情熱を感じることだろう。

ハンナ・アレントは「難しい」思想家だとよく言われる。しかしたとえそれが正しいとしても、それは彼女の思想が曖昧だからではなく、彼女が理解しようとしているものの固有の難しさのせいなのである。彼女は、理解すること《アンダスタンディング》を情熱として経験する類まれな個人の一人だった。そして彼女の書き物の中でその情熱に匹敵するのは、「政治」に対する熱烈な支持である。まだ子供と言ってもいい頃に彼女は哲学による理解を探求していたというが[13]、青年期には生国のドイツから引き離されて、国もなく権利もない独りのユダヤ人として、人間的事象（human affairs）の脆弱さにその眼を見開かされることになった。彼女がよく言うように、また本書で強調されているように、人間的事象は気ままに放置されているようにみえるものだから、プラトン以来の哲学者たちはそれを真面目に取り上げることは滅多になかった。人間的事象に眼を見開かされたからといって、彼女が考えることをやめたり哲学書を読むのをやめたりしたわけではない。それは、これから彼女が理解しようとしているもの——脆弱な人間的事象と人間の自由との関係——は自分の力で発見しなければならないものだ、ということだったのである。これは単に、自由社会における諸権利の政治的確立の問題だといって済まされる事柄ではなかったし、哲学者たちがさまざまに定義付けしてきた自由のための政治的情況を確立するという問題でも全然なかった。難しいことが数ある中で、彼女が理解するようになったのは、プラトン、アリストテレスからニーチェ、ハイデガーに至るまで、彼女が折に触れて創造的刺激を受けてきた大思想家たちは次のような点を理解していなかったということだ。すなわち政治的目的――真摯なものであれ偽善的なものであれ――として掲げられる人間の自由の約束は、複数的な人間によって、彼らが政治的に活動するとき、しかもその場合に限って、真に「実現」されるということである。アレントが「人間の複数性」に関する彼女自身の認識の多くを負っていると認めるカントですら、それが政治的には自由と同等のものであるということを理解していなかった、あるいは少なくとも明確に述べてはいなかったのである。

同様に、しかしもう少し微妙ではあるが、アレント思想の「難しさ」が提起する問題は、それを彼女の精神の複雑性に帰していたのでは分からなくなる、と私は考えている。むしろ次のように言った方がはるかに正確なのである。つまり彼女の思考の脈絡は、それが何であれ彼女がいま考えているものを見るときの遠近法《パースペクティヴ》＝観点とともに、絶えず移動する。そしてその結果、アレントの「全体的な（overall）」意味――彼女はそれについて詳しく語ろうという素振りすら見せない――はたいてい見失われてしまう。筋の通った政治理論に行き着くためには、一つひとつの彼女の主題に潜む思考の脈絡を識別して突き止めねばならず、そのためには明敏な粘り強さが必要である。[14] しかもそうした努力をよそに、しきりと誇示されるアレントの「論争癖」が頂点に達することも間々ある。アレントは、他の政治諸理論と異質ではあるもののそれらと比肩しうる政治理論を持っていたと言えるが、それは幾つかの前提に基づいている。第一に、彼女の作品には有意味性《ミーニングフルネス》と意味の複数性に合致する「全体的」な意味を見つけることができるということ。第二に、たとえアレントは自分が理解している事柄の難しさをそのまま放置する傾向があったとしても、彼女を理解する「難しさ」は乗り越え可能であるということ。第三に、アレントが主として関心を持ったのは、自分のために政治的領域を理解することであり、それを他人に分からせることではなかったということ。これらの諸前提を逐一ここで比較検討しようとは思わないが、次の点だけは言っておきたい。すなわちアレントは、理性によって発見された真実は現象的事実と一致する、という理論を否定しているが、これらの諸前提を比較検討するためには、まず彼女のこの見解を検討することから始めねばならないだろうということである。彼女が *aequatio intellectus et rei*——すなわち、真実は現実であり、物の概念はその物自体であり、本質と存在は同一である——と呼んでいるものは、彼女にとっては、すでにカントによる「理性の構造に内在する二律背反」の暴露と「総合命題の分析」によって、その誤りが証明されていたのである。アレントにとって、カントは、現象の個別的意味を「超える」形而上学的真理、彼女の表現で言い換えるなら「思考と存在（Being）の統一」を目指す精神の探求を無効化したのである。しかも彼女は、人間の複数性を犠牲にして現実とその真実の両方を捏造する全体主義的企図の中では、真理についての対応理論だけではなく一致理論もまた政治的に歪められてしまうのを目撃していた(15)。この点では、マルクスとてまったく罪がないとは言えなかったのである。

アレントにとって決定的な点は、過去に起こった事件の固有の意味が、再現的想像力によって生き続ける可能性を有するということである。それがどんなに私たちの道徳感情を害するものであろうとも、そうした意味が物語で再現されて我が事のように体験されるとき、それは世界の深部を教化=再生《リクレイム》する。そのようにして間接体験を共有することは、世界における過去の存在を受け容れるためには、また歴史的現実から私たちが遠ざかるのを防ぐためには、もっとも効果的な方法かもしれない。「二十世紀の政治的経験」と題されたセミナーに参加したとき、私は、アレントが自身の過去の物語を他の人々に聞いてほしいと願っていることを痛感したものだ。セミナーが開講されたのは一九六八年のことであり、本書に収められた最新の論考からほぼ十年を閲しているが、複数的な経験を強調している点を考えると、このセミナーは前の時代に書かれた諸論考の仲間に属するだろう。学生たちに向かって彼女が最初に発した言葉は、「理論は要りません、一切の理論を忘れてください(No theories; forget all theories)」というものだった。彼女はこの後すぐに言葉を継いで、それは私たちが「考えることをやめる」という意味ではない、なぜなら「思考と理論は同じものではないからです」と言った。さらに彼女は、ある事件について考えることはそれを思い出すことであり、「そうなれば、それは忘れられて」、そうした忘却は私たちの世界の有意味性を危険に晒すことになる、と語った。[16] 彼女は私たちに、戦争、革命、そしてそれらに付随した大惨事など、二十世紀に立て続けに起こった政治的大事件の幾つかをおぼえていてほしいと語った。アレントの学生たちはこれらの政治的事件――第一次世界大戦の勃発からロシアと中国の革命、第二次世界大戦、死と奴隷的労働の強制収容所、広島・長崎への原爆投下に至るまで――を、人間的な（ほとんど人間的とは言えないこともあったが）活動と苦難として、我が事のように経験したのである。それらの活動と苦難は進行中の過程（processes）を中断させて新しい過程を始動させたのだが、次の段階ではその新しい過程もさらに新たな活動と苦難によって、またそれらに始動させられた新たな過程によって中断させられることになった。

セミナーの主要部分は、アレントがこれらの事件について、本書と同じように詩人や歴史家の言葉を援用しながらも、自分自身の言葉で語る物語から構成されていた。彼女によれば、これらの物語が重要であるのは、それらが真実であるという理由からではなく、それらを語ることによって、急速かつ根本的に変化する二十世紀の様相を「神のみぞ知る結果」に至る事件の連続だと言い逃れることは、もはや不可能になるからであった。彼女は私たちに次のような確信を抱かせたものだ。すなわち活性化する活動の諸原理ではなく、イデオロギー――右であれ左であれ、あるいは中道であれ――を通して政治的領域を見るという私たちの抜きがたい性分によって、私たち自身の自発性——それがなかったら、いかなる種類の活動も理解不能になるのだが——は破壊されてしまうのであり、それはちょうど「純粋な」科学的知識をテクノロジーに応用することで、人間の発明の才がすでに全世界を破壊する道具を手にしているのと同じことなのであると。こうした精神の過程は、私たちがその物語に聴き入ってきた活動や過程の破壊性と並行して展開されたのであり、しかも彼女によれば、今日かつてないほど強固になっているかもしれないのだ。もちろん彼女はそのことを理解していたが、私たちにも理解してほしかったのである。アレントの物語は痛ましいものだったが、彼女は手加減しないでそれらを語り、聴き入る私たちの反応にも一切の手加減を許さなかった。すでに起こったことに対しては、いかなる種類の言い訳も合理化も許されないということだったのだが、興味深いことに、彼女の物語が与える苦痛は、事件自体がしばしば持つ過酷な意味深長さという、新しい感覚に少しずつ取って代わられていったのである。

『政治の約束』の編集作業は、私の記憶にアレントのセミナーを甦らせてくれた。しかしソヴィエト連邦の共産主義が崩壊したのに続いて一九八九年からはその帝国の解体が進行し、それでもヘーゲル流の「歴史の終焉」など影も形もないのだが、今そのセミナーを思い出すことによって、私は、本書の諸論考が、それらが書かれた時代や一九六八年当時より現在においてこそ、はるかに大きな注目を浴びる必要のあることに気づいたのだ。政治的に言えば、一九五〇年代と一九六〇年代を支配していたのは「冷たい戦争」だったが、現在の私たちの「テロへの戦い」はけっして冷たくはない。ある物語が進行している最中にその物語の全体像について語ることは確かに無理な相談ではあるのだが、本書の読者は以下のような独特の情況についてはは理解を深めそうである。すなわち多数的な意味を、つまりまったく相対的な真実を持つ複数的な男女から成る世界のうちに精神的に留まることは、過去の事件の意味を再体験することに比べて、少なくとも同じくらい重要であるし、もしかしたらもっと急を要することかもしれないのである。物語は思考の産物である。また私たちは過去次元で考えるが（「あらゆる思考は後知恵である」[17]）、判断するときは現在の次元である。アレントが本書で述べているように、「同じ事柄を多様な観点から見ることができる能力は、人間の世界のうちにある。つまりそれは自然によって私たちに授けられた観点を、同じ世界を共有する他者の観点と交換することに外ならず、結果として身体世界における運動の自由と同様の、精神世界における真の運動の自由が得られるのである」。

言い換えるなら、活動のみならず判断の「真の自由」は間接的経験で実現されるものではなく、その意味で言えば、一段と優れた政治的な精神的能力とは、思考することではなく、「判断すること（judging）」なのである。判断はアレントが語る政治とは何か̇か̇に̇関する物語を特徴づけるものであり、同様に、判断とは正反対の、精神に対する超人的な支配や身体に対する精神の支配は彼女が語る政治とは何ではないかに関する物語を特徴づけるものである。これらの物語が扱っているのは過去の事柄であり、しかもその多くは遠い過去の事柄である。つまりそれらはまさしく想起され、思考される事柄なのだ。一方では、過去について考えることはアレントの判断能力を準備させるという働きをするが、他方でアレントは、思考は世界に影響を与えるのに必ずしも判断を必要とはしてこなかった、ときっぱりと述べている。今こそ思考は判断を必要としているというのが、まさに私たちの世界の判断であり、しかもそれはあまりにも重大な判断なので、もし私たちがそれに対して注意を払わずに済まそうというのなら、彼女は私たちのことを向こう見ずな人間だと思うことだろう。

＊　＊　＊

『政治の約束』の読者は、アレントとその同伴者たち――多くの国々と多くの世紀にまたがる考察の過程で彼女が選んだ者たち――で作る仲間の一員になるだろう。その考察の途上で、読者は意にそぐわぬ判断に遭遇することもあるだろうが、必ずや自分たち自身の国と時代に当てはまる多くの事柄を発見するだろう。旅の出発地はアテナイであり、アレントはソクラテスとプラトンと思考上の対話を始める。ソクラテスは、多くの意見、すなわち多くの相対的真理があることを楽しみ、アテナイのポリスが市民の複数性を承認する元になった個人的観点《パースペクティヴ》に耳を傾ける、血の通った人間として登場する。あえて自分自身の意見をはっきり述べないこと――これこそソクラテスを他の者たちから際立たせる点なのだが――によって、彼の思考は他者たちすべての人間性を代表《レプリゼント》することになる。ソクラテスにとって活動は外部から命じられるものではない。彼の内部にある無矛盾の法則（law of noncontradiction）、つまり矛盾をあばく対話法――彼が発見した方法だとされている――が彼の思考を管理しており、また「やましい良心（bad conscience）」として、彼の活動をも管理している。私の考えでは、このようにソクラテスが思考と活動を同等視していたことに関して、これほど確固たる主張を行ったのは、アレントが初めてだった。彼女の真意は、ソクラテスの思考において、すなわち自分自身と一致しながら生きている彼の生活において、もし他の人間を侵害すれば、それは自分自身を侵害するのと同じことになるだろうということだ。ソクラテスは、何も為さずに、人間の世界に影響を与える。それは高度な道徳的・政治的思考であり、二十世紀に到って、アレントの著作全体のうちに反響し続けているのである。

しかしそれはアテナイでは持続する運命になかった。ソクラテスは、あまり思慮深くない陪審員たちに、考えることは市民としての彼らにとって良いことだという自らの信念を説得し損ねると、それを修正するのではなく、そのために命を擲つことによって、その信念の正しさを示した。それが彼の真実だったのである。アレントは、プラトンが政治思想の伝統を開始することになったのは、同胞市民がソクラテスに法的な有罪宣告を行うという、道徳的・政治的悲劇に原因があると信じていた。もちろんプラトンは意図的に伝統を開始したのではなかった。しかし彼がもう人々の説得など必要としない「哲人政治（ideocracy)」、すなわち善の理念《イデア》による統治を構想したとき、彼の思想の途方もないパワーがその伝統を始動させたのである。独居する哲学者ではなく「驚愕」して言葉を失った哲学者によって、唯一なるイデアの超越的真理が見られる、そしてそれが、ソクラテスが同胞市民たちに容赦なく質問を浴びせて生み出そうとした多くの相対的真理に取って代わることになったのである。市民たちは、最後は驚くほどの僅差で、ソクラテスの果てしのない質問は彼らの富や影響力や他の物質的利益の追求を混乱させ阻害すると判決を下していた。そうした市民たちの言い分の正しさをプラトンが理解していたのは明らかだが、彼は、市民たちの利害が、より切実な倫理的理想の妨げになっている事実をしっかりと見抜き、それに激しく異を唱えたのである。政治思想の伝統にとって重要な点は、プラトンが統治《ルーラーシップ》＝支配の概念を政治的領域に導入したことだが、もともとそれは家内奴隷に対するまったく非政治的な支配から始まったものだった。奴隷を支配することによって主人は私的な住居を出ることが可能になった。つまり生活の必要物の手当をする作業から解放され、彼は公的空間たる広場《アゴラ》に入れるようになり、そこで彼は平等者たちの間を動き、彼らと自由に語り合ったのである。

アレントの話はいつもそうなのだが、この話の複雑さはそれを語る彼女の語り口にある。しかしこの話が豊かな想像の世界を呼び起こしているときですら、読者は、ソクラテスが考えたり質問をしたりすること以外にどんなことをしようとしたのか、また不当な判決を甘受すること以外に彼はどんなことをするように他の人々を鼓舞したのか、疑問に思うかもしれない。アレントならそうした疑問に対して次のように答えるだろう。彼女の話があきらかにしようとしたのは、ソクラテスは思考することによって何を為さずに済むようになったのか、ということであり、また対話相手の意見に相対的真理を見いだそうとするソクラテスの質問攻めによって、公的空間とその中で進行する政治的活動力がより真実なものになった、と。政治的活動を鼓舞するものは何かという問いに対する答を、アレントは、ソクラテスの時代から何世紀も経ってから行われたモンテスキューによる伝統の改訂のうちに見いだしている。それというのも、その改訂において、彼は共和制と君主制における活動原理は「平等」と「差異」という、人間の複数性の二つの本質的側面に由来することをあきらかにしているからである。本書のモンテスキューに関する章の直前で、アレントは次のように述べている。

人間それ自体などという代物は存在せず、絶対的差異性において同一である、すなわち、人間的である、男と女しか存在しないのだ。そしてそれとまったく同様に、この共有された人間的同一性とは、ただ平等な者たち同士の絶対的差異においてのみ現れる平等性のことにすぎないのである。……それゆえ、もし活動と言論が二つの傑出した政治的活動力だとするなら、政治体を構成する二つの要素とは差異と平等なのである。

右の一節には、人間の複数性と政治との関係性が明らかにされており、さらにそれはプラトンの哲学的「真理の専制主義」に関する別の問題をも浮上させる。アレントによれば、プラトンは、真理の受容を受動的に――文字通り受苦《パッション》として――経験することによって、ソクラテスが思考するときに自らの内部に経験した複数性や、自分自身との対話を中止して他の人々と意見を交わすときに他者の内部に経験した複数性を、破壊するのだという。[18] プラトンはしばしば、真理は言葉で表現できないものだと述べているが、もし真理が言葉に成しえないものだとするなら、彼の唯一の真理の経験はソクラテスの多くの真理の追究とは根本的に異なるものだということになる。ここに到って読者たちは、ソクラテスについて知られている事柄のすべては必ずしもプラトンから出たものではないのではないか、また、ソクラテスはほんとうはプラトンの作ではないのではないか、と怪しむかもしれない。アレントも同意するだろうと私は考えるが、ソクラテスについて彼女が重要視する問題は、すべてプラトンが彼について語っている事柄である。プラトンが私的領域にあった「支配」を公的領域へ持ち込んだことは、政治思想の伝統を創始する上で決定的であっただけではなく、ソクラテスの死の不当さを正そうというプラトンの企図でもあったのである。

アレントは政治思想の伝統を歴史から厳しく区別している。その伝統は政治的活動の地位を手段‐目的のカテゴリーに引き下げて、活動を、それ自身よりも高い目的を達成するために必要な手段とみなす。叙事詩人や古典古代期の歴史家たちはこの伝統内ではまったくと言ってよいほど何の役割も果たしてはいないが、彼女は彼女なりの言い方で、彼らは審判者《ジャッジ》（判断する者）であると考えており、彼らが人間的偉業の「栄光」と「偉大さ」について語り、結果として必要《ネセシティ》＝必然から解放された活動を語っている実例を挙げている。イエスとアウグスティヌス、カントとニーチェもまた活動における自由の諸側面を指摘しているのだが、そうした諸側面は、私たちの「精神」の歴史のうちに命脈を保っているとはいえ、伝統においてはことごとく忘れ去られてしまったのである。またキケロは伝統内での地位の低下から政治的活動を救い出そうとするのだが、失敗する。マルクスが支配権――彼はその中に統治体と法を含めていた――は人間の不平等から発し、それを固定化するものだと喝破して、その伝統の始まりを、いわば呑み込んだとき、アレントは長く強固だった政治思想の伝統の崩壊を看取している。来たるべき無階級社会では支配者と被支配者の区別は解消されるだろうが、公的領域と私的領域の区別もなくなるだろう。したがってアレントが「政治的自由」で意図しているようなことも存在しなくなるだろう。

マルクスは伝統を終わらせたが、伝統から逸脱した訳ではなかった。だから哲学から導かれる標準《スタンダーズ》は人類の発展には役立たないが、その代わり、人間たちは、自分たち自身の発展の論理《ロジック》が「大衆を捉え」、その結果、予定された彼らの活動目的を実現できるようになるとき、一人残らず哲学者になるのだ。ここに到ると、読者は、それでは非伝統的な思考とは何だろう？　と訝しく思うかもしれないが、それに対するアレントの答は、本書の結びにおいて、政治的活動を理解するために三区分されたカテゴリーのうちに見いだされるだろう。政治的活動の意味《ミーニング》が持続されるのは活動が続いている間に限られるのだが、それは詩人によって再現されたり、ときには審判者によって再現されたりすることもある。その目的《エンド》は、活動が終了したときに初めて明らかになる。そしてその目標《ゴール》は活動を方向付け、それが判断されるための標準を定める。これらの三つのカテゴリーに、彼女は、活動を始動させるモンテスキューの諸原理を付け加えている。アレントの分析はそれ自体として読まれるべきだが、たとえば次のようにも言えるだろう。すなわち、もし私たちが自分たちの活動の目的《エンド》＝終わりを前もって知ったならば、その目的はそれを実現するためのすべての手段を正当化するだけではなく、「神聖化」をもしてしまうだろうと。このとき活動の目標《ゴール》と原理、さらには活動それ自体も、意味を成さなくなり、歴史は、ヘーゲルとマルクスをも含む歴史哲学者たちが考えるような、合理的で必然的な過程《プロセス》になるだろう。政治的に言えば、人間の自発性が意味するのは、私たちは活動しているときには活動の目的＝終わりを知らないということであり、もし知っているとするなら私たちは自由ではないということなのだ。とくに現代のように、こうしたカテゴリーが混同されるとき、政治は意味を成さなくなる。

たとえそれを直接経験していなくても、私たちの多くにとって野蛮な強制力に対する意識は、暴力的手段に推進されて政治が世界中を跋扈しているとか、平和と自由に関する話し合いが為されているにもかかわらず、政治は猛り狂った自動過程とほとんど変わらないものになり、私たちの大切なものをことごとく破壊しているという感覚を生み出す。科学者たちは水素をヘリウムに融合して、昔は遠い星々でのみ進行していた宇宙的過程を地球にもたらした。科学技術者たちはその過程を、私たちだけではなく世界をも壊滅させてなお余りある威力を有する武器に変えた。私たちは、熱核戦争の可能性がかつてなかったほどに世界の潜在的不死性を脅かしているのを知っている。だからこそ今「政治的判断」が必要なのであり、そして今アレントは、「他の手段をもってする政治の継続」(クラウゼヴィッツ)たる戦争ではなく、絶滅のための戦争としてトロイア戦争を参照しながら、この世界の破滅の可能性を判断するのである。私の信ずるところでは、この一貫した主張は、アレントが書いた文章の中でもっとも偉大なものの一つであり、政治的判断によって彼女が意図するものを、これほど雄弁に実証している場所は他にない。ホメロスとウェルギリウスの視線を通じて、また両者の間を往復する彼女自身の判断によって、トロイア戦争はあらゆる側面から観察されると同時に「徹底的に展開」されて、「途方もない多様性」を孕むリアルなものになった。ギリシア人とローマ人はともに、絶滅戦争は政治の中に占める場所を持たないことを理解して——もっともトロイア戦争を演じたのはギリシア人であり、その戦争で痛めつけられたのがローマ人ではあったのだが、あるいは、それだからこそ両者の戦争に対する理解が深まったのかもしれないが——世界がそれまで見たことのない政治的生活の二つの様式、すなわちポリスと共和国、そして二つの法概念を発明したのである。いずれの場合でも、法の外部、すなわち国境や同盟組織の外部にあるものは、砂漠である。いずれの場合でも、暴力は法が実現するものを、すなわちポリスの中に含まれる世界と、共和国に組み入れられたかつての敵対諸民族間に初めて生まれたより広大な世界を、破壊する。これらの世界は強力で、破壊するのは難しいが、一旦破壊されたなら、ほとんど制止不能な「破壊の過程」を解き放ってしまう。古代のトロイア戦争に関するアレントの判断は、過去に関する判断ではなく、私たちの時代と情況に関する判断であり、私たちの、いわゆる国内政策と国際政策に関する判断なのである。

アレントにとっては、たとえそれが不可避な場合であっても、破壊的暴力はすべて反‐政治的である。なぜならそれが破壊するのは、私たちの生命《ライフ》＝生活だけではなく、私たちの生活の間にあって私たちの生を人間的なものにする世界でもあるからだ。人間的にして且つ生を人間的にする世界は制作されるものではなく、したがって破壊されたいかなる部分も取り替え不能なのである。アレントにとって、世界は自然に生成されたものでも神による創造の賜でもない。それはただ政治を通してのみ現れうるものであり、この政治について、もっとも広い意味で、彼女は以下のように理解する。すなわちそれは、男性と女性が、自らの複数性において、また互いに対する絶対的差異性において共生し、互いに近づいて、ただ彼ら／彼女らだけが互いに許し保証しうる自由の中で語り合う、一連の情況なのである。彼女の言を引こう。

互いに語り合う自由が実現されて初めて、語られるものとしての世界は、あらゆる側面において目に見える外的現実として、現れる。リアルな世界に生きることと、それについて語り合うことは、基本的に一つのことである。……出発して前例のないことを始める自由や……多くの他者たちと言論において交流し世界が総体においてつねに多様であることを経験する自由は――過去においても現在においてもけっして政治の最終目的ではなく……政治的手段によって実現される何ものかなのである。それは、むしろ、政治的事柄すべての実質であり意味なのだ。この意味において、政治と自由はまったく同じものである。

本書のエピローグにおいて、アレントは比喩的な砂漠世界について語り、それと共に、生を活性化するオアシス、つまり哲学と芸術の、愛と友情のオアシスについて語っている。ややもするとこれらのオアシスは、砂漠からオアシスに逃避しようとする人々ばかりではなく、砂漠生活の情況に順応しようとする人々によって、崩壊してしまうのだという。いずれの場合においても、砂漠世界は彼らの私的生活というオアシスを侵害し荒廃させる。砂漠は、抑制を失った産業的膨張——地球の自然資源を枯渇させ、海洋を汚染し、大気を温暖化し、生命を養う能力を破壊する——の最終的産物として想定されるような、字義通りの「荒地（wasteland）」または「浪費された地（wasted land）」と解されてはならない比喩である。砂漠はますます拡大する私たちの世界喪失の比喩なのである。それによってアレントが語ろうとしているのは、私たちの「二重の逃避」すなわち「地球から宇宙へ、また世界から自己自身への逃避」である。[19] 本書の他の箇所でそれについて考察を加えてはいるが、彼女は破壊された文明の「痕跡」しか後に残らないような破局について考えている訳ではない。熱核戦争とか新たな全体主義運動——それが生起するには砂漠的情況はもっとも好都合だ——の結果として、破局はいつ起こってもおかしくない。砂漠はすでに存在する何かの比喩であり、また更新、すなわち「新たに始められる」ことを世界は不断に求めているという意味では、つねに存在している何かの比喩でもあるのだ。砂漠は、公的な政治的生活から引き起こされるものでは全然なくて、むしろその不在の結果なのである。

本書のエピローグとしてアレントの砂漠の比喩が選ばれているのは、ボルシェヴィズムとナチズムと共に世界に侵入して、爾来、アレントの考えでは、世界にはびこり続けている世界破壊的な悪——複数的な人間を単一のマス化された人間に貶めるもの——こそ、彼女が書くことによって立ち向かっている背景だからである。今日、砂漠はそれほど邪悪ではないが、公的世界からますます遠ざかってしまっているという限りにおいては、私たちはいつ地獄のような悪に陥ってもおかしくない情況にある。堕ち行く先は空虚で果てしのない空間であり、そこでは周囲を見回しても何一つ、砂漠すらも存在せず、私たちを個別化して、関係づけたり引き離したりするようなものは何一つとして存在しない。これは私たちの苦境である。しかしもし私たちに砂漠的情況に耐え抜く勇気があるならば、私たちが自由に根付かせる根拠だけは、ここで「新たな始まり」を引き起こすことができるだろう。自然界の樹木が根を地中深く下ろすことによって乾燥した土地に緑を甦らせるのに似て、今もなお、新しい始まりは砂漠を人間的世界に変えることができるのだ。そうしたことが実現する可能性はきわめて小さいが、活動の「奇跡」は存在論的に言って人類のうちに、ユニークな種としての人類ではなくユニークな始まりの複数性としての人類のうちに、根差している。おそらく人間の複数性に内在する約束《プロミス》=未来は、「なぜ誰かが存在し、誰も存在しないということがないのか？」というアレントの身も凍るような問いに対する、唯一の答になるだろう。共通の目標《ゴール》を求めて政治的に集合した男女は権力《パワー》を発生させる。

その権力は、暴力《フォース》とは異なり、公共圏の深みから生起して、アレントによれば、彼ら／彼女らが言論と活動によって結びついている限り、その公共圏を支えるのだ。統治体の諸制度と法制度が古くなって腐食してしまった時代には、複数的な人間が政治的活動を実践して完遂した希《まれ》な事例を想起して、さらにそれらを物語として詳述しても、制度は息を吹き返すことがないだろうし、法の権威も回復することはないだろう。しかしアレントの物語は十分なる「世界への愛《アモール・ムンディ》 *amor mundi*」に満ちていて、世界の破滅を回避しようとすることは、賭けてみるに値する行為だと私たちに思わせる。彼女の物語は政治的活動を理論的に規定するものではない。というのも政治的活動は自己制御的（self-limiting）なものだからだ。しかしその物語に耳を傾けることによって人々はもっと政治に心を向けるようになり、いわば、よりよい市民になるだろう。それはちょうど、ソクラテスは畏敬（reverence）を理論的に規定することはなかったのに、二千五百年[20]経ってもなお、彼の言葉を心に留める人々が自分たちの間に展開する世界に対してもっと畏敬の念を抱き、より人間的に反応するようになるのと、同じことなのである。私の願いは、アレントの論考を集めた本書に促されて、彼女が読者を受けとめていたのと同じような真剣さで、読者が彼女を受けとめるようになることである。なぜなら、結局は、自分で理解したいという彼女の必要《ニード》＝欲求は、自分で考え判断したいという私たちの必要《ニード》＝欲求と切り離しえないからである。彼女の教え子なら次のように証言できるだろう。ハンナ・アレントは、彼女自身の判断に対する思考に満ちた（thoughtful）異論を歓迎したものだと。なぜなら彼女は、その異論がより全般的な賛意を、すなわち政治的生活の核心に脈打つ約束を更新することへの賛意を伝えていると考えたからである。

謝辞

ウルズラ・ルッツに心から感謝しなければならない。本書の「政治入門」の草稿《テキスト》は、彼女が編んだ『政治とは何か』において初めて公刊されたものだからである。これらの草稿はアレントによりドイツ語で書かれたものだが、構成と日付はルッツの綿密な作業の賜であり、それは知的探偵の作業にもたとえられよう。とくに触れておかねばならないのは、『政治とは何か』はこれらのテキスト以上のものを含んでいるということである。労苦を惜しまぬ調査、細部にわたる克明さ、洞察の鋭さ――ルッツの解説と注釈はドイツ学問研究の伝統の最良の見本である。私はジョン・E・ウッズに感謝したい。彼は本書におけるアレントのドイツ語文のすべてを、すばらしく流暢に翻訳してくれた。その中には、「政治入門」は言うまでもなく、「ヘーゲルからマルクスへ」の大部分と『思索日記』から選んだすべての文章も含まれている。「政治入門」は、以前ロバート・キンバーとリタ・キンバーによって翻訳されたことがあるが、公刊はされなかった。

パンテオン・ブックスの編集長ダニエル・フランクと一緒に仕事をするのは、またしても刺激的で得るところの多い経験であった。ハンナ・アレントの思想に対する彼の献身がなければ、本書はけっして陽の目を見ることはなかったであろう。また彼の激励と見識ある判断がなければ、本書はこのような形で存在していないだろう。私は、数え切れないほどの問題で彼女がたゆまず穏やかに支えてくれたことに対して、ダンのアシスタントのラエル・ラーナーに感謝している。私のかつての学生で現在は同僚のジェシカ・リーファーは、彼女自身が前途有望な研究者なのだが、私だったら捜し出すのに何時間もかかったであろう文書や情報を即座に見つけてきて、私をよく驚かせたものだった。コンピュータの検索エンジンに関する彼女の知識は私自身のそれをはるかに凌駕していて、広範にデジタル化されたアレントの文書のアーカイヴに立ち向かうのに計り知れない威力を発揮した。

私は、これを機会に、リチャード・J・バーンスタイン、キース・デイヴィッド、スティーヴン・J・メリンゴス、ローレンス・ウェシュラーに対する深い感謝の気持ちを公にすることができて、嬉しく思う。彼らはハンナ・アレントの遺産の保存に関心を持ち、率先してそれを行ってきたのである。また、世界中の多くの地域で、非常に多様な観点から、アレント思想の活力《ヴァイタリティ》を実証する研究者の数が急増しているのは、嬉しいことである。ジェラルド・リチャード・フーラハン、ロッテ・コーラー、メアリ・ラザルス、ロバート・ラザルスは、彼ら／彼女らの長年にわたる忍耐強い支援と恩恵が、私にとって言葉にできないほど重要なものであったことに気づいているだろう。最後ではあるがけっして小さからぬ存在として、友人のドレ・アシュトン、ジョナサン・シェル、エリザベス・ヤング＝ブルーエルは、一般に容認された意見に対してそれぞれ独自の仕方でつねに反論を加えていたが、本書が対象とする読者の典型的な代表として、本書の準備中にいつも思い浮かべられていたものである。

緒言

何とも悩ましい話だが、活動の最中に真っ先に判明するのは、五感を「超越」する「絶対的なるもの」——真、善、美——は把握不能であるということだ。なぜなら、それが何であるのか誰も具体的には知らないからである。たしかに誰もがそれについての概念は持っているのだが、具体的なレベルでは、それについてまったく異なるものをイメージしている。活動がこうした人間の複数性に依存しているものである限り、西欧哲学——その伝統の最後尾にいる哲学者たちは、結局のところ、活動の制御を目論んでいるのだが——の最初の破局は、原理的に独裁政権下以外では不可能な統一＝単一性《ユニティ》が実現されるための必要条件なのである。二番目に判明するのは、活動の目的《エンド》〔1〕に奉仕させようと思えば、例えば人種や無階級社会など、絶対的なるものとして何でも使えるということだ。あらゆる事柄が等しくお誂え向きであり、要するに「何でもあり」なのである。どこかのイカサマ師が思いつきかねない狂気の理論に対する場合と同じように、現実はほとんど抵抗を示さないようにみえる。いかなることも可能なのである。三番目に判明するのは、ある目的に絶対的なるもの——例えば正義、あるいは、ニーチェが言うような一般的「理想」——を適用することによって、まず不正で残忍な活動が可能になるということだ。なぜなら「理想」

とか正義それ自体は、もはや尺度《ヤードスティック》として存在するのではなく、世界内で達成も生産も可能な、ひとつの目的《エ》=終焉《ンド》になってしまったからである。言い換えるなら、哲学の実現は哲学を終わらせ、まさに「絶対的なるもの」の実現は世界から絶対的なるものを追放するということである。そして最後には、「人間（man）」の見せかけの実現が「人間たち（men）」を文字通り廃棄してしまうのである。

――『思索日記』「一九五一年九月」より

第一章　ソクラテス*

I

哲学の始まりと政治の終わり

「ミネルヴァの梟は黄昏れてはじめて空に飛び立つ(1)」とはヘーゲルが哲学一般について述べたものだが、これが妥当するのは歴史哲学だけである。言い換えるなら、それは歴史について当てはまるものであり、歴史家の見解と一致する。もちろんヘーゲルがこうした見解を抱くに到ったのは、次のように考えたからである。ギリシアの哲学がほんとうに始まったのはプラトンとアリストテレスが出現してからにすぎず、しかも彼らが活動したときポリスとギリシアの歴史的栄光は終焉を迎えていたのだと。現在の私たちは、プラトンとアリストテレスがギリシア哲学の萌芽期ではなく絶頂期にあったことを、さらにギリシアの哲学思想が始まったのはギリシアがすでに全盛期にあったかそれに近い時代であったことを、承知している。しかし、それでもなお次のように言うことができるのだ。アリストテレスはむろんのことプラトンもまた西洋の哲学的伝統の創始者だったのであり、それが始まったのは、ギリシア哲学が始まったときとは異なり、ギリシアの政治的生活がほんとうに終焉に向かいつつある時代だったのだと。哲学の、とりわけ政治思想の伝統を全体的に見渡してみると、おそらくプラトンとアリストテレスが紀元前四世紀に活動していたという事実ほど圧倒的に重要で、その後に生起するあらゆることに途轍もない影響を単独で与えた要素は存在しないだろう。彼らの活動は、政治的に崩壊しようとしていた社会の、完全なる影響下にあったのである。

かくして「人間は、ポリスの中で生きようとする場合、どのようにして政治の外部で生きることが可能か？」という問題が発生した。たちまちこの問題は、現代と妙に類似しているようにも思われる時代において、次のような問いになった。「いかなる政治組織《ポリティ》にも所属しないで——言い換えるなら脱《ア》‐政治組織《ポリティ》的情況で、または現在私たちが無国籍状態《ステイトレスネス》と呼ぶような情況で——どうやって生きてゆくことが可能か？」また、それよりもはるかに重大な問題として、思考と活動の間にたちどころに深淵が口を開いていた。しかもそれ以来、その深淵は一向に閉じられていないのである。いかなる思惟活動も、意図や意思によって定められた目的を実現するための手段を算定するだけではなく、もっとも一般的なかたちで、意味にも関心を示すものである。しかしその思惟活動はいまや「後知恵《アフターソート》」の役割を、すなわち活動が決心し現実を決定したあとから、その役割を演ずるようになった。その一方で、活動は意味のない、場当たり的な領域へ追いやられていったのである。

II

ソクラテスの説得術

歴史的にいえば、哲学と政治[1]の間に深淵が開いたのは、ソクラテスの裁判と有罪宣告のときであった。ソクラテスの断罪は、政治思想史において、イエスの裁判と有罪宣告が宗教史の中で演じているのと同じ分岐点《ターニングポイント》の役割を演じている。私たちの政治思想の伝統が始まったのは、ソクラテスの死によってプラトンがポリスの生活に絶望し、同時に、ソクラテスの基本的な教えの幾つかに疑いを抱いたときである。ソクラテスが自分の無罪と真価――若くて優秀なアテナイ市民らにとっては明々白々たることだった――について裁判官たちを説得できなかったために、プラトンは説得の有効性を疑うようになった。この疑いの重要性を私たちが理解するのはなかなか難しい。なぜなら「説得（persuasion）」は古代語ペイテイン *peithein* のはなはだ拙く不適切な訳語であるからだ。しかし説得の女神ペイト *Peitho* の神殿がアテナイにあったことからわかるように、この言葉は政治的重要性を有していた。説得《ペイテイン》はきわめて政治的な弁論形式だったのである。そしてアテナイ人は、非ギリシア人《バーバリアンズ》とは異なり、強制のない言論形式で政治的問題を処理することに誇りを持っており、レトリックを、すなわち説得術を、もっとも高度にして真に政治的な技術とみなしていた。『ソクラテスの弁明』におけるソクラテスの弁論はそのもっとも卓越した実例の一つである。そしてまさにこの弁明に対して、プラトンは『パイドン』で「修正された弁明」を書き、それを皮肉混じりに「より説得的だ *pithanoteron*」(2)と称したのである。なぜならそれが最後に行き着く先は神話的な死後世界であり、そこでは肉体的な罰と報いが待ち構えており、単に聴衆を説得するのではなく、むしろ彼らを恐怖させるように計算されていたからである。アテナイの市民や判事たちを前にしたソクラテスの弁明の主眼は、自らの行動はアテナイに最良のものをもたらすためにある、というものだった。『クリトン』の中で、彼は友人たちに向かってこう説明している。私は逃げることはできない、いや、むしろ政治的理由のゆえに死刑に甘んじねばならないのだと。ソクラテスは判事らを説得できなかっただけではなく、友人らを納得させることもできなかったと思われる。言い換えるなら、都市は哲学者にとって役立たずのものであり、友人たちは哲学論議に不要の存在だったのである。以上はプラトンの対話篇が証明している悲劇の一部である。

説得の有効性に対するプラトンの疑いには、ドクサ *doxa*、すなわち意見《オピニオン》に対する彼の猛烈な非難が大いに関係している。しかもその非難は、彼の政治的著作を赤い糸のように貫いているだけではなく、彼の真理概念の礎石の一つになったのである。ドクサへの言及がなされていないときでも、つねにプラトン的な真理は意見と正反対のものとして理解されている。ソクラテスが彼自身のドクサをアテナイ市民の無責任な意見による検討に委ね、そして多数決によって敗北するという場面を見せつけられて、プラトンは意見を軽蔑し、絶対的標準《スタンダーズ》を渇望するようになった。そうした標準、つまりそれによって人間の行為が裁かれ、人間の思想が一定の信頼性を獲得できるような標準が、それ以来、彼の政治哲学の第一衝動になり、さらに純哲学的な思想理論にすら決定的な影響を与えたのである。私は、しばしば主張されるように、彼の思想概念が主として標準や尺度のための概念だったとは思わないし、その起源が政治的なものだったとも思わない。しかしそうした解釈は、次に挙げる理由によって、いっそう理解しやすく筋の通ったものになっているのだ。つまり思想を最初に政治的目的に利用したのは、言い換えるなら、人間的事象の領域に絶対的標準を導き入れたのは、外ならぬプラトンだったのである。そうした領域では、もし超越的標準がなければ、いかなる事象も相対的なままに留まるだろう。プラトン自身がよく指摘していたように、私たちは絶対的偉大さが何であるのかを知ることはなく、ただ他の何ものかとの関係でより偉大なものやより卑小なものを経験するだけなのである。

プラトンによる転倒

真理と意見《オピニオン》の対立こそは、プラトンがソクラテスの裁判から得た、もっとも反ソクラテス的な結論に外ならなかった。ポリス市民に自らの無実を説得できなかったために、ソクラテスは、ポリスが哲学者にとって安全な場所ではないことを明らかにしてしまった。その意味するところは、単に哲学者が所有している真理のゆえに彼の生命が脅かされるというだけではなく、それよりもはるかに重要なことに、ポリスは哲学者の記憶を保存する場所としてふさわしくはないということである。ソクラテスに死の宣告を下すことができるくらいなのだから、いかにも市民たちは彼が死んでしまえば彼のことなどさっさと忘れてしまいそうであった。彼の地上の名声が安泰になるのは、哲学者たち自身が連帯意識に目覚めうる場合に限られていたのだが、それはポリスと同胞市民の連帯に相反するものだったのである。プラトンのみならずアリストテレスの著作の中にも、知者《ソフォイ》 *sophoi* に対する、次のような言い古された否定論が頻出する。すなわち、知者とは自分にとって何が善であるのかを知らず（それは政治的英知の前提条件のはずなのだが）、おまけに彼らはおかしな姿で市場に出現しては、みんなの物笑いの種になる——たとえば空を見つめたまま足元の井戸に落ちて、百姓娘に笑われたタレース[2]のように。プラトンは、こうした知者に対する否定論を、都市に対する否定論へと転倒させたのである。

哲学者が都市の統治者にならねばならないという、プラトンの要求の大きさを理解するためには、私たちは、ポリス市民が芸術家や詩人ではなく哲学者に対して抱いていた、以下のような一般の「偏見（prejudice）」を肝に銘じておかねばならない。すなわち、よりにもよって知者は自分にとって何が善であるのかを知らないのだから、なおさらポリスにとって何が善であるのかを知るわけはない。知者、つまり統治者としての賢者は、現下の理想たる「思慮深き人《フロニモス》 *phronimos*」、つまり人間世界に対する洞察によって指導者としての資格——もちろん統治を目的とするものではないが——を有する者とは、対極にあるとみなされねばならない。英知への愛としての哲学は、この種の洞察、つまり思慮《フロネーシス》＝実践知 *phronēsis* と同じようなものだとは、これっぽっちも考えられていなかったのである。賢者はもっぱらポリスの外部の問題に関心を寄せるのであり、アリストテレスが次のように述べるとき、彼は人々のこうした意見に完全に同意しているのである。「アナクサゴラス〔3〕とタレースは知恵者ではあったが、思慮深き人ではなかった。彼らは人間にとって何が善であるか *anthrōpina agatha* に関心がなかったのだ」[3]。プラトンは、哲学者の関心は永遠にして不変の、非－人間的《ノンヒューマン》な事柄にあるということを、否定はしなかった。しかし彼は、そのことによって、哲学者が政治的役割を演ずるには不向きだと言ったわけではない。ポリス市民が下した結論によれば、人間の善に関心を持たない哲学者は自身が「無用の長物」化する危険とつねに背中合わせなのだが、プラトンはこの結論に同意していなかった。

ここで言う善《アガトス》 *agathos* の概念は、絶対的な意味合いでの善いこと《グッドネス》とは無関係である。それはもっぱら「ためになる《グッド・フォー》」、有益、有用 *chrēsimon* という意味であり、したがって不安定で偶然的なもののことだ。なぜならそれは必ずしも今あるがままのものではなく、つねに別なものになる可能性があるからである。哲学は市民の人格的健全さ《パーソナル・フィットネス》を損ないかねないという非難が、次にあげるペリクレス〔4〕の有名な発言に含意されている。「我々は誇張なしに美を愛し、柔弱にも臆病にもならずに英知を愛する」(4)。つまり柔弱や臆病はむしろ美を愛することと関連があると考えてしまう私たちの先入観とは異なり、ギリシア人はこの危険を哲学の中に見いだしていたのである。美への愛は、ポリス内部の至るところで、すなわち彫刻と詩に、音楽とオリンピックに、表現されていた。しかし哲学、すなわち人間的事象界を無視して真理に向かう関心は、その信奉者をポリスの外部に追い出して、彼らをポリスにはそぐわない者にしたのである。哲学者だけが善の理念、永遠の本質を見ることができるという理由から、プラトンが哲学者こそは統治者にふさわしいと主張したとき、彼は二つの根拠からポリス的通念に異を唱えていたことになる。つまり、第一に、哲学者が永遠なるものに関心を持っても、そのせいで彼が「無用の長物」化する恐れなどは存在しないこと。第二に、こうした永遠なるものは、美しいというより、むしろ「貴重《ヴァリュアブル》」であるという方がはるかに適切であること。彼がプロタゴラス〔5〕に対して答えた言葉、「人間ではなく神こそが、すべての人間的事象の尺度なのだ」は、それらの事柄を別なかたち

で語ったものにすぎない。(5)

善の理念《イデア》

洞窟の寓意物語の中で、プラトンは善の理念をイデア界の最高の地位、イデアの中のイデアに押し上げているが、それはこうした政治的文脈の中で理解されねばならない。それはプラトン的伝統の果実の中で育った私たちが思うほど、自明なことではけっしてない。プラトンがギリシアの箴言的理想たる美と善 *kalon k'agathon* に導かれていたのは明らかであり、だからこそ、彼が美よりもむしろ善を鼓吹しようと腹を決めたことが重要なのである。「その姿が光彩を放つ」と定義されるイデア自体の観点から見るなら、他によって利用されることなどありえずひたすら輝きを放つ美こそは、イデア中のイデアとしてはるかにふさわしいものであった。(6)私たちが考える、いやそれ以上にギリシア人が考える善と美の違いは、善は実際に適用が可能であり、本質的に有用性の要素を含んでいるということだ。イデア界が善のイデアによって照らされて、初めてプラトンは政治的目的のためにイデアを利用することができたのであり、『法律』において、永遠のイデアが人間の法に転じる哲人政治（ideocracy）を理想として掲げることができたのである。

『国家』において厳密な哲学的主張のように見えるものは、もっぱら政治的な経験――ソクラテスの裁判と死――によって促されたものであり、知者――非‐人間的にして非‐政治的な永遠なる事柄に関心を持つ者——のためにポリスが引いた境界線を最初に踏み越えた哲学者は、プラトンではなく、ソクラテスである。ソクラテスの死の悲劇は誤解に基づいていた。つまりソクラテスは自ら知者だと主張したわけではないのに、そのことをポリスの住人は理解しなかったのである。彼は英知が永遠ならざる《モータルズ》人間のためにあるということを疑っていたので、彼こそは人間の中でもっとも英知ある者だというデルフォイの神託にアイロニーを見ていた。すなわち、人間は英知ある者になり得ないということを知る者こそ、人間の中でもっとも英知ある者だと。ポリス市民は彼を信じようとせず、すべての知者と同様、彼もまた政治的には無用の長物だということを彼に認めさせようとした。ところが哲学者として、彼は、ほんとうに、同胞に教えるべきものを何一つ持ち合わせていなかったのである。

哲学者vs.ポリス

哲学者とポリスの対立が頂点に達したのは、ソクラテスが、まさに自分は知者ではないという理由から、哲学に新しい要求を課していたからなのである。そしてプラトンが真理による専制政治を構想したのはこうした情況下でのことに外ならない。真理の専制において都市を統治するのは、人々が説得されうる現世的＝一時的《テンポラル》な善ではなく、人々が説得されえない永遠の真理である。ソクラテス的経験で明らかになったのは、哲学者は、統治権を握ることによってのみ、ポリスが市民すべてに保証するとされている地上の不死を、確信できるということだった。なぜなら人はすべて、その思想も活動も生来の不安定さと人間にありがちな忘れっぽさに脅かされるものだが、哲学者の思想は意図的に忘却されかねなかったからだ。それゆえ、ポリスなくしてはけっして望むべくもない不死と安定を住民に保証する同じポリスが、哲学者の不死にとっては危険な脅威だったのである。たしかに永遠なるものと交信する哲学者ほど、地上の不死を不要だと感じる者はいなかっただろう。しかしこの永遠なるもの——地上の不死以上のものだった——は、哲学者が自らの関心事に同胞市民の目を向けさせようとするとき、必ずポリスと衝突した。哲学者が彼の真理を、すなわち永遠なるものの反映を、ポリスに提起するや、それは立ちどころに数ある意見の中の一つになってしまった。それを他から際立たせるものが失われているのだ。なぜなら真理を意見から区別する、あきらかな徴《しるし》など存在しないからである。あたかも永遠なるものは人間的渦中に持ち込まれるや現世的《テンポラル》＝一時的なものに転じて、その結果、それに関して他の人間たちと議論するだけで、もう英知を愛する者たちが動き回る領域はその存在が脅かされてしまうかのようなのである。

真理vs.意見——弁証法vs.説得術

ソクラテスの裁判が含意するものを推論する過程で、プラトンは二つの概念を得た。まず「意見」の正反対のものとしての「真理」という概念であり、さらに説得やレトリックとは逆の対話《ディアレゲスタイ》 *dialegesthai* という哲学特有の言論形式の概念である。アリストテレスはこうした区別や対比を当然のこととみなして、『弁論術』——『倫理学』と同様に彼の政治的著作の一つ——の冒頭部分で以下のように述べている。「説得術（詰まるところ政治的な弁論術）は弁証法（哲学的な弁論術）と対の一片である」[7]。説得と弁証法のもっとも大きな違いは、前者はつねに多数に向かって語りかけ *peithein ta plēthē*、後者は二人の対話という形でのみ可能だということである。ソクラテスの失敗は、弁証法の形で裁判官たちに語りかけたことであり、だからこそ彼は彼らを説得できなかったのである。他方、彼は説得に内在する限界を重んじていたので、彼の真理は数ある意見の中の一つの意見、裁判官らの非-真理《ノントゥルース》とほぼ同様の価値しか持たないものになってしまった。ソクラテスは、かつてあらゆる事象について単独のアテナイ市民や弟子たちと語り合ったのと同じように、裁判官らと問題を徹底的に語り合うことにこだわったのである。そして彼は、そうすることで何らかの真理に到達できるし、その真理を相手にも納得させることができると信じていた。しかし説得とは、真理に由来するものではなく、意見によってもたらされるものであり[8]、さらに多数者への対処の仕方を、計算し、心得ているのは説得だけなのである。プラトンにとって、多数者を説得するというのは、自分自身の意見を多数者の意見に押しつけることを意味する。したがって、説得は暴力による支配の反対のものではなく、そのもう一つの形式にすぎないのだ。プラトンは『法律』以外の政治的対話篇のすべてにおいて、最後は死後世界の神話を持ち出してくるのだが、それは真理でもないし、単なる意見でもない。つまりこの神話は、恐怖感を与える物語として企図されたものであり、言葉のみによる暴力を行使する企てなのだ。彼が『法律』で死後世界の神話を持ち出していないのは、細かな諸規定とさらに詳細な刑罰の目録があるので、言葉のみによる暴力など不要になっているからなのである。

ソクラテスの問答法

たしかに対話《ディアレゲスタイ》（誰かと何かを徹底的に語り通すこと）を初めて体系的に用いたのはソクラテスであったのだろうが、たぶん彼はこれを説得と反対のもの、いや説得のライバルとすら見なしていなかっただろう。あきらかに、彼はこの弁証法によって得られた成果をもって意見《ドクサ》に対抗しようなどとは考えなかったのである。同胞市民と同様、ソクラテスにとっても、ドクサとは「私にとってそう思われる *dokei moi* 事柄」が定式化された言論のことであった。このドクサが主題としているのは、アリストテレスがエイコス *eikos*、すなわち本当らしさ、多くの「真実らしさ *verisimilia*」（一方で「唯一の真理 *unum verum*」と区別され、他方で「無限の虚偽 *falsa infinita*」とも区別されるもの）と呼んだものではなく、「私に開示されるままに」世界が理解されたものであった。したがってそれは主観的な空想でも気紛れでもなかったが、何か絶対的なものとか万人に妥当なものというわけでもなかった。そこで想定されているのは、世界は誰にとっても、世界内でのその人の位置に応じて、異なったふうに開示されるということだった。さらに世界の「同一性」、共通性《コモンネス》（ギリシア人の言う *koinon*、つまり「みんなに共通するもの」）、言い換えるなら「客観性」（近代哲学の主観的視点から言えばそうなる）が、以下の事実のうちに存在するということだった。すなわち、すべての人に同じ世界が開示されており、人間たちも世界内の彼らの位置づけも、果てはドクサ（意見）もバラバラなのに、「君も私もともに人間的である」という事実に。

ドクサという言葉は、意見だけではなく、光輝と名声という意味をも持っている。そういうものとして、それは政治的領域、すなわち誰であれ登場して自分が誰であるかを示すことのできる公的領域に、関係している。自分自身の意見を主張するとは、自分の正体を現したり、他の人々から見られたり聞かれたりすることがありうるということを意味した。ギリシア人にとって、これは公的生活に付属する一つの大きな特権であったし、他の人々によって見られることも聞かれることもない私的な家庭生活には欠落しているものだった。（もちろん家族、妻、子供、さらに奴隷と召使いは、一人前の人間とは認識されていなかった。）私生活においては、人は隠され、登場することも輝くこともできない、その結果、ドクサも形成されない。ソクラテスは公的な職も名誉も拒否したが、けっしてこの私生活に隠退などしなかったし、それどころか、市場、すなわちドクサの渦中を歩き回ったのである。のちにプラトンが問答法《ディアレゲスタイ》と呼ぶことになるものを、ソクラテス自身は「助産術」と称していた。つまり彼は、何であれ他の人々が自身の考えを産み出し、自らのドクサに真理を発見するための、手助けをしたかったのである。

　この方法の意義は以下の二重の確信にあった。すなわち、誰もが独自のドクサを持ち、世界に対する独自の開口部を持つということ。それゆえソクラテスはつねに質問から始めねばならないということ。なぜなら彼はあらかじめ相手がいかなる *dokei moi* を、すなわち「私にとってそう思われる事柄」を持っているのかを、知ることができないからである。彼は共通世界における相手の位置を確かめねばならない。しかし誰も相手のドクサをあらかじめ知ることができないのとまったく同じように、誰も、独りでは、またなお一層の努力をしなければ、自分自身のドクサに内在する真実を知ることはできないのだ。ソクラテスは、誰もが潜在的に保有しているこの真実を、引き出してみたいと考えたのである。彼自身が用いた助産術という比喩を使わせてもらうなら、次のように言えよう。すなわち、ソクラテスは、市民一人ひとりが自らの真理を産み出すのに手を貸して、都市をもっと真実に溢れたもの（truthful）にしたかったのである。これを行うための方法が問答法、つまり何ごとかを徹底的に語り尽くすことなのである。しかしこの弁証法が真理を産み出すのは、意見《ドクサ》を粉砕することによってではなく、逆に、ドクサ自身が有する真理を明るみに出することによってなのである。このとき、哲学者の役割は都市を統治（＝支配）することではなく、うるさく付きまとう「虻《あぶ》」になることであり、哲学的真理を教えることではなく、市民をもっと真実に溢れた《トゥルースフル》ものにすることなのである。プラトンとの違いは決定的である。すなわちソクラテスは、市民を教育したいと思うよりは、むしろ市民のドクサを改良したいと思ったのである。なぜならドクサは、彼自身も参加している政治的生活を構成するものだったから。ソクラテスにとって、助産術は政治的活動《アクティヴィティ》力であり、ギヴ・アンド・テイクであり、根本的に、徹底的な対等性に基づくものであった。またその成果は、あれやこれやの一般的真理を得るという結果によっては量ることのできないものだった。だからプラトンの初期の対話篇がしばしば結論なき結論、つまり結果のない終わり方をするのは、明らかに、いまだ強力なソクラテスの伝統下にあるせいなのである。何ごとかを徹底的に語り通すこと、何かについて、また或る市民のドクサについて語り切ること、それでもう十分な結果に思われたのである。

友情と公共世界

この種の対話《ダイアログ》、すなわち有意味であるために結論を必要としない対話は、友人関係に最もふさわしいものであり、友人同士でよく交わされているものでもある。実際、大概の友情は、この種の友人同士に共通する話題のおしゃべりから成り立っている。彼らの間の話題は、語られることによって、なお一層共通のものになる。それは細部が明確になるだけではなく、発展して拡がりを持ち、ついには、時間と人生が経過する中で、友情によって共有される独自の小世界をも作り始める。すなわち、政治的に言って、ソクラテスがやろうしていたのはアテナイ市民を友人に仕立て上げることだったのである。それこそが、ポリスにおける、すこぶる当然の目的《パーパス》に外ならなかった。なぜならポリスの生活は、万人に対する万人の、激しく止まるところを知らない競争 *aei aristeuein*、要するに自分が誰よりも優れた存在であることを不断に誇示することから成り立っていたからである。この競技精神（agonal spirit）によって、都市国家間の同盟関係はほとんど不可能になり、嫉妬と憎しみ合い（嫉妬は古代ギリシアの国民的悪習である）で市民の国内生活は毒され、やがてギリシアの都市国家は破滅の道を辿ることになるのだが、そうした情況下で公共の福利（commonweal）が絶え間なく脅かされていた。政治的世界の共同性は、都市の壁と法による境界線で成り立っていただけなので、市民間の関係においては、つまり市民すべてに共通のものとして彼らの間に存在する世界においては、たとえそれぞれの市民にそれぞれ異なる現れ方で現れてはいたとしても、目撃されることも経験されることもなかったのである。もしソクラテスをもっとよく理解するために――ついでにアリストテレスの政治哲学の卓越した部分を、とりわけプラトンに公然と叛旗を翻している部分をもっとよく理解したいのなら、ソクラテスに帰られたし――アリストテレスの述語を用いるなら、

『ニコマコス倫理学』で彼が、共同体《コミュニティ》は均等な人々から作られるのではなく、逆に、相異なる、不均等な人々から作られる、と説明している部分を参照すればよいだろう。共同体は均等ならざる人々を均等化 *isasthēnai* することによって出現するのだ。[9] この均等化は、たとえば医者と農夫の間で見られるように、すべての交換において発生し、しかもそれは金銭に基づいて行われる。アリストテレスは友情を需要《ウォント》と交換のアナロジーで理解しているが、それは彼の政治哲学に固有の物質主義と関係がある。つまり彼の信念によれば、政治が必要になるのは、詰まるところ、人間が必死でそれから解放されようとしている生活の必要物のせいなのだ。食べることは生活ではなく生活するための条件であるというのとまったく同様に、ポリスの中で共生することは良い生活なのではなく、そのための物質的条件なのである。それゆえ彼は、けっきょく友情を、ポリスの視点からではなく、一人の市民の視点から理解することになる。「いかなる財貨を所有しようとも、友情を知らずに生きようとする者などいない」[10] というのは、友情を正当化する最高の言葉である。もちろん友情の均等化は、友人たちが互いに同じであるとか平等であるということを意味するのではなく、共通世界において平等なパートナーになることを、すなわち共に共同体《コミュニティ》の一員になることを意味する。コミュニティは友情が成就するものなのである。そして言うまでもなく——ここが論争を呼ぶ点でもあるのだが——この均等化は、市民たちの間に、競技《アゴーン》的生活に固有の差異化を果てしなく拡大させてゆくことになる。アリストテレスは次のように結論する。コミュニティの絆《きずな》とおぼしきものは、正義ではなく（プラトンは正義に関する壮大な対話篇『国家』においてそれは正義であると主張しているのだが）、友情である。アリストテレスにとって、友情は正義よりも重要なのである。なぜなら、友人たちにはもはや正義など必要ないからである。(11)

友情における政治的要素とは、誠実《トゥルースフル》な対話において、友人同士が互いの意見に内在する真実を理解し合うことができるということだ。友人は、一人の人間としての友人以上の存在であり、互いにとって公共世界がいかなるものであり、いかなる具合に独特の了解がなされているのかを理解し合う。しかもこの友人たちは、いつまでも不均等な、すなわち違う存在なのである。この種の理解――世界を（今ではいささか古臭い言い回しになってしまうが）他者の視点から見ること――は、一段と優れた、政治的な部類の洞察力である。もし、伝統に従って、政治家の傑出した長所をひとつ挙げたいというのであれば、それは現実《リアリティ》の数と多様性――主観的な視点から捉えられた現実ももちろん存在するのだが、ここではひとまず除外しておく――を可能な限りたくさん理解する能力である、と言えよう。なぜならそうした数々のリアリティは、市民の多様な意見に応じて現れるものだからである。また、それは同時に、市民や彼らが抱く意見とコミュニケートして、この世界の公共性《コモンネス》を明らかにする能力でもあるだろう。もしもそうした理解が――さらにそれによって触発される活動が――政治家の助力なしで為されるのだとすれば、各々の市民が自分の掛け値なしの意見をはっきり表現して、その結果として同胞市民を理解するようになることが、不可欠になるだろう。ソクラテスは、哲学者の政治的機能はこの種の公共世界を確立するのに手を貸すことだと、信じていたふしがある。その公共世界は友情による理解の上に構築され、そこではいかなる統治者も不要なのである。

一者にして二者

これを実現するために、ソクラテスは二つの洞察を頼りにした。ひとつはデルフォイのアポロンの神託に含まれている「汝自身を知れ *gnōthi sauton*」であり、もうひとつはプラトンによって述べられている（さらにアリストテレスにも影響が見て取れる）次のような一節である。「独りでいて自分自身と意見が合わないよりは、全世界と意見が合わない方がましである」[12]。後者は、徳は教えたり学んだりすることが可能だという、ソクラテスの信念を理解する上で鍵になる一文である。

ソクラテス的な理解によると、デルフォイの神託「汝自身を知れ」は次のようなことを意味していた。すなわち、私にとって――ただ私にとってのみ、したがって、私自身の具体的存在と永遠に関連し続けることによってのみ――そのように現れる（appear）事柄を知ることによって、初めて私はほんとうに真実を理解することができる。絶対的真理は、あらゆる人々にとって同一なのだろうし、それゆえ一人ひとりの実存とは無関係な別ものなのだろうから、人間《モータル》にとっては存在し得ないものなのだ。死すべき者《モータル》にとって重要なのは、意見《ドクサ》を真実に満ちたものにすることであり、あらゆるドクサの中に真実を見て、意見に内在する真実が自分にも他者にも開示されるように語ることなのである。こうしたレベルでは、ソクラテス流の「私は私が知らないということを知っている」は、次のようなことを意味しているのにすぎない。すなわち、私は誰にとっても当てはまる真理を持っていないということを知っている。また、私は、相手に質問をして、それで彼のドクサ――他のいかなるドクサとも異なるドクサとして彼に開示されているドクサ――を知るようになり、初めて彼の真実を知ることができる。デルフォイの神託は、限りなく曖昧な言い回しながら、ソクラテスこそは天下一の知者であると告げた。その理由は、彼が人間にとっての真理の限界、つまり思われること《アピアリング》＝見えること *dokein* から得られる真理の限界を、受け容れたからであり、同時に、ソフィストらに反対して、ドクサは主観的な幻想でも恣意的な歪曲でもなく、逆に、つねに真理と一体のものだと信じていたからである。もしソフィストの教えの真髄がディオ・ロゴイ *dyo logoi* すなわち、各々の問題は二つの異なるやり方で論じることができるという主張にあったとするなら、ソクラテスは天下一のソフィストであっただろう。なぜなら彼は、人間と同じ数だけ異なるロゴスが存在する、いや存在するはずだと考えていたからであり、しかも、人間が言論の運用によって共生してゆく限り、こうしたすべてのロゴスが一緒になって人間世界を形作るのだと考えていたからである。

ソクラテスにとって、自分自身のドクサを正直に語る人を知るための第一の指標は「彼が自分自身と一致していること」、すなわち自分自身と矛盾せず、矛盾したことを言わないことであった——それは多くの人がやることでありながら、どことなくそうするのを怖れていることである。この矛盾に対する恐怖の原因は、以下の事実にある。すなわち、私たちはそれぞれ「一者」なのだが、同時に、あたかも自分自身が二人いるかのように、自分自身と対話（*eme emautō*）ができるということ。少なくとも考えようとするときには、私はすでに「一者にして二者（two-in-one）」であり、それゆえ、アリストテレスの定義に倣うなら、「他者」としての友人を経験することができる（*heteros gar autos ho philos estin*）。自分自身と語り合った経験を有する者だけが、友人であることができるし、もう一人の自己を持つことができるのだ。そのときの条件は、彼が自分自身と心が一つであり、自分自身と意見が一致していることである（*homognōmonei heautō*）。なぜなら、自分自身と矛盾したことを言う人間は信用できないからである。この世界で共生する人々とコミュニケーションを取るために言葉を用いるという意味だけではなく、自分自身と語り合うことによって自分自身と共生するという、はるかに当を得た意味においても、言論の能力と人間の複数性（plurality）は互いに照応し合っているのだ[13]。

アリストテレスが西洋論理学の基礎を築くために用いた矛盾律は、その元をたどれば、このソクラテスの根本的発見に至るだろう。私が一者（one）である限りにおいては、私は自分自身と矛盾することはないが、考えているときには私は「一者にして二者」なのであり、自分自身と矛盾することがありうる。つまり、私は、一者として、他者と共生するだけではなく、自分自身とも共生するのだ。分裂の、もはや一者ではいられなくなることの、核心にあるのが矛盾の恐怖であり、そして、これこそ矛盾律が思考の根本原理たりえた理由なのである。さらにこれこそ、人間の複数性が完全には廃絶され得ない理由であり、哲学者が複数性の世界から逃れようとしてもそれはつねに幻想に終わる理由なのである。だから、仮に私が完全に独りで生きようとも、生きてある限り、私は複数性という条件下で生きることになる。私は自分自身に耐え（put up with）ねばならないし、純粋に考えているとき「私自身と共にいる私」はもっとも明瞭にその姿を現す。なぜなら純粋な思考は、一者の中の二者による対話だからである。複数性という人間的条件を逃れようとして絶対的孤独に引きこもる哲学者は、他の誰よりも徹底的に、すべての人間に内在するこの複数性にやがては支配されてしまう。なぜなら、対話的思考から私を呼び出して私を再び一者――一つの声で語り、そういう者としてすべての他者から区別されうる、唯一にして独自の人間――にするのは、他者との交友に外ならないのだから。

自分自身との共生と倫理学の起源

ソクラテスが意図していたのは（そしてアリストテレスの友情論がより徹底的に説明しているのは）、他者との共生は自分自身との共生から始まるということである。ソクラテスの教えは次のことを意味していた。すなわち、自分自身と共生するすべを心得ている者だけが、他者と共生するのにふさわしい。自己とは、私がそれから逃れることも、それを見捨てることもできない、私としっかり結合した唯一無二の人格のことである。それゆえ「独りでいて自分自身と意見が合わないよりは、全世界と意見が合わない方がましである」ということなのだ。この言明の中には、論理学に負けず劣らず、倫理学の起源も含まれている。なぜなら、もっとも一般的な意味での良心もまた、私が自分自身に賛成したり反対したりできるという事実に基づいているから、つまり私は他者に対してだけではなく、私自身に対しても現れる（appear）ものだからである。もし私たちが（ギリシア人がそう理解していたように）、人間が人間性をフルに実現し、人間としての十全なるリアリティを成就するための公的な政治領域としてポリスを理解するなら、こうした可能性は政治とこの上なく大きな関係を持ってくる。なぜなら人間は（家庭内のプライバシーの場合のように）単に存在するだけではなく、現れるものだからである。こうした現《アピアランス》れの現実としてのリアリティ全体をギリシア人たちがどの程度理解していたのか、そしてそのことが、とりわけ道徳的問題にとってどれだけ重要であったのかは、プラトンの政治的対話篇の中で絶えず問い返されている疑問、すなわち良い行為もしくは正しい行為は、たとえ「それが人間と神に知られることなく、隠されたままであるとしても」良い行為、正しい行為であるだろうか？　という疑問によって測ることができるだろう。純粋に世俗的な文脈では、つまりすべてを知りすべてを思いやって地上の生活に最終的判断を下す神への信仰がないところでは、この問いは良心の問題にとって決定的な重要性を持っている。それは、世俗社会で良心が存在できるのか、また世俗政治において良心が役割を演ずることができるのか、という問いなのである。さらにそれは、そのようなものとしての道徳性が、この世で現実性を持ちうるのか、という問いでもある。これに対するソクラテスの答は、たびたび記録されている次のような勧告に含まれている。「あなた自身が他人の目にそう見えて《アピ》＝現《ア》れてほしいようにしていなさい」、すなわち他人に見られているときにそう見えてほしいように、自分自身に対しても現れる（appear）ようにしなさい、ということだ。独りでいるときでさえも、あなたはまったく独りという訳ではないのだから、あなた自らが、あなた自身のリアリティを立証しうるのだし、立証しなければならない。あるいはもっとソクラテス風に言うなら――というのもソクラテスは良心を発見していたが、それに名前を与えていなかった――たとえ誰にも見られていないとしても、あなたが人を殺してはいけない理由は、あなたは絶対に人殺しとは共生できないからなのである。人を殺せば、あなたは、生きてある限り、人殺しと交際し続けることになるだろう。

変幻自在なもうひとりの自己と世界の変化

さらに、完全に独居して孤独の対話にいそしんでいるときでも、私は複数性から完全に切り離されることはない。というのもその複数性とは、まさに人間の世界のことであり、もっとも一般的な意味で「人間性」と呼ばれるものだからである。この人間性、いや、むしろこの複数性と呼ぼうか、これはすでに、私は一者にして二者である、という事実の内に暗示されている。(「一者は一者にして完全なる孤独のうちにあり、しかも永遠にそうである」とは、唯一、神にのみ当てはまる。) 人間は、あらゆる地上的存在と同じように複数性において生存するだけではなく、自分自身の内部にこの複数性を暗示するものをも持っている。しかし、私が独りでいるときに一緒にいる自己《セルフ》は、それだけでは、他の人々すべてが私に対して抱くのと同じような、明確で独自《ユニーク》な形とか特徴を持つことはけっしてできない。むしろこの自己は、つねに変わりやすく、少々怪しげな (equivocal) ままであり続けるのである。まさにそうした可変的で曖昧な形で、私が独りでいるとき、この自己は私にとってはすべての人間、すべての人間の人間性を象徴する。私が他の人々にしてほしいと期待すること——そしてこの期待はあらゆる経験に先立ち、あらゆる経験を乗り越えて残る——は、大体において、私が共生している自己の変幻自在の可能性によって決定されるのである。言い換えれば、殺人者は彼自身の殺人鬼的自己と永遠に交際し続けることを運命づけられるだけではなく、彼自身の行動を雛型にしてありとあらゆる他人を見ることにもなるだろうということだ。彼は潜在的殺人者の世界に住まうようになるのだ。政治と関連(political relevance)しているのは、彼自身の孤独な行為でも、殺人を犯したいという欲望ですらもなく、こうした彼自身のドクサ、つまり彼に対して世界が開示され、世界が彼の住まう政治的現実の本質的部分になる仕方である。この意味で、また私たちが依然として自分自身と共生する限りにおいて、たとえ何ら行動は起こさなくとも、私たちは皆、良きにつけ悪しきにつけ、人間世界を不断に変化させているのだ。

思考と行動

人殺しと共生したいとか潜在的人殺しの世界に住みたいと考える人間など断じて存在するはずもないと固く信じるソクラテスにとって、もし誰にも知られずに済むなら人間は喜んで人殺しになると主張する者は、二重の意味で自分自身と食い違っていることになる。第一に、そういう人間は、自己矛盾的な言を弄しているからであり、第二に、自分が賛成できない人間と喜んで共生すると言っているからである。この二重の不一致、つまり論理的矛盾と倫理的なやましさは、ソクラテスにとっては、依然として同一の現象であった。それだからこそ彼は、徳は教えることができると考えたのである。もう少し陳腐でない言い方をするなら、人間は思考と行動が一体となった存在――つまり思考が、つねに、不可避的に、行動に同伴している人間——であるという自覚こそ、人間と市民をより良くするものであると彼は考えたのである。この教えの基調を成す前提は思考であり、行動ではない。なぜなら、ただ思考においてのみ、一者における二者の対話は実現可能であるからである。

思考と言論

ソクラテスにとって、人間はまだ「理性的動物」、つまり理性という能力を授かった存在ではなく、思考が言論《スピーチ》という形式で現れる、考える存在なのである。この言論への関心は、ソクラテス以前の哲学にもある程度はすでに見られていたものだ。また言論と思考はともにロゴスであり、この両者の一致は、おそらくギリシア文化の際立った特質の一つなのである。この一致にソクラテスが追加したのは、思考の第一条件としての、自分自身と自分自身の対話であった。ソクラテスの発見が政治と関連するのは、彼自身の次のような主張のゆえである。すなわち、ソクラテス以前においても以後においても、孤独（solitude）は哲学者だけの特権的で職業的な「体質《ハビタス》」だとみなされ、さらにポリスの住人からは当然のごとく反-政治的と疑われていたのだが、じつはそれとは逆に、孤独はポリスがうまく機能するのに必要な条件であり、法と刑罰への恐怖によって強制される行動規則よりも確かな保証なのである。

善き人

すでに弱まってはいたものの、ソクラテスの影響を知りたいというのなら、私たちはもう一度アリストテレスを参照しなければならない。あきらかにプロタゴラスの「人間はすべての人間的事象、ありていに言うなら、人間によって使用されるすべての事象の尺度である *anthrōpos metron pantōn chrēmatōn*」という言辞に対する、またすべての人間的事象の尺度は神《テオス》 theos、すなわちイデアの内に現れる神性であるとするプラトンのソクラテス否認に対する返答として、アリストテレスは次のように語る。「あらゆる人々にとって尺度となるのは、徳と善き人である *estin hekastou metron hē aretē kai agathos*」(14)。法のように外部的なものでも、イデアのように超人間的なものでもなく、行為をするときの人間自身のありのままの姿こそが標準《スタンダード》なのである。

孤独と良心

当然、こうした教義はポリスとある種の衝突を起こしたのであり、また必ず起こすものなのである。なぜならポリスは、個人的良心から独立した法の尊重を求めずにはいないかうである。そしてソクラテスは自らを「虻」と称したとき、こうした衝突の本質を十二分に心得ていた。他方、私たちは、何は措いても孤独の可能性——非人間的な独房形式を除いて――をすべて抹消したいと考える全体主義的な大衆的諸体制を経験しているので、もはや自分自身と向き合うための最低限度の孤独すらも保証されないとするなら、世俗的良心のみならず、いかなる宗教的良心すらも廃絶されるだろうと、容易に請け合うことができる。全体主義的な政治体制という条件下では良心それ自体がもはや機能しないということ、しかも恐怖と刑罰が用いられなくてもそうなることは、しばしば目撃されてきた事実ではあるが、それもこうした理由で説明がつくだろう。自分自身との対話を実現できなければ、言い換えるなら、いかなる思考形態にも必須の「孤独」を欠いているなら、何人たりとも自らの良心を無傷のままで済ますことは不可能なのだ。

ソクラテスによるドクサの破壊

しかしソクラテスは、あまり目立たないもう一つの点でも、ポリスと衝突していた。しかも彼はそうした問題については自覚がなかったものと思われる。ドクサの中に真理を探究しようとすれば、ドクサが木っ端微塵に粉砕されてしまうとか、現れていたものは幻想であったことが暴かれてしまうという、破局的な結果を招きかねないのである。周知のとおり、これこそオイディプス王の身に降りかかることである。彼の世界全体、王としての彼の現実は、彼がそれを吟味し始めたとき、粉々に砕け散ったのである。真実を発見した後、オイディプスは、意見や栄光や名声や自分独自の世界という、多面的な意味から成るドクサを喪失したまま立ちつくす。要するに、真実はドクサを破壊しうるということであり、市民たちの個々の政治的現実を破壊しうるということなのである。またソクラテスの影響について私たちが知る範囲で言えば、彼のもとから立ち去ろうとするとき、きっと聴衆の多くは以前よりも真実に満ちた意見などを携えることもなく、むしろ意見など何一つ持たないまま、彼のもとから立ち去ったのに違いないのだ。前述したように、プラトンの対話篇の多くは結論を欠いているのだが、それは以下のような観点からも理解されうるだろう。つまり、あらゆる意見が粉砕されるものの、その代わりに真理が提供されることは一切ないということである。しかもソクラテス自身は、自分は固有のドクサを持たないけれども、「不毛（sterile）」であることを、認めてはいなかっただろうか？　しかし、恐らく、まさにこの不毛性、つまり意見の欠如もまた、真実に到るための前提条件ではなかっただろうか？　その真偽はともかく、とくに教えるべき真理など持たないという彼自身の主張にもかかわらず、どうやらソクラテスはすでに真理の専門家として現れていたのに違いない。真理と意見の間の深淵――それは、以後、哲学者とその他のすべての人間を分け隔てることになる――はまだその口を開いてはいなかったが、どこへ行こうとも周囲のすべての人々の真理を、しかも真っ先に自分自身の真理を増やそうと努めるこの一人の男の姿にすでに示されていた、いや予示されていたのである。

哲学の敗北と政治からの撤退

言い換えるなら、哲学と政治、哲学者とポリスの間の衝突は、ソクラテスが政治的役割を演じたいと考えたからではなく、ポリスにふさわしい哲学を作りたいと考えたことから始まったのである。両者の衝突がなおさら激しくなったのは、ペリクレスの死からソクラテス裁判に至る三十年間、彼のこの企図がアテナイのポリス生活の急速な崩壊と同時進行で（たぶん単なる偶然の一致ではなかっただろうが）行われていたからなのである。この衝突は哲学の敗北で終わった。有名な「脱政治 *apolitia*」によって、すなわちプラトン以後の哲学すべてに極めて典型的な、都市世界に対する無関心と軽蔑によって、哲学者は辛うじて周囲の世界の疑惑と敵意から我が身を守ることができたのである。アリストテレスの登場と共に、もはや哲学者が都市に対して責任を感じなくなる時代が始まる。このことが意味するのは、単に哲学が政治的領域においては何ら特別な任務を持たないということだけではなく、それよりもはるかに大きな意味として、哲学者は政治的領域に同胞市民の誰よりも小さな責任しか持たないということ、哲学者の生き方はふつうとは違うのだ、ということでもある。ソクラテスは、それがいかに不当なものであっても、まだ自分に有罪宣告をした法に従っていた。なぜなら彼は都市に責任を感じていたからである。他方、アリストテレスは、同様の裁判の危機に瀕すると即刻アテナイを立ち去って、何一つ良心の呵責をおぼえなかった。彼は、アテナイの人々は哲学に対して二度罪を犯すべきではない、と語ったと伝えられる。それから後、哲学者たちが政治に関して求める唯一のことは、「干渉しないでくれ」になった。そして彼らが政府に求める唯一のことは、考える自由の保護であった。たとえこうした人間的事象の領域からの哲学の逃亡がもっぱら歴史的事情によるものだったとしても、その直接的な結果――考える人間と活動する人間の分裂――として私たちの政治思想の伝統が築かれるようになったとは、到底考えられない。なぜならこの伝統は、二千五百年もの間その根拠を吟味されることなく、変転きわまりない政治的・哲学的諸経験を生き延びてきたのだから。むしろ真実は以下の通りである。すなわち、ソクラテスの裁判と同様、ソクラテスその人の中に、哲学と政治の間のもう一つの、ソクラテス自身の教えから露呈するよりもはるかに深い矛盾が現れていたのである。

魂と身体の衝突

あまりに自明にすぎて、ほとんど陳腐とも思えるのだが、そのくせ大多数の人たちから忘れられているのは、いかなる政治哲学も、第一に自身もその成員たる人間的事象 *pragmata tōn anthrōpōn* に対する哲学者の態度を表現するものだということ、さらにこの態度それ自体が、哲学者独自の経験と人々の中を行き交う私たちの経験との関係を含み、それを表現するものだということである。同じく自明なのは、一見したところ、すべての政治哲学が次のような二者択一に直面しているように思えることである。すなわち哲学的経験を人間的事象の領域に起源を持つカテゴリーで解釈するか、あるいは反対に、哲学的経験の優先権を主張して、その観点からすべての政治を判断するか、である。後者の場合、最良の統治形態は哲学者たちが哲学するための最大限の機会を持っている状態であろうし、それは、そのための最良の条件を醸し出しそうな標準《スタンダーズ》＝規範に、人々すべてが同調するような状態を意味している。しかしもっぱら哲学者だけの観点から国家《コモンウェルス》を企画しようと勇を鼓した哲学者はプラトンだけであったし、しかも、事実上、この企画は哲学者たちからさえ、大して真面目に受け取られなかった。そして、こうした事実こそは、この問題にもう一つの側面があることを示すものに外ならない。哲学者は人間的なもの以上の何ものかを、すなわち神的なもの *theion ti* を知覚するのだが、それでも彼は依然として人間なのである。だから哲学と人間的事象の衝突は、結局のところ、哲学者自身の内部で起こっている衝突なのである。プラトンが身体と魂との衝突として合理化し、一般化しようとしたのは、まさにこの衝突に外ならない。つまり身体は人間たちの都市に住まうが、哲学が知覚する神的なるものは、それ自体が神的な何ものか——魂——によって、また、ともあれ人間的事象から切り離された何ものかによって、認識されるのだ。哲学者が真の哲学者になればなるほど、ますます彼は自分自身を自らの身体から切り離すであろう。しかも生きてある限り、そのような切り離しは断じて実現不能なのだから、哲学者は、生活の必要から自らを切り離し自由にするためにアテナイの自由市民すべてが行っていたことを、行おうとするだろう。つまり彼は、主人が奴隷を支配するように、自らの身体を支配しようとするのだ。たとえ哲学者が都市を支配しても、彼は住民に対して、自分がすでに自らの身体に対して行ってきた程度のことしか行わないだろう。彼の専制は最良の統治という意味合いで正当化されるだろうし、同時にまた個人的な正当性という意味合いで、すなわち哲学者として自らの魂が命ずるところにこの世の人間《モータル》として優先的に従うという意味合いで、正当化されるだろう。人に従うすべを知っている者だけが命令を下す資格があるとか、自らを律するすべを心得ている者だけが他者を正当に支配できるといった、今の時代に流通する言い草は、すべて、政治と哲学のかような関係に由来しているのだ。身体と魂の衝突を表すプラトン的比喩は、もともと政治と哲学の衝突を表現するために考案されたものだったが、私たちの宗教と精神の歴史にあまりにも大きな影響を与えたために、その結果として、その元々の由来たる経験の基盤が軽んじられてしまったのである。ちょうどプラトン的な人間の二分割そのものが注目されて、まさにこの種の分裂すべての根源たる、一者の中の二者による対話 *eme emautō* という原初の思考経験が忘れられがちになったのと同じように。それだからといって、哲学と政治の衝突がゆるやかに融解して、魂と身体の関係に関する或る種の理論《セオリー》になったという訳ではない。プラトン以後の誰一人として、この衝突の政治的起源を彼ほど認識することはなかったし、彼のように根源的な言い方で表現しようとはしなかったのである。

* * *

プラトンの洞窟の寓話

プラトン自身は、哲学と政治の関係を、ポリスに対する哲学者の態度という見地から語っていた。それは洞窟の寓話の中で語られて『国家』の主題となり、彼の政治哲学の中核を形成している。プラトンはこの寓話を、哲学者の濃縮された伝記のようなものとして語り、物語は三つの局面を経て進展してゆくのだが、各局面が転機と転回を示し、三つの局面が一つになって魂全体の転回 *periagōgē holēs tēs psychēs*、人間全体の転回を表している。そしてプラトンにとっては、まさにこの転回のうちに哲学者が誕生するのだ。最初の転回は外ならぬ洞窟内で起こる。洞窟の住人は「足枷と首枷」で鎖に繋がれて、その結果「彼らは自分の目の前しか見えず」、彼らの目は事物の影と像が映し出される洞窟の壁に釘付けにされている。未来の哲学者はこの枷から身を解き放つ。彼は初めて振り返り、洞窟の後ろの方に人工的な炎を見る。それは洞窟内の事物をありのままに照らし出している。詳しく述べるなら、この最初の転回《ペリアゴーゲ》 *periagōgē* は、事物について人々が語ることに満足しない科学者の転回であり、彼は、大勢の人々に信じられている意見など物ともせず、事物それ自体のありようを解明するために「見る向きを変える（turn around）」のだと言えよう。というのも、プラトンにとって、洞窟の壁に映る像は歪められたドクサの像なのである。そして彼がもっぱら視界や視覚に由来する比喩を用いることができたのは、ドクサという言葉が、「意見」とは異なり、「目に見えるもの」という強い含意を持っているからである。洞窟の住人が目を凝らしている壁の像は、彼らのドクサ、つまり彼らに対して現れる事物の姿と様態なのである。もしありのままの事物を見たいというのなら、彼らは転回を、すなわち自分の位置を変えねばならない。なぜなら、すでに検討したように、ドクサとは、すべて世界における人の位置に依存し対応するものなのだから。

洞窟の哲学者の生涯ではるかに重大な転回点は、この孤独な冒険家が洞窟内の炎やありのままの姿をさらしている事物に満足せず、この炎がどこからやって来て、事物の原因は何なのかを探求したいと考えるときに到来する。再び彼は向きを変えて、洞窟からの出口を発見する。その階段を昇って行き着くのは、晴れ渡った空の下、物も人もない風景である。いまイデア中のイデアたる太陽に照らされて現れているのはイデアたち、すなわち滅び行く事物と死を免れぬ人間の、永遠不滅の本質《エッセンス》なのである。太陽のおかげで、見る者は見ることができて、イデアは輝きを放つことができる。ここには、紛れもなく哲学者の人生のクライマックスがある。そして悲劇が始まるのは、まさにこのときなのである。彼は依然として死を免れぬ人間なのであり、ここに属してはおらず、ここに留まることはできないのだ。彼は地上の故郷としての洞窟に戻らねばならない。しかし洞窟に戻っても、もはや彼はくつろぎを感じることはできないのである。

こうした転回のたびに、正気と方向性が失われていった。洞窟の壁に映る影絵に慣れた目は、洞窟の後部の炎でくらまされる。さらに、人工的な炎の薄明かりに慣れた目は、太陽の光でくらまされる。しかし最悪なのは、イデアの空の下での眩しい光に一度は慣れた目の持ち主たちを襲う、方向性の喪失である。いまや彼らは洞窟の闇の中で自分の道を探さねばならないのだ。どうして哲学者たちは自分にとって何が善であるのか（what is good）分からないのか――そしてどのようにして彼らが人間的事象から疎外されるに至るのか――それはこの寓話によって理解される。つまり彼らは洞窟の闇の中でもはや見ることができず、方向感覚を失い、共通感覚《コモンセンス》＝常識を喪失しているのだ。戻ってきた哲学者が洞窟の住人たちに自分が洞窟の外で見てきたものを伝えようとしても、彼の言うことは理解されないだろう。つまり、洞窟の住人らにとって、哲学者が何を語ろうと、それはまるで世界が「あべこべになった」（ヘーゲル）ようにしか受け取られないのだ。帰還した哲学者は危機に瀕する。なぜなら、彼はすべての人々に共通な世界で自らを方向付けるのに必要な共通感覚を喪失しているからであり、さらに、彼が抱いている考えは、世界の常識に矛盾しているからである。

プラトンが描く洞窟の寓話の中で不可解な点は、洞窟の住人たちが壁を前にして、何もすることができず、互いに語り合うこともできないまま、鎖に繋がれて凍りついていることだ。たしかに人間的活動力を表す言論《トーク》と活動《アクション》（「レクシス *lexis*」と「プラクシス *praxis*」）

という、政治的にもっとも重要な二つの言葉は、寓話全体のどこを探しても見つからない。洞窟の住人の唯一の営みは影が映る洞窟の壁を見ることなのである。あきらかに彼らは、いかなる現実的必要とも関わりなく、見ることそれ自体を愛しているのだ。(15) 言い換えるなら、洞窟の住人は普通の人間として描かれているのだが、同時にまた、彼らは哲学者と共通する一つの特性を持つ者としても描かれている。つまりプラトンが描く洞窟の住人は潜在的な哲学者であり、彼らは、闇と無知の中で、哲学者が光と十全なる知識の中で携わっている一つの事柄に心を奪われているのだ。それゆえ洞窟の寓話は、政治の観点から哲学がどう見えるかというよりも、哲学の観点から政治が、つまり人間的事象の領域がどう見えるか、ということを描くために作られている。そしてその目的は、哲学の領域内に、もちろん洞窟の住人の都市にふさわしい標準《スタンダーズ》を発見することであるが、それと同時に、闇と無知の中にありながらも、哲学者が考察しているものと同様の問題について自らの意見を形成してきた居住者にもふさわしい標準を発見することなのである。

哲学の起源

寓話はこうした政治的な目的のために作られたものなので、プラトンが語らないでいることがある。それは哲学者を、見ること自体をやはり愛している者たちから区別するものであり、言い換えるなら、哲学者を孤独な旅へと赴かせ、幻想の壁に彼を縛りつけている枷を壊すように仕向けるもののことである。寓話の終わりに、またしてもプラトンは、帰還した哲学者を待ち受ける危険についてさりげなく言及して、さらにその危険から次のように結論している。すなわち、哲学者は――たとえ彼自身は人間的事象に関心を抱いていないとしても――統治者としての役割を果たさねばならない、単にそれが無知な人間に統治される恐怖感から出たものだとしても、と。市民たちは、ともあれすでに影の映る洞窟の壁に釘付けにされており、したがって、ある意味でヘーゲルのいう「高次なもの」を受け容れて、哲学者が示す模範に従い、洞窟の出口に向かう心構えができているのだが、哲学者は同胞市民を説得できないし、それがなぜなのか、プラトンは私たちに語ってはくれない。

こうした疑問を解決するためには、プラトンの二つの言説を思い出す必要がある。それは洞窟の寓話の中では語られていないが、それがなければこの寓話はいつまでも曖昧なままで、いわば暗黙のうちに等閑視されてしまうだろう。その第一のものは『テアイテトス』――知識《エピステーメ》＝学 *episteme* と意見《ドクサ》の違いに関する対話篇――の中で語られており、そこでプラトンは哲学の起源を明らかにしている。「なぜなら驚愕《タウマゼイン》は哲学者がもっとも持ちこたえさせる（endure）ものだから。なぜなら驚愕を措いて他に哲学に始まりはないのだから *mala gar philosophou touto to pathos, to thaumadzein; ou gar allē archē philosophias hē hautē*」[16]。さらに第二のものは『第七書簡』に出てくる。そこでプラトンは、彼にとってもっとも重大な事柄*peri hōn egō spoudadzō*について、すなわち、私たちが理解しているようなものとしての哲学ではなく、むしろ哲学の永遠の主題と目的について、語っている。これに関して彼は次のように言う。「これについて、私たちが学んでいる他の事柄と同じように語ることは、まったく不可能である。むしろ、それとじっくり付き合うことによって……飛び火から点火されるように明かりが灯されるのだ*rhēton gar oudamōs estin hōs alla mathēmata, all' ek pollēs synousias gignomenēs ... hoion apo pyros pēdesantos exaphthen phōs*」(17)。こうした二つの記述から、私たちは哲学者の生涯の始まりと終わりを理解するのであり、それは洞窟の寓話が黙して語らない点なのである。

驚《タウマゼイン》きと言葉の喪失

プラトンによれば、ありのままの事柄に対する驚《タウマゼイン》き*thaumadzein*は情念《パ》＝受苦《トス》*pathos*、つまり耐え抜かれる事柄であり、さらにそのようなものとして、何かに関して意見《ドクサ》を形成する行為*doxadzein*とはまったく異なることなのである。人間が受容し、持ちこたえる驚愕、言うなれば、彼の身に襲いかかる驚愕は、言葉で言い表すことができない。なぜならそれはあまりにも漠然としすぎて（too general）、言葉にならないからだ。たびたび言及されていることだが、プラトンが最初に驚《タウマゼイン》愕に遭遇したのは、ソクラテスが陥った衝撃的な状態を目撃したときであったのに違いない。このときソクラテスは、まるで突然の狂喜に捉えられたかのように、見ることも聞くこともせず、ただ一点を見つめたまま微動だにしなくなっていたのである。こうした、言葉を喪失させる驚愕こそは哲学の始まりであるというのが、プラトンとアリストテレスにとっては公理のごときものになった。そしてこうした具体的で独特な経験に対する関係こそは、それ以前のすべての哲学からソクラテス学派を区別したものに外ならないのだ。プラトンと同じく、アリストテレスにとっても、究極の真理は言語を絶するものである。アリストテレスの用語法によれば、人間の側で真理を受容するのは精神＝直知《ヌース》[7] *nous* であり、それは内容として言葉《ロゴス》を含まない（*hōn ouk esti logos*）。プラトンはドクサを真理に対置したが、まったく同じように、アリストテレスは実践知《フロネーシス》 *phronēsis*（政治的洞察力）を精神《ヌース》（哲学的精神）に対置する。[18] ありのままに存在するあらゆるものに対するこのような驚きは、特定のいかなるものにも決して関係づけられない。だからキルケゴールはそれを非‐実在（no-thing）、すなわち無の経験と解したのである。哲学的言説に特有の一般性は、科学的言説との違いを際立たせるものだが、それはこうした経験から生まれているのだ。哲学が特別な学問であり、いまだにそうであり続けているのも、その根拠はこの経験にある。

根源的な問い

そして驚愕《タウマゼイン》による言葉の喪失という情況が変化して言葉が発せられるようになる場合

でも、その言葉は最初はまともな言説にならないで、ありとあらゆる種類の、いわゆる根源的な問いという形を取るだろう。たとえば、存在とは何か？ 人間とは何者か？ 人生にはいかなる意味がある？ 死とは何か？ 等々である。これらの問いすべてに共通しているのは、科学的に答えるのは不可能だという点である。「私は私が知らないということを知っている」というソクラテスの言葉は、このように科学的解答が存在しないことを、認識《ナリッジ》の観点から語ったものなのである。しかし驚愕に打たれた情況に置かれると、この言葉は露骨な否定性を削ぎ落とされてしまう。なぜなら、驚きがもたらす受苦《パトス》＝情念を持ちこたえてきた精神に刻印される結果は、次のような形でしか表現されえないからである。すなわち「いまや私は知らないということの意味を知っている。それゆえ、いまや私は知らないということを知っている」。根源的な問いが生まれるのは、実際に「知らない（not-knowing）」という経験を経るからなのに外ならない。なぜなら無知を経験するとき、この世界における人間的条件の、基本的側面のひとつが開示されるからである。しかし人間には知らないこともあるという事実――進歩の信奉者たちは、この事実がいつの日か徹底的に訂正されるのを楽しみにしているだろうし、実証主義者たちは、馬鹿げた話だと一蹴するだろうが――をいくら合理的に説明し、証明してみせても、そこから根源的な問いなどは生まれてこない。根源的で答の出ない疑問を呈することによって、人間は問いを発する存在として自らを確立するのだ。それだからこそ、答の出る問いを発する科学は自らの起源を哲学に負っていると言えるのであり、その起源は何世代にもわたって絶えることのない科学の起点であり続けていると言えるのである。万が一にも人間が根源的疑問を投げかける能力を失えば、同様に、人間は答の出る問いを発する能力をも失ってしまうことだろう。そのとき人間は、哲学のみならず科学の目的でもある、問いを発する存在ではなくなるだろう。哲学に限って言えば、もしそれがほんとうに現実そのものに対する驚愕で始まり言葉の喪失で終わるのだとするなら、結局、それは、それが始まった場所で終わるということなのである。かくして始まりと終わりは一致することになるのだが、これこそ、甚だ多くの厳密な哲学的議論が陥る悪循環と称するものの、もっとも根本的な原因なのである。

哲学的衝撃

この、プラトン語るところの哲学的衝撃こそは、偉大な哲学すべてに浸透して、それに耐え抜く哲学者を彼と共生する人々から分け隔てるものに外ならない。少数の哲学者と多数者との相違は——プラトンがすでに指摘していることだが——大多数の人々は驚愕がもたらす受苦《パトス》＝情念をまったく認識しないということでは断じてなく、むしろ、彼らはそれに耐え抜くことを拒否しているということなのだ。こうした拒否が表面化するのは、共通感覚《コモンセンス》＝常識による共通の標準や共通に受け容れられた規範が当てはまらないという理由で意見を持つことができない事柄に関して、意見《ドクサ》を形成しようとするときである。要するに、ドクサを形成することとは驚愕することとはまったく正反対の事柄なので、ドクサは真理と正反対のものになりうるということである。ありのままの事実に驚愕し言葉を失うことで初めて知りうるような事柄の場合、それについて意見《ドクサ》を持とうとしてもうまくゆかないのである。

哲学者というのは、いわば、驚くことの専門家、そして驚くことから生まれる問いを発する専門家――ニーチェが、哲学者とはいつもその周囲に異常なことが起こる人間のことだと言うとき、彼もまた暗に同じことを語っている――なのだが、彼はポリスと二重の対立関係にあることに気づく。哲学者の根源的な経験とは言葉を失う経験であることから、彼は自らを政治的領域の外部に置いてしまうのだ。なぜなら政治的領域における最高の人間的能力とは言論《スピーチ》に外ならないからである。つまり、言葉を持つこと *logon echōn* によって、人間は政治的存在 *dzōon politikon* になるのである。さらに哲学的衝撃は、単独性《シンギュラリティ》＝特異性にある人を、すなわち他の人々すべてと等しいわけでもなく、また絶対的に異なっているのでもない人を、襲う。この衝撃によって、単独者としての人間《メン》は、いわば、ほんの束の間、全宇宙と直面するのだ。彼が再び全宇宙と直面するのは、唯一、死の瞬間であろう。彼は、ある程度都市から疎外されるが、それは多数者から成る都市は単独者としての人間《マン》が関わるあらゆる事柄に猜疑心を抱かずにはいられないからである。

共通世界からの疎外

しかしもう一つの対立は、哲学者の生命を脅かしかねないものであり、これよりもはるかに悪い情況をもたらす。驚愕による受苦《パトス》＝情念は人間と無縁なものではなく、それどころか、人間的条件の中でもっとも一般的な特徴の一つであり、しかも多くの人にとってそこから脱するための方途はお門違いの意見を形成することになるので、哲学者はそうした意見に我慢がならず、不可避的に反対することになる。さらに言葉の喪失という彼自身の経験は答の出ない問いを発するという形でしか表現されないので、政治的領域に戻った途端、彼は決定的に不利な情況に陥る。哲学者は「分かっていない」唯一の者、他の人々の意見と張り合えるだけの明確に定まった固有のドクサを持たない唯一の者、共通感覚《コモンセンス》＝常識――言い換えるなら、私たちが共通に持っているだけではなく、共通世界に私たちを適合させ、それによって共通世界の存立を可能にする第六感――が決する「真偽」を持たない唯一の者なのである。共通感覚の世界には偏見と判断が含まれており、哲学者がこの世界に語りかけ始めるときには、つねに彼は感覚《センス》＝意味のない言葉で語ろうとしたり、あるいは――再びヘーゲル流に言えば――共通感覚《コモンセンス》＝常識を転倒しようという気にさせられたりするのだ。

驚愕の延長と複数性の喪失

こうした危険は、私たちの偉大な哲学的伝統の草創期から、つまりプラトンと、プラトンほどではないがアリストテレスの時代から、現れているものだ。哲学者は、ソクラテスの裁判のせいで、根本的な哲学的経験と政治的経験の間に横たわる固有の矛盾を過度に意識するようになり、驚愕《タウマゼイン》という最初の口火役の衝撃を一般化してしまったのである。この過程で姿を消したのは、ソクラテス的な立場である。それはソクラテスが著作を何一つ遺さなかったからでも、プラトンが故意に彼を誤り伝えたからでもない。ソクラテスの時代、政治と哲学特有の経験にはまだ損なわれていない関係があり、そこから生まれたのがソクラテス的洞察だったのだが、それが失われたからである。それというのも、すべての哲学はこの驚愕から始まるのだが、驚愕に当てはまることは、驚愕に続いて起こる孤独の対話そのものには当てはまらないからである。独居性《ソリテュード》、つまり一者の中の二者による思考上の対話は、他者と共に存在し生きることの不可欠の要素であり、この独居性の中で、哲学者もまた意見を作らざるをえない、つまり哲学者もまた自分自身のドクサに行き着くのである。哲学者が同胞市民と異なるのは、多数者が知らない、何か特別な真理を彼が所有しているからではなく、驚愕がもたらす受苦《パトス》＝情念をすすんで耐え抜く姿勢を絶えず持ち続け、それによって単なる意見の保持者の独断的態度を回避しているからなのである。このドクサ形成による独断的《ドグマ》態度に対抗しうるようにと、プラトンは、哲学の始まりと終わりにある言葉を喪失した驚愕《スピーチレス・ワンダー》を、無期限に引き延ばそうと提唱した。彼は、ほんの束の間の出来事にすぎないものを、あるいは、プラトン自身の比喩によれば、二個の火打ち石の間から飛び出る火花を、一つの生き方（観照的生活 *bios theōrētikos*）に仕立て上げようとしたのである。そうした試みの中で、哲学者は自らを確立し、驚愕によって生ずる受苦《パ》=情念《トス》を耐え抜いているときに経験した単独性《シンギュラリティ》に、自分の全存在の基盤を据える。その結果として、哲学者は、彼自身の内にある人間的条件の複数性を抹殺してしまうのである。

哲学の有用化

こうした進展の原因は政治的なものだが、それがプラトン哲学全体にとって非常に重要なものになったのは、言うまでもない。そのことは、彼が最初の構想――つまりイデアの教説――から奇妙に逸脱したことから、すでに明らかなのである。私が信じるところでは、この逸脱は、もっぱら哲学を政治に役立たせたいというプラトンの念願に起因している。しかしそれはもちろん、正確に言うなら、彼個人の念願よりも政治哲学にはるかに大きな関連性を持つ問題だったのである。哲学者にとって、政治は――もし彼がその領域の何もかもを体面に関わる問題とみなしていなかったならばの話だが――そこで人間の生活面の基本的必要がうまく処理され、なおかつそれに対して哲学の絶対的標準が適用されるような領域になったのである。政治がそのような標準にはけっして適合しえないものであることは、あきらかであった。それゆえ政治は、概して倫理にもとる所業だと判断されていたのである。

そう判断したのは哲学者だけではなかった。それから何世紀も閲する間に、多くの人々が同じように判断してきたのである。初めは共通感覚（＝良識）に異を唱える形で定式化された哲学的所産も、ついには教育を受けた人々の公的意見の中に吸収されることになった。政治と政治体（government）もしくは統治権は同一視され、双方とも邪悪な人間性の反映だとみなされたが、それはちょうど、人間の偉業と災厄の記録は人間の罪深さの反映だとみなされたのと同じである。しかしプラトンの超人的な（inhuman）理想国家はいちども実現しなかったし、哲学は何世紀にもわたり有用であると抗弁し続けねばならなかったけれども――というのも、現実の政治活動において、哲学はまるで役立たずであることを証明していたから――哲学は西欧人に対して一種の信号業務（one signal service）を果たしていた。プラトンが政治的目的のためにある意味で哲学を歪めてしまったせいで、哲学は標準と規則、尺度と測量法を提供し続けてきたが、それらを用いて、人間の精神は人間的事象の領野で起こっている事柄を理解しようと、少なくとも試みることはできたのである。近代に近づくにつれて枯渇していったのは、まさにこの、理解のために役立つ有用性に外ならない。マキャヴェリの著作はこうした枯渇の最初の徴候であり、さらにホッブズの中には、哲学にとって何の用もなさない哲学、共通感覚が当然視する事柄に起因するかのように装う哲学が、初めて見いだされる。そしてマルクスである。彼は西洋における最後の政治思想家であり、依然としてプラトンに始まる伝統に連なっているのだが、最後にはこの伝統を、つまりその伝統に含まれる諸価値の基本的な範疇と階梯を、転倒させようとした。この転倒によって、プラトン以来の伝統はたしかに終わりを告げたのである。

複数性と新しい政治哲学へ

トクヴィルは、「過去が未来に光明を投ずるのをやめてしまったので、人間の精神は暗がりの中をさ迷っている」と述べているが、これは、過去のさまざまな哲学的範疇がもはや「理解」のためには不十分だという情況で書かれたものであった。いま私たちは、もはや共通感覚《コモンセンス》＝常識ですら意味を成さない世界に生きている。現代世界における共通感覚の破綻は、哲学と政治の双方が、古くからの対立にもかかわらず、同じ憂き目に遭ってしまったことを告げている。そしてこのことは、哲学と政治の問題、言い換えるなら、新しい政治の科学がそこから生まれてくるための、新しい政治哲学の必要性が、いま改めて検討課題になっていることを意味しているのである。

哲学、また政治哲学は、それから派生するすべての諸学と同様に、ありのままの現実に対する驚愕《タウマゼイン》という自らの起源を否定することは、けっしてできないだろう。仮に哲学者たちが、人間的事象に溢れる日常生活から不可避的に疎外されながらも、真の政治哲学に到達する日を夢見るなら、彼らは人間の複数性——崇高なものも悲惨なものも、人間的事象はすべてここに由来する——を驚愕の対象にする必要があるだろう。聖書風にいえば、哲学者たちは——言葉を喪失する驚愕において、宇宙と人間と存在の奇跡を受け容れるのと同じように——神が人間一般（Man）を創造したのではなく、「男と女を創造した」という奇跡を受け容れる必要があるだろう。彼らは、人間の弱さを克服する中で、「人間が孤立していることはよくない」という事実を受け容れる必要があるだろう。

第二章　政治思想の伝統

伝統の終焉

私たちは「伝統の終焉」について口にする。しかし私たちは、多くの人びとが、ことによると大多数の（私にはとてもそうは思えないが）人々が、いまだに伝統的標準《スタンダーズ》に従って生きているということを否定しようとはまず思わない。重要なのは、十九世紀この方、伝統は、近代《モダン》特有の問題に直面してもいつも不可解な頑固さで沈黙を守り通し、他方で政治的生活は、それが近代的になり産業化と普遍的平等化という変化を被ったところではどこでも、いつも自らの標準をくつがえしてきたということである。偉大な厭世的歴史家たちはこうした情況に気づいていて、ヤーコプ・ブルクハルト[1]の著作の内にはそれについてのもっとも卓越した（地味なことこの上ないが）表現が見いだされる。さらに驚くべきことに、十八世紀半ばにモンテスキューが、わずかに遅れてゲーテが、物理的な意味合いでも厳密には政治的意味合いでもなく、伝統の差し迫った切断として、目前の「破局」を初めて予言している。モンテスキューもゲーテもこれまで破滅《ドゥーム》の予言者として告発されたことはないが、この問題については二人ともきわめて歯切れよく自分の考えを述べているのである。

モンテスキューは『法の精神』において次のように語っている。「ヨーロッパの大多数の国々はいまだに習慣によって支配されている。しかしたとえ長期の権力濫用や大規模な占領によっていつか独裁制が敷かれたとしても、習慣も風土もそれに抗ったりはしないだろう。」モンテスキューが危惧していたのは以下のような事柄であった。すなわち十八世紀の社会の安定化要因として遺されているのは習慣だけである、しかし彼の考えでは「市民の行動を統治」し、そうすることによって習慣が社会を安定させるように政治体《ボディ・ポリティック》を安定させるはずの「法」は、すでにその有効性を失っている、と。それから三十年も経ないうちに、ゲーテもまた、ラーファターに宛てた手紙の中で同様の胸の内を吐露している。「大都市さながらに、私たちの道徳的並びに政治的世界は地下道、地下室、下水道で土台が蝕まれています。しかもそれら相互の接続状況や住宅事情については、誰も反省したり考えたりしていないようです。でも多少なりともこのことを承知している人たちなら、いつか、どこかで、大地が崩れ落ち、亀裂からは煙が立ちのぼり、聞いたこともないような声が聞こえてきても、ぜんぜん意外だとは思わないでしょう。」[2] この二つの文章はフランス革命以前に書かれたものであった。実際にヨーロッパ社会の諸習慣が崩壊し、地下世界が地表に露出してその聞き慣れない声が文明世界の政治的舞台で聞かれるようになったのは、それから百五十年以上もの年月を経てからのことである。私の考えでは、十七世紀に開始された近代《モダン・エイジ》は、そのとき初めて私たちが今日生きている現代世界《モダン・ワールド》を真に実現したと言えるのである。

共通感覚の衰退

共通感覚《コモンセンス》は、他の諸感覚から寄せられる個々の特異な情報《データ》を、私たちが共存し共有する世界に適合させる働きをする。そして、いわば共通感覚によって受容され吸収されることこそ伝統本来の在り方なのである。こうしたおおまかな理解によれば、共通感覚が示唆しているのは、人間は、複数性（plurality）という人間的条件のもとで、他の人々が持つ共通データに照らして自分特有の感覚的データを照合・制御するということである（他方で、視覚、聴覚、その他の感覚による認識は、単独者としての人間的条件に属し、人間が単独でも理解しうることを保証するものである。つまり知覚それ自体のためには、人間は仲間を必要としないということでもある）。人間の複数性や人間世界の共通性がそれ自体で有効な固有領域であろうとなかろうと、共通感覚が、政治と道徳という公的領域において中心的な役割を果たしているのは明らかである。したがって共通感覚とそれが当然のごとく下す判断がもはや有効でなくなり意味を成さなくなれば、必ず損なわれるのはまさにその公的領域に外ならない。

歴史的に見ると、共通感覚の起源は伝統と同じくらいローマ的なものである。ギリシア人やヘブライ人には共通感覚がなかったというのではない。ただローマ人だけが共通感覚を発展させて、公的‐政治的な事象を処理する際の最高の基準にまで高めたということである。ローマ人にとって過去を忘れずにいることは伝統の問題になっていたが、共通感覚の発展がもっとも重要な政治的表現を見いだしたのは、まさにこの伝統意識においてであった。それ以来、共通感覚は伝統によって拘束され、なおかつ育まれてきたのである。だからこそ、伝統的規範が意味を成さなくなりほとんどすべての具体的事例を包摂しうる一般的規則として機能しなくなると、不可避的に、共通感覚もまた衰退するに到るのである。

同様に、過去、すなわち共通の起源として私たちが共有する事柄についての思い出は、「忘却」によって消滅の危機に瀕する。伝統に拘束された共通感覚による判断は、伝統によって概念化され尚かつ現在の情況にも適用可能なものは何であれ、過去から引き出し保存した。そして、この想起（remembrance）という「実践的」共通感覚の方法は、いとも自然に共通世界における共有財産として私たちに伝えられてきた。だからこそその衰退はたちどころに過去の次元の衰退をもたらしたのであり、その結果、「浅薄さ（shallowness）」が押しとどめようもなく忍び寄ってきて、近代生活《モダン・ライフ》の全領域は「無意味」のベールで覆われ始めたのである。

伝統と過去の同一化

要するに、伝統の存在それ自体が、かなりの程度まで伝統と過去との危険な同一化をもたらしたのである。多くの、ときにはもっとも根本的な変化に直面しても、伝統的諸範疇は並はずれた一貫性と包括性を示してきたが、それこそ、共通感覚に根ざす過去と伝統の同一化を実証するものに外ならない。ギリシアの没落からローマの勃興に至るまで、またローマ帝国が衰退してからは完全にキリスト教教義に吸収されるまで（それは政治思想の伝統に限ったものだが）、伝統的諸範疇がきちんと生き延びていたという事実ほど印象深いものが外にあるだろうか？　十八・十九世紀の政治革命と産業革命は道徳‐政治の伝統的規範にことごとく否を突きつけたが、私たちの時代が経験した根本的諸変化こそは、近代の幕開け以来生じてきたいかなる事象よりも重要なものである（もっとも、こうした問題を判断するには、たぶん私たちはもっとも適格性を欠いているのだが）。近代における革命的変化の重要性は、伝統という観点からの評価に限っていえばとてつもなく大きなものだが、私たちの時代の政治的激変と比較するなら、それほど大したものではないということである。

近代的歴史意識

一般的に言って、伝統の終焉が歴史の終焉でも過去の終焉でもないことは明らかである。歴史と伝統は別物だからだ。歴史には多くの終わりと始まりがあり、それぞれの歴史の終わりは新しい歴史の始まりとなり、新しい歴史が始まる度にそれまであったものには終わりが訪れる。その上、伝統にはほぼ確実に日付を入れられるのだが、歴史についてはもはや日付を入れることができない。近代的な歴史意識——同様の意識がそれ以前の時代に存在したとはとても思えないのだが——が芽生え、その決定的な表現を得てからまだ二世紀にも満たないが、そのとき、たとえばローマ帝国の建国とかキリストの生誕という一つの明確な起点から世紀を数え上げてゆく旧来の慣行が放棄されて、零年《イヤー・ワン》から過去と未来の両方向に数え上げてゆく方法が始まった。(1) キリスト生誕は、近代以前の何世紀もの間世界史の分岐点として今よりも大きな力と意味を持っていたが、このような近代的年代記述法《クロノロジー》をもたらすことはなかった。この方法の決定的に重要な点は、キリスト生誕が世界史の分岐点として現れるということではなく、いまや過去と未来がそろって無限的時間に参入し、そこで私たちは未来と同じように過去にも加算することができるということだ。こうした「無限」へ参入する二重の遠近法は、新しく見いだされた私たちの歴史意識にぴったり符合するものだが、どことなく聖書の創世神話と矛盾するだけではなく、そもそも歴史的時間は「始まり」を有しうるのか否かという、はるかに古くて普遍的な問題を無効化してしまう。まさにそれ自身のクロノロジーにおいて、近代は人類にとって、ある種、潜在的な地上の不死性を成就したのである。

伝統による「偉大な経験」の排除

こうした歴史が、私たちの伝統に概念化されるのは比較的わずかでしかない。伝統の定める範疇や標準——最初から伝統が育成してきたもの——に当てはまらない経験や思想や行為は、それが何であれ、つねに忘却の危機に晒される現実があったのであり、それは伝統の有効性を示すものでもあった。また、たとえ詩や宗教によって忘却は免れえたとしても、概念化されないものは、哲学的伝統においては必ずや曖昧なままにとどまり続けたのであり、それゆえ他の形でどんなに美しく敬虔に記憶されたとしても、ただ伝統のみが——絶対的説得力を有する美でも絶対的浸透性を有する敬虔さでもなく——有しうる幾世紀も伝え残してゆける形成的で直接的な影響力は持ちえなかったのである。このような歴史に関わる私たちの伝統の欠陥は、政治思想の伝統において、哲学一般の伝統におけるよりもはるかに顕著に露呈している。伝統的政治思想の中に居場所を持たない、いわばホームレス状態の西洋人の政治的経験を列挙するのは容易であるし、その事例にも事欠かないだろう。たとえばギリシア初期の前《プレ》‐ポリス的経験もその一つであり、それは、堂々たる人間の偉業と冒険心と共にホメロス的世界の中に存在し、今なおギリシア関係の歴史的文献に反響し続けている。トゥキュディデス〔3〕は自著の冒頭で、彼がペロポネソス戦争を物語る理由について述べているが、それによると、その戦争は、「これまでに知られた歴史上もっとも偉大な事件」であった。ヘロドトス〔4〕が書くのは、人間が創造したすべてを忘却から救い出すためだけではなく、偉大ですばらしい行為《ディード》が賞賛されずにいるのを防ぐためである。人間の活動《アクション》は脆弱である、だからこそ賞賛されねばならないのだ。他のあらゆる種類の人間的偉業の中にあって、ただ活動だけは人生そのものよりもはるかに儚いものであり、詩人の賞賛や歴史家の記録によって人々の胸に刻まれざるをえないのである。また彼らの作品が現実の偉業よりも偉大なものだと見なされることはまだなかったとしても、より多くの永続性を具有するものだとはつねに認められていたのである。

「偉大なる行為の実践者にして偉大なる言葉の語り手」と称されたアキレウス〔5〕のような英雄は詩人を——神意を伝える預言者（prophet）ではなく、本質を見透す予言者（seer）を——必要とした。なぜなら詩人の天才は、過去の中に、現在と未来において語るに足る事柄を見いだすものだからだ。この前‐ポリス的段階のギリシアが、ヨーロッパの言語すべての中に生き延びているギリシアの政治的語彙を生んだ源である。だがギリシアの政治生活が破綻し始めたときに始まった政治哲学の伝統は、こうした初期の経験をポリスの用語で定式化し分類するしかなかった。その結果、まさに現在私たちが使用している「政治《ポリティックス》」という言葉は、ある極めて特異な政治生活様式を起源として、その独特の意味を担うことになり、またその様式に対してある種の普遍的妥当性を授けることになる。活動《アクション》は、結局のところ、政治科学における最重要で、おそらくは中心的な概念の一つなのだが、そこには *archein*（始める、導く、支配する）や *prattein*（通り抜ける、終わる、達成する）といった言葉の原義上の痕跡がまだ残されているので、私たちはそれについて語ったり考えたりするとき、意識しようがすまいが、手段‐目的、支配‐被支配、利害‐道徳規範という範疇体系を念頭に置いてしまうのである。この体系は伝統的政治哲学の萌芽期に生まれたものだが、その中には、かつて *archein* や *prattein* といった言葉に生命を吹き込んでいた精神《スピリット》、すなわち冒険的に事を起こし、それを他者と共に最後までやり遂げようという精神はほとんど含まれていない。古典ギリシア語では *arche* は単に「始まり」と「支配する」の二つの意味しか持たないが、それ以前は、最初に事を起こす者は冒険的企図における当然のリーダーであり、それが達成されるためには追従者たちの *prattein*（実践）を是が非でも必要とする、という意味を担っていたのである。

要は、人間の行為《ディード》だけがそれ自体の固有の偉大さを持ち、それを実証するものだとされていたので、自らを正当化するためにいかなる「目的《エンド》」も究極の「目的因《テロス》」も必要ではなかったし、実際に利用されることもありえなかったということである。アリストテレス的な活動《プラクシス》 *praxis* の定義は伝統の中でずっと権威を保ってきたが、これほど前‐ポリス的な人間的偉業の経験に縁遠いものはありえなかった。彼はこう語っているのだ。「美しいものと美しくないものについて、それらを目指す活動は、目的においては異なったものになるが、活動それ自体はそれほど異なったものとはならない」[2]。宇宙そのものとして、また宇宙の一部として自然から与えられる事柄と人間が作り出す人間的事象の相違は、後者が偉大さにおいて劣るということではなく、それらは不死なるものではないということである。人間の死すべき運命も人間的事象の脆弱さも、それまでは、人間の偉大さとその冒険的企図の潜在的偉大さを否定するものではなかったのである。栄光、すなわちすぐれて人間的な不死の可能性は、偉大さを現すあらゆる事柄に由来していた。ヘロドトスやトゥキュディデスなどのギリシアの歴史家たちは、人間の行為と出来事に関する偉大さの感覚において、ホメロスとピンダロス[6]の後裔であった。子孫のために残すべきことをそれが偉大だという理由で記録したとき、彼らは、近代の歴史家のように出来事を連続する一つの流れとして説明したり提示したりすることに関心を示さなかった。あたかも詩人のように、彼らは自分たちの物語を人間の栄光のために語ったのである。つまりこの点において、詩と歴史はいまだに本質的には同じ主題を、すなわち自らの人生に決断を下し幸運も不運も自らの内に宿している人間の活動を、扱っているのだ[3]。人間の偉大さが顕れるのは行為や苦難をおいてほかにはありえないとする感覚は、やはりブルクハルトの「歴史的偉大さ」の概念に見いだされるし、これまでも詩と劇において不断に表現されてきた。しかしそれは政治思想の伝統からは一顧だにされてこなかったのである。なぜならその伝統は、「偉大なる行為の実践者にして偉大なる言葉の語り手」たる英雄の理想が、立法者としての政治家の理想に取って代わられた後で始まったものだからである。政治家たちの役割は、活動することではなく、活動する人間たちの移ろいゆく情況と不安定な営為に不変のルールを強いることであった。

このように私たちの政治思想の伝統は自らの枠組みにそぐわないすべての政治的経験を、始まりの段階から遮断してきた――たとえそれが伝統に直結する過去の経験であり、その結果として伝統的語彙が再解釈され言葉に新しい意味が付与される必要があった場合でも――が、その遮断は伝統の際立った特徴の一つであり続けた。不整合なものは何であれ排除しようという単なる傾向であったものが、強大な排除の力に発展してゆき、それが自らと相容れない軋轢をもたらす新しい経験から伝統を守ってきたのである。たしかに伝統は、これらの新しい経験が発生することも西欧人の現実の精神生活に形成的な影響を及ぼすことも、回避することができた。時として伝統の影響は、それに呼応する論争や再考を促す根拠になれるだけの明確な思想が存在しなかったために、なおさらのこと大きなものになり、その中身はきちんと吟味されなくなった。これこそ、まさに私たちが伝統そのものを理解しようとするときに起きていることなのだが、その伝統はローマ帝国に起源を持ち、政治思想史においてはほとんど何の役割も果たしていないローマの政治的経験に基礎を置いているのだ。

創建と家庭——ローマ的経験

ローマ的経験はギリシア史におけるポリス的経験だけではなく初期の前‐ポリス的経験とも著しい対照をなしているが、それによれば、政治的活動は市民《キビタス》の創始と持続のうちにある。ある意味で、創建の聖性を信じる思いは、未来のすべての世代を結束させる力として、ギリシアにきわめて固有の一つの政治的経験に匹敵するものだ。ギリシア文学をほんの少し読み齧っただけで知れることだが、ギリシア都市国家の生活においては、植民地建設の経験と市民の故郷離脱、つまり新しい地を求めての放浪、そして最後に新しいポリスの創建に到るという創建信仰が、とてつもなく大きな役割を果たしていた。これこそ『アエネイス』[7]で語られている苦難と流浪の永遠の意味であり、その中ではみんなが一つの目標を持ち、最後にはローマ建国に——*dum conderet urbem*（都市の建設に）——到るのだが、ウェルギリウスは叙事詩の開始早々それを一行で要約してみせている。「ローマ民族の建国は何たる難事業であったことだろう *tantae molis erat Romanam condere gentem*」[4]。ローマ国民を創建するための艱難辛苦が甚大なものであったことは、彼らの歴史的起源としてローマの詩人と歴史家によって繰り返し語られ、その結果、ローマ民衆は、ちょうどギリシアの植民地クマイからアルファベットを修得したのと同じ要領で、『アエネイス』の建国伝説を通してギリシア史との繋がりを深めたのである。この結びつきが正確になされたことに私たちはつねに感謝しなければならないし、真に偉大とみなされるものは何であれけっして見失いも忘れもせず影響力を失わせもしなかった歴史に、ずっと驚嘆し続けることだろう。ローマ史は、ギリシア思想のせいで失われたギリシアの植民地建設の経験を吸収すると同時に、家庭と家族の聖性という、ギリシア人がトロイアで直面した非ギリシア的な政治的経験を取り込んだのである。それはホメロスがヘクトルや彼の妻アンドロマケとの別離そして彼の死を賛美した場面に表現されていたが、その死はアキレウスの死とはまったく異なり、彼自身の不朽の栄光のためではなく、都市とそこに暮らす家族のための犠牲だった、要するに、その後ラテン語の「敬虔《ピエタス》 pietas」が定義づけることになるすべてのもの、すなわち家族と都市を守る家庭守護神《ペナテス》 penates、言い換えるならローマ的宗教そのものへの敬虔なる心情のためだったのである。『アエネイス』は、ユリシーズの宿命を生きるように運命づけられていたのは、あたかもヘクトルであったかのようにも読める。つまり放浪の結末は故郷への帰還ではなく新しい家庭の創建《ファウンデーション》であり、それによって創建と家庭はともに新しい強力な意味を持って台頭することになるのである。

ローマの創建――宗教・権威・伝統の三位一体

ポリスとは異なりローマが植民地を建設する過程で自らの創建を繰り返すことができなかったのは、ギリシアによる植民地建設の経験がローマ人にとって中心的な政治的事件になったからであった。ローマ創建は唯一無二にして反復不可能なものであり続けたのである。つまりギリシアの植民地は母なるポリスの管轄下にはなかったが、イタリア内のローマの植民地はローマの管轄下に置かれたままだったのである。ローマの全歴史は、永遠の始まりとしての基礎を、この創建に置いている。永遠のために創建されたからこそ、ローマは今なお私たちにとっても唯一の永遠の都市であり続けているのだ。このように雄大でほとんど超人間的、それゆえ伝説的でもある創建の努力を――新しい家庭の確立を――神聖化することが、ローマ的宗教の礎石になり、そこでは政治的活動と宗教的活動は一つのものと見なされていた。キケロ[9]によれば、「人間の徳が守護神の霊力に近づくのに、新しい市民《キビタス》の樹立もしくは既存の市民の維持ほど効果的なものは存在しない」[5]。宗教は神々が人々の間に住まう場所を提供し、それによって創建を確かなものにする力なのである。ギリシアの神々は人々の都市を守り、そこに一時的に滞在することはあったかもしれないが、ふだんはオリュンポスの自らの住み処に在って、死すべき人間たちとは離れていた。しかしローマ人の神々はローマの神殿に住まっていたのである。

このローマ的宗教は、創建に基づき、祖先 *maiores* や偉人たちから受け継がれたものは何であれ、守ることを神聖な義務とした。したがって伝統は神聖なものとなり、共和政ローマに浸透するだけではなく、帝政ローマの時代になっても生き残ったのである。神聖な創建を目撃した祖先たちの信仰表明《テスティモニ》に基づく伝統は、権威を保存し伝承していった。かくして宗教、権威、伝統は互いに不可分のものとなり、権威ある「始まり」――人はそれに伝統の力によって拘束され続ける――の神聖な拘束力を表したのである。ローマ帝国のローマの平和《パックス・ロマーナ》がいずれは西洋文明となるものを広めたところではどこでも、このローマの三位一体《トリニティ》は、社会《ソキエタス》 *societas*、仲間《ソキイ》 *socii* の共生、誠意で結ばれた人々といった、ローマ的な人間社会の概念と一体になり、根づいたのである。しかしローマ的精神の真の威力が、すなわち政治的共同体の立ち上げを確かなものにしうるだけの創建の威力が、ようやくその本領を発揮したのは、ローマ帝国が衰退してからであった。このとき新しいキリスト教会は徹底的にローマ化されており、キリスト復活を、もうひとつの永続的制度が設立されるための礎石として解釈し直していたのである。カトリック教会の創建を通じてローマの創建を反復することで、宗教・伝統・権威の大いなるローマ的三位一体《トリニティ》は西暦紀元にまで持ち込まれて、単独の制度としては、唯一古代ローマの一千年に亘る奇跡的な歴史に匹敵する、驚異的な長命を保つことになった。

ローマ精神の持続――カトリック教会の創建

キリスト教会が新約聖書に歴然と示されているキリスト教教義の激しい反制度的傾向を克服することができたのは、それがローマの政治的宗教概念を受け継いだ公的制度だったからである。ローマの没落期以前でも、衰退する帝国のために「最も強力な神」の加護を得ようとし、もはや昔日の力を持たない神々を奉ずるローマの宗教を活性化させようと図るコンスタンティヌス帝〔10〕に招致されたとき、すでにキリスト教会は福音書に述べられているイエスの生涯と行いに基づく自前の伝統を有していた。その創建の礎石となったのは、単なるキリスト教教義や神の掟に対するユダヤ的忠誠ではなく、むしろキリスト教会がそれを伝統として世代から世代へ伝えてゆく限り自らの権威をそこから導き出すための、創建者 *autores* の特定の信仰証言だったのであり、そのとき以来ずっとそうであり続けている。教会は、ローマ帝国の新しい庇護者の役割を担い、ローマ特有の宗教・伝統・権威の三位一体を温存し続けたので、ついにはローマの後継者となり「もはやローマも自治都市も与えることのできない市民意識をキリスト教会の信者」に与えうるようになった(6)。カトリック教会の創建をローマの創建と取り替えてしまうだけでローマ的様式がキリスト教的中世に無傷のままで生き延びることができたということは、ローマ精神《ローマン・スピリッツ》の最大の勝利といえるかもしれない。宗教改革によってこの伝統は中断されたが、すべてが終わりになったわけではなかった。なぜなら宗教改革が否定したのはカトリック教会の権威だけであり、宗教・権威・伝統の三位一体そのものを否定したわけではなかったからである。この中断の結果、一つのカトリック教会に代わって複数の「教会」が出現することになったが、創建を唯一無比なる歴史的事件として目撃し、その証言が伝統によって生かされ続けている創始者たちの権威に依拠する宗教は廃棄されなかったし、廃棄しようともされなかった。

ところがそれ以後は、宗教・権威・伝統のいずれか一つが破綻したならば、必然的に、残り二つも道連れにされて破綻することになった。宗教的信念の裏付けがなければ、権威も伝統も危ういものになるということである。理解し判断するための伝統的手段の助けがなければ、宗教も権威も必ず躓いてしまう。また、権威が宗教組織の衰退と伝統の中断を乗り越えられると信じるなら、それは政治思想における権威主義的傾向が呼び起こす誤りなのである。これら三者がすべて破滅したのは、近代の始まりとともに、遠い過去の創建を神聖視する古い信念が、進歩を信じ、終わりのない進歩としての未来を信じる新しい確信に道を譲ったときだった。終わりのない進歩の無限の可能性は、いかなる過去の創建にも束縛されることが決してなかっただけではなく、同時に、何らかの新しい創建があったときに初めて阻止され、その無限の潜在的可能性が頓挫しうるものでもあったのである。

支配の概念の起源

活動《アクション》を理解するためのモデルが家庭生活の私的領域から採られて、公的-政治的領域——正確に言うと、活動がもっぱら「人々(persons)」(7)の間で進行する活動力として起こる領域——に持ち込まれるとき、前述したように、活動が、支配することと支配されることへ、言い換えるなら、命令をする者と命令を実行する者へ変容するのは、避けがたい成り行きである。活動を命令の遂行とみなして、政治的領域において知る者と行う者とを区別することは、まさに統治権＝支配権《ルーラーシップ》の概念に固有のものとして存在し続けてきた。なぜならこの概念は、一般的な政治的経験を通して正当化されるはるか以前に、哲学者のきわめて特別な経験を通して政治理論になったものに外ならないからである。支配しようという欲望は、それが古代的な政治体制が衰退・崩壊する際の政治的必然性として発生する以前には、僭主による制覇への意思であるか、それとも、哲学者が自分自身の生き方と関心を公的‐政治的領域——哲学者にとっても彼以外のすべてのギリシア人にとっても、人間に特有の可能性が存分に表現されうる場——に適合させることができなかった結果であるかの、いずれかであった。支配の概念はプラトンの中に見いだされ、政治思想の伝統にとって権威あるものになっているが、その概念には二つの相異なる源泉があり、しかもそれらは私的な経験のうちにある。第一のものは、プラトンが他のギリシア人たちと共有していた経験であり、それによると、支配とはそもそも奴隷に対する支配のことであり、命令と服従の主従関係の内に発現されるものであった。第二のものは、都市の支配者にならねばならないという、言い換えるなら、孤独の中でしか認識されえない「イデア」を都市において実行しなければならないという、哲学者の「ユートピア」的欲求であった。そうしたイデアは、常套的な説得法、とくに名声と卓越を勝ち取るというギリシア式の方法では、大勢の人間に伝わらない。なぜなら、イデアの顕現も認識も言論《スピーチ》によって伝達するのはまったく不可能であり、とりわけ説得を特徴とする言論形式では不可能だからである。

ギリシア哲学の受容

かくして創建の経験の重要性は、私たちの法制度のみならず、主として宗教史と精神史の流れに対してもこの上なく深い影響を与えたのだが、もしフランスとアメリカにおける十八世紀の革命がなかったら、その政治的意義は失われていただろう。つまりそれらの革命は、マルクスの言を拝借するなら、ローマの衣装をまとって演じられたものであり、また西洋史に対するローマの根本的貢献を現実に甦らせたものでもあったのである。かつて「革命」という言葉が人間の心に掻きたてた熱狂はすべて、創建の偉大さに対する誇りと畏怖の念に発していたのだが、他方、創建の経験が、私たちの伝統・権威の概念に圧倒的な影響を与えたにもかかわらず、私たちの政治思想の伝統にはほとんど何の影響も与えなかった理由は、皮肉なことに、創建のあったいかなる場所でも、創建に対するローマ的尊敬が存在していたからなのである。ギリシア哲学は、けっして十全に受容されることはなく、ときには――とくにキケロによって――激しく拒絶されたりもしたが、それにもかかわらず、その諸範疇は政治思想に反映されていた。なぜならローマ人はギリシア哲学を唯一の正式な、したがって永遠なる、哲学の創始だと認識していたからである。それはちょうど彼らが世界中の人々に、ローマの創建こそはただ一つの正式で永遠な政治的世界創建だと認めるように求めたのと同じであった。私たち西欧文明に住まう人間たちが伝統と称しているもの――また近代の台頭に伴ってその破綻を目の当たりにし続けているもの――が、いわゆる未開人の伝統に縛られた諸社会や古代アジア文明の悠久の同一性と同じものだと信じるなら、それは間違いであるが、私たちの伝統の破綻が伝統的社会の崩壊を世界中にもたらし、拡散させたのはほんとうなのである。ローマが創建を唯一無二の事件《イヴェント》として聖化することがなかったならば、ギリシア文明――ギリシア哲学を含む――が伝統の礎《ファウンデーション》＝創建となることも決してなかっただろう。もっとも、その場合でも、ギリシア文明は、非拘束的・非義務的な仕方でアレクサンドリアの学者たちの努力によって守られてはきたのかもしれないが。正確に言えば、私たちの伝統はローマ人が、疑う余地のない権威ある思想の結合基盤として、ギリシア哲学を受容したことによって始まったのだが、それによってローマは哲学を――政治哲学すらも――発展させることができなくなり、そのせいでローマ自身のとりわけ政治的な経験は十分な解釈を施されずにきたのである。

伝統と哲学

私たちの直接の関心事ではないが、ついでに以下の点にも触れておこうと思う。つまりローマ的伝統概念の帰結は、政治思想史に劣らず、哲学史にとっても決定的《フェイトフル》＝致命的であったということである。政治においては、伝統・権威・宗教の三位一体がその真の礎を市民《キビタス》を創建し維持してきた経験に置いているのだが、そうした政治とは異なり、哲学は、いわば本来的に反伝統的なものである。だからこそ、プラトン自身の言葉を信じるならば、彼自身は哲学の起源は驚愕《タウマゼイン》に、すなわち目を見張り、不思議の念に打たれ、持ちこたえること《インデュア》——それこそ哲学者の本分である——にあると信じていた[8]。のちに、このプラトンの言葉はほぼ逐語的にアリストテレスによって引用されたが、異なる解釈が与えられていた[9]。プラトンが、哲学の起源は存在するものすべてに対する驚愕を受苦《パトス》することだと言ったとき、あきらかに彼は、伝統——その主たる役割は、既定の範疇に導くことによってすべての疑問に答を見つけてやることである——がまさに哲学の存在を脅かしかねないものであることに気づいてはいなかった。しかしこうした怖れは近代哲学者のライプニッツ[11]とシェリング[12]に潜在し、さらにハイデガーには明白なかたちで存在するものだ。というのも、彼らは哲学の起源は以下の解答不能な疑問の中にあると言明しているからである。「どうしてそもそも何かが存在していて、何も存在しないということではないのか?」プラトンは、当時すでに何世紀にもわたって「全ギリシア《ヘラス》の教師」と認められてきたホメロスを酷評したものだが、いまだにその酷評は、私たちにとっては、伝統の権威主義的拘束をまったく感じないで自らの過去を意識できる文化が存在したことのもっとも堂々たる証なのである。これと似たようなことが僅かでもローマ文学において存在したなどとは、とても考えられない。しかしもしローマ的な伝統感覚がギリシア哲学によって絶えず抑制されていなかったならば哲学の運命がいかなるものになっていただろうかという点については、キケロが自身のいわゆる哲学的著作の一つにおいて――しかも何の脈絡もなしに――述べていることをみれば分かるかもしれない。すなわち彼はこう叫んでいるのだ。「小作人ですら疑わないような事柄を哲学者が疑うのは、不名誉ではないと言えるだろうか？」(10) あたかもそれは、私たちそれぞれが日常生活の中で当然視している事柄を疑うことは、必ずしも哲学者の厭う仕事であるとは限らなかったと言っているようでもあるし、さらにカントが言うところの生活と世界の自明性 *Selbstverständlichkeiten* に属さないものは何であれ、疑い、哲学的に思案するだけの価値がありうると言っているようでもある。哲学は、真の偉大さに達したときには、その時と場所にかかわらず、つねに自らの伝統すらも破壊しなければならなかったが、政治思想にはそれと同じことは当てはまらない。だからこそ、政治哲学は、他の西洋形而上学のいかなる分野にも増して、伝統に拘束されるようになったのである。

観照的生活と活動的生活

西洋人による実際の政治的経験という領域に限って言えば、私たちの伝統の欠陥は、恐らく、初期キリスト教においてスコラ学が主要な政治的経験を沈黙のうちに放棄したことに、もっとも明瞭に見て取れるだろう。アウグスティヌス[13]が新プラトン主義者になりトマス・アクィナス[14]が新アリストテレス主義者になって以来、彼らの政治哲学が福音書からよのように、「地上の国 *civitas terrena*」と「神の国 *civitas Dei*」のように、人間的事象の「洞窟」の中で生きられる生活と「イデア」の真実に輝く光の中で生きられる生活という、プラトン的二項対立に合致する特徴のみであった。それは言い換えるなら、「実践的（＝公的・政治的）生活 *bios politikos*」が「観照的（＝哲学的）生活 *bios theōrētikos*」に劣る——なぜならそれ自体の尊厳を有するのは「観ること *theōrein*《テオレイン》」、すなわち知識に導く「見ること（seeing）」のみであり、行為《アクション》はつねに何かほかの目的に奉仕するものだから——というアリストテレス的位階制に由来する「活動的生活 *vita activa*」と「観照的生活 *vita contemplativa*」の二項対立のことである。とは言っても、私はこれらの二項対立がキリスト教哲学において全然異なる意味を持っていたことを否定するつもりはないし、これらの「神の国」や「観照的生活」の内容が古典古代哲学におけるそれらと実質的類似性をほとんど持たないことを、否定しようとしているわけでもない。重要なのはむしろ以下の点だ。すなわちこうした、プラトンやアリストテレスの政治哲学で概略されている二項対立の図式に収まらないような経験は、いかなるものであれ、政治理論の領域に入ってくることは断じてなく、宗教的領域に繋ぎ止められたままだったということであり、しかもその宗教的領域では、それらの経験は次第に活動《アクション》にとっての意義を失って、世俗主義が台頭してからは、ついに敬虔なる凡庸さに成り果ててしまったということである。

人間的活動の不確実性

ナザレのイエスは、古典古代の政治的考察と近代の歴史的考察を同じように悩ませてきた人間的活動の一つの難問《パープレクシティ》から大胆でユニークな結論を導き出したが、その結論にもいま述べたような事態は顕著に見て取れる。私たちは活動の領野を構成している相互関係と相互依存が入り組んだ情況に投げ込まれると、自分が一体何をしているのかよく分からなくなるものだが、そうした人間的活動の不確実性は、古典古代の哲学では、人間的事象の由々しさ＝取り返しのつかなさ《シリアスネス》に対抗する最高の反証だと考えられていたのである。のちに、行動する人間は過ちと不可避な罪の網の目の中で動きまわるという、有名な諺に使われるような言い回しのすべてを生んだのは、この不確実性であった。ボシュエ[15]は「いかなる人間の力も、自らの意に反して、自らの計画とは別な計画を推進するものだ」[11]と語ったが、そうした事実のうちにすでに中世哲学は神の指《フィンガー・オヴ・プロヴィデンス》を見いだしており、近代キリスト教哲学ではなおのことそうであった。他方、歴史は、自分が何をしているのかまったく知らないのに、結果としてつねに、いわば自分が意図したり欲したりしていたものとは異なる何かを生み出してしまう人間によって作られるのだが、その歴史がそれでも筋が通るものだったり意味を伝える物語になってしまうことを説明するために、カントとヘーゲルの場合は、「自然の策略」とか「理性の狡知」といった、人間の背後ではたらく秘密の力がデウス・エクス・マキナとして必要とされていた。

赦し

活動する人々は自分たちが「高次の力」の支配下にあることを思い知らされ、その力に比べれば人間の行為《ディード》などは神に操られた人形の戯れの運動、[12]もしくは神の摂理によって計画された運動にしか思えなくなるが、そうした伝統的な「高次の力」の行使に対抗するものこそ、根本的な不確実性や不可避の過ちと罪に対して、人間的共生を護るための救済策を人間的活動そのものの本質の中に発見しようとする、即時の政治的関心なのである。イエスはこの救済策を、赦す（forgive）という人間的能力の中に見いだしたが、これもまた、活動において私たちは自分たちが何をしているのか決して知ることはない[13]という洞察に基づいている。つまり、私たちは生きてある限り活動をやめるわけにはゆかないのだから、けっして赦すのをやめてはならないということでもある。[14]イエスは、赦しが神の独占的な特権であることを明白に否定すらしてみせて、[15]さらに大胆にも、人間の罪（sin）に対する神の慈悲は、究極的には、他者の罪（trespass）を赦そうとする人間の姿勢にかかっていると考えたのである。[16]

こうした基本的な人間関係としての赦しの概念は、すばらしく大胆で無類に誇り高いものだが、それは罪と過ちによる「災厄」を寛大と連帯の「美徳」らしきものに表面的に転倒させるからではない。赦しは不可能と思われることを試みる。すなわち赦しはすでに為されてしまったことを取り消してしまおうとする、しかも始めることがもはや不可能になってしまった地点で新たに始めることに成功してしまう。人間は他者に対して自分が何をしているのか分からない、また人間は善を為そうとして悪を為すことがあるし、その逆もある。しかしそれにもかかわらず人間は、自然界の物理的事象を扱う際に支配権《マスターシップ》＝熟練の証になっているのと同じ「意図の成就」を、活動においても熱望し、それはギリシアの大昔から悲劇の大きな主題になってきた。伝統はすべての活動に伴うこの悲劇的要素を見失ったことはないし、たいていは非政治的文脈ではあったが、赦しが最大の人間的美徳の一つであることを理解し損ねたこともない。産業革命後に突然の混乱を巻き起こした巨大な技術的発展によって、製造《ファブリケイション》＝作り事の経験が圧倒的に優勢になり、活動の不確実性もようやくきれいに忘れ去られそうになった。当時、人々は、まるで椅子を作るとか家を建てたり改良するときのように、「未来を作る」とか「社会を建設したり改良する」などと語り始めたものだ。

赦しと新しい始まり

政治思想の伝統によって失われたもの、そして宗教的伝統の中でのみ――それは宗教的人間 *homines religiosi* に当てはまるものだったから――生き残ったものは、活動する人間同士の交わりを構成する要素としての、行為と赦しの関係であった。しかもそれは、イエスの教えの中でもとりわけ政治的な――宗教的ではない――新案《ノヴェルティ》だったのである。（赦しが見いだした唯一の政治的表現は純粋に打消し的《ネガティヴ》な免罪権であり、すべての文明国の元首の大権となっている。）活動は、第一に新しいことの始まりなのだが、活動する者を永久に縛りかねない一連の不測の事態を招来するという、自滅的な性質を持っている。こうした不測の事態の連鎖を古典古代の人々は「運命」と呼び、キリスト教徒は「摂理」と呼び、私たち近代人は、傲慢にも、単なる「偶然」と貶めてしまったが、その渦中では人は活動者であり同時に犠牲者でもあることを私たちは皆承知している。赦しは、すべての活動が招来する諸結果の連鎖と構図から私たちと他の人々を解放する唯一の、厳密な意味で人間的な活動なのである。そういう意味で、赦しは、すべての単独者としての人間が新しく始めるための活動能力の持続を保証するものなのだ。もし赦すことも赦されることもなければ、その人間はひとつの願い事が叶えられた後で、外ならぬその叶えられた願い事のために永遠に罰せられ続ける童話の中の人物のようになるだろう。

始める能力

伝統と権威についての私たちの理解は「創建」という政治的活動にその起源を持っているが、前述のように、それは十八世紀の大革命時代を生き延びたにすぎなかった。相互依存のうちに共生する人間——アリストテレス的模範に倣っている——のみならず活動する存在としての人間をも考慮に入れる、人間についての哲学的定義もわずかに存在するが、それらの定義は、その考案者たちが政治と具体的な関わりを持っている場合でも、政治哲学の文脈の中で作られたのである。その顕著な例としてアウグスティヌスは次のような偉大な言葉を残している。「始まりが存在するために人間が創られ、その人間の前には何者も存在しなかった *Initium ut esset homo creatus est ante quem nemo fuit*」[16]。これは活動、すなわち「始める能力」を、人間は皆生まれながらにしてすでにこの地球上でかつて現れたことも見られたこともない「新しい始まり」である、という事実に結びつけるものである。ところがこの「始まり」としての人間概念は、アウグスティヌスの政治哲学、すなわち「地上の国 *civitas terrena*」に対する彼の理解には何らの影響も与えずじまいだったのである。またカントの自発性という精神的活動力の概念は、新しい方向の思考を始める能力と総合的判断——既知の諸事実からも既定の諸規則からも推論されない判断——を形成する能力を意味するものだったが、彼はそれは自らの政治哲学とは何の関係もないものだと考えていた。つまりカントは、アウグスティヌスと同じように、そうした異質な思考のことなど自分には一度も思い浮かばなかったかのように、自らの政治哲学について語っているのである。おそらくこの種の不一致がもっとも顕著なのはニーチェである。というのも彼はかつて『権力への意志』において人間を「約束をすることができる動物」と定義したものだが、この定義が、彼の哲学における他のほとんどいかなる肯定的要素よりも、「すべての価値の再評価」を真に多く含んでいることに気づくことは決してなかったからである。[17]

人間の複数性

もちろん、政治思想の伝統が活動する存在としての人間を始めから見失っていたのには、理由がある。人間に関する「理性的動物《アニマル・ラショナーレ》 *animal rationale*」と「工作的人間《ホモ・ファーベル》 *homo faber*」という二つの有力な哲学的定義の特徴は、活動する存在としての人間を欠いていることである。この両定義においては、人間はあたかも単独で存在しているかのようにみえる。なぜなら私たちが「工作」と「理性」を想像することができるのは、人類の同一性《ワンネス》という条件下においてだからである。政治思想にも人間の複数性に関心を寄せてきた伝統があるのだが、その伝統によれば、あたかも人間の複数性が指し示しているのは、せいぜいのところ道理《リーズナブル》をわきまえた人間の総計でしかなく、そうした人間たちは何らかの決定的欠陥のゆえに、共に生き、政治体を形成するように強いられているかのようだ。しかし伝統の外部にある三つの政治的経験——前‐ポリス的段階のギリシアで新しい企図を始める際の活動の経験、ローマ建国の経験、そして活動と赦しが結びついたキリスト教的経験、言い換えるなら、活動する者は皆すすんで赦そうとしなければならないし、赦す者に皆真に活動しているという認識――は、特別な重要性を持っている。なぜならそれらの経験は、たとえ政治思想によって遠ざけられていたとしても、私たちの歴史にとって有意義なものであり続けてきたからである。ある根本的な意味で、それらの経験は、それがなければ政治が可能でも必要でもなくなる人間的条件のひとつの特性にかかわっている。その特性とは、神の唯一性《ワンネス》――それが哲学的「イデア」として理解されたものであれ、一神教的人格神として理解されたものであれ――とは異なるものとしての、人間の複数性という事実のことである。

差異と平等

神は人間を創造したのではなく「神は男と女を創造した」と語る『創世記』の言葉に示されている人間の複数性は、政治的領域を構成する。その意味は、第一に、未だかつて人間は単独で存在したことがなく、そのことが活動《アクション》と言論《スピーチ》に固有の政治的意味を与えるということである。なぜなら活動と言論は、すべての人間的活動力と同じように複数性という事実に影響されるだけではなく、その事実から離れて存在することなどまったく考えられない唯一の活動力だからである。人間の単一性《ワンネス》＝同一性という条件下でこの地上に建てられた人工的装置として人間世界を想像することもできようし、現にプラトンは、世界に単一的な人間ではなく多数的な人間が住まっていることを心から嘆いている。彼は、ある種の「事物、たとえば目、耳、手といったものが、生まれつき私的なものである」という事実を嘆くのだ。なぜならそれらの私的なもののせいで、多くの人々はすべての人間が「同一なるもの（one）」として生活し行動するようになる政治体に参入させられなくなるからである。[18] プラトンはこの「同一なるもの」を、言論も活動も存在しなくなる思考の果て＝目的《エンド》に想像したのだが、それは、いわば「イデア」もしくは神の唯一性に到達する究極の可能性としての、真理の知覚のことであった。しかし単独で生きながら行動し発言する人間を想像することなど、どう考えても不可能なのである。第二に、人間的な複数性の状態とは、ひとつのモデル（つまりプラトン言うところの「エイドス *eidos*」）に従って作られた人間《オブジェクト》が多数存在するということでもなければ、単一の種において変種《ヴァリエーション》が多数存在するということでもない。人間それ自体などという代物は存在せず、絶対的差異性という点で同一（the same）の、すなわち人間的な、男と女しか存在しないのだ。そしてそれとまったく同様に、この共有された人間的同一性とは、ただ平等な者たち同士の絶対的差異においてのみ現れる平等性のことにすぎないのである。瓜二つに見える双子の現象がいつも私たちにある種の驚きをもたらすのは、そういうことなのだ。それゆえもし活動と言論が二つの傑出した政治的活動力だとするなら、政治体を構成する二つの要素とは差異と平等なのである。

第三章　モンテスキューによる伝統の修正

権力と法――非活動的な「本性」

モンテスキューは、『法の精神』において、統治形態を君主制、共和制、専制の三つに限定し、その直後にまったく新しい区別を持ち出している。「統治体《ガヴァメント》はその本性によって作られ、その原理に従って行動し、動く」(1)。モンテスキューの説明によれば、「本性《ネイチャー》」は「それぞれの統治体に固有の構造」を意味し、「原理」とは、間もなく検証することになろうが、統治体に息吹を与えるものの意味である。モンテスキューは統治体の本性や本質《エッセンス》、すなわちその固有の構造について説いてはいるが、目新しいことは何も語っていない。しかし彼は、この本質において捉えられた構造は、活動や移動を開始させる能力をまったく持たないだろうと述べている(2)。それぞれの統治体の現実の活動と様々な統治形態のもとで生きている市民の具体的な活動は、支配者と被支配者を分かつものとしての「権力」とそうした権力を制限するものとしての「法」という、伝統的定義から成る二つの中心的概念に従って説明することは不可能だというのである。

こうした不思議な非活動性＝不動性（活動と移動を開始させる能力の欠如）（immobility）——私の知る限りモンテスキューがその第一の発見者である——の理由は、統治体の「本性」もしくは「本質」という用語が、元々のプラトン的意味によれば、永久不変を指し示しているからであり、しかもそれは、いわば、プラトンが最上の統治体を探し求めたときにさらに一層恒久的になった永久不変であるからである。彼は最高の政府の形態が、変転きわまりない人間的情況にあって、もっとも不変にして不動のものでもあるのは当然だと考えていた。モンテスキューにとって専制が最悪の統治形態であることの究極の証は、やはりそれ以外の統治形態は主として外部の情況から崩壊するのに、それは内部から崩壊——自らの本性によって崩壊——しやすいという点である。『国家』や『政治家』ではなく唯一『法律』で述べられていることだが、プラトンは、統治体がいかなる過ちをも犯すことがないように合法性（lawfulness）だけは、つまり都市の法は工夫できると考えていたし、それがプラトンの頭の中にあった唯一の変更（活動、移動）であった。しかしモンテスキューが理解していたように、合法性は活動に制限を設けることができるだけであり、活動を鼓舞《インスパイア》することは絶対にありえないのである。自由社会の法律がすばらしいのは、それが私たちに行動を強制することは決してなく、ただ、してはならないことだけを命ずる点にある。言い換えるなら、モンテスキューは、統治体の合法性を自らの原点に置いていたからこそ、政治体《ボディ・ポリティック》自体の行動だけではなく、法の壁の内側に住む市民たちによる絶え間ない実際の活動についても、法や権力よりも統治体のうちにより多くの根拠が存在すると考えたのである。（1）なぜならそれぞれの統治体の「精神《スピリット》」はそれほど著しく異なっているからである。

活動を鼓舞する原理

かくしてモンテスキューは三つの活動原理を提起した。すなわち共和制内の活動を鼓舞する「徳」、君主制内の活動を鼓舞する「名誉」、そして専制国家内の活動すべてを導く「恐怖」——要するに、暴君に対する国民《サブジェクト》の恐怖、国民が互いに抱き合う恐怖、さらに自国民に対する暴君の恐怖——である。手柄を立てて公的な名誉を得ることは君主制下の臣民の誇りであるが、ちょうどそれと同じように、公的問題で同胞市民より際立つことがないようにするのが共和制の市民の誇りであり、彼の徳なのである。これらの活動原理は心理的動機と間違って解されてはならない。それらはむしろ、公的領域内のすべての活動が合法性という単なる制限的《ネガティヴ》＝抑止的な尺度を超えて判断されるための、道しるべとなる基準であり、支配者と被支配者の活動をともに鼓舞するものなのである。徳が共和制内の活動原理であるからといって、君主制下の臣民が徳の何たるかを知らないというわけではないし、共和制の市民が名誉の何たるかを知らないというわけでもない。つまり公的－政治的領域は両者のいずれによっても活性化されるのだから、共和制内の名誉にしろ君主制下の徳にしろ、程度の差はあれ個人的な事柄になるということだ。さらに言えば、もしこれらの原理がもはや有効でないとしたら、もしそれらが権威を失って、共和制における徳も君主制における名誉ももはや信じられていないとしたら、またもし専制下で専制君主は国民を恐怖させるのを止め、国民は国民自身と圧制者を恐怖するのを止めたとしたら、いずれの形態の統治体も終焉を迎えるだろう。

モンテスキューは、統治体の本性とその活動原理について、非体系的で時として不用意ですらあることを述べているが、その底には歴史上の文明の統一性に対する深い洞察が潜んでいる。彼の「一般精神 *esprit general*」は、統治体の構造とそれに対応する活動原理とを結合して、十九世紀には歴史哲学のみならず歴史学の背後にも流れる考え方になった。ヘーゲルの「世界精神 *Weltgeist*」同様、ヘルダーの「民族精神 *Volksgeist*」は明らかにこの元祖の痕跡をとどめている。しかしモンテスキューによる活動原理の独創的発見はそれほど形而上学的なものではなく、むしろ政治学の研究にとって有益なものである。その発見から何が徳と名誉の起源であるのかを問う疑問が生まれ、この疑問に答えることによって、はからずもモンテスキューは、実に多くの根本的変革に満ちた実に長い歴史の中で、どうしてほんのわずかの統治体しか十分なものとみなされなかったのかという問題を解決しているのである。

平等と卓越

モンテスキューによれば、徳は平等への愛から生まれ、名誉は卓越＝差異《ディスティンクション》への愛から生まれる。すなわちそれぞれ複数性という人間的条件の、根本的で相関的な二つの特性のいずれかを「愛すること」から生まれるのだ。残念ながらモンテスキューは、専制下において国民に活動を迫る原理たる「恐怖」が、人間的条件のいかなる特性から生まれるのかについては語っていない。いずれにしろ、この「愛」、あるいはそこから活動の諸原理が生まれる根本的経験とでも言おうか、それはモンテスキューにとっては、法の精神に表現されている統治体《ガヴァメント》の構造と政治体《ボディ・ポリティック》の活動をつなぐ結合環なのである。根本的な平等の経験は共和制の法に適切な政治的表現を見いだし、平等への愛、いわゆる徳は、共和制内の活動を鼓舞する。君主制、さらに貴族制や他の階層的統治形態における根本的経験とは、私たちは生まれながら互いに異なり、それゆえ自分を際立たせてその自然的－社会的差異《ディスティンクトネス》を明らかにしようと懸命になるということだ。その際、名誉は、君主制が国民の差異性を公に認知するための区別《ディスティンクション》＝卓越性なのである。いずれの経験でも、私たちが直面するのは生まれながらの私たちの存在である。つまり私たちは互いに絶対的な差異と区別を有しながら、平等に生まれてくるということである。

共和制の平等性は、神の前でのすべての人間の平等性や、死を迎える人間すべての運命の平等性（いずれも政治的領域とは直接の関係も関連もない）と同じようなものではない。かつて市民としての身分は、奴隷制という条件下での平等性と、すべての人間が等しく人間的であるとは限らないという古典古代的確信に基づいていたのである。逆に、何世紀にもわたりキリスト教会は神の前の人間の平等性という教義に強く固執していたのに、奴隷制の問題には冷淡であり続けた。政治的に言えば、平等に生まれるということは、他の一切の差異とは無関係に、力（strength）の平等性を意味する。だからこそホッブズは平等を殺すための平等な能力と定義できたのであり、類似の考え方はモンテスキューの自然状態の概念にも内在しており、彼は自然状態を、ホッブズの「万人の万人に対する闘争」をもじって「万人の恐怖」と定義している。共和制の国民が依拠している経験は、力において平等な人々による共生（being-together）であり、その公的生活を律する徳とは世界の中で孤独ではないと感じる喜びのことである。孤独であるとは、対等者が存在しない世界で生きるということである。「あの方《ワン》は独り《ワン》、まったく独り《オール・アローン》、いつまでもずっと独り」と中世の童謡が大胆にも示唆していたのは、人間的見地から見た場合の孤独な神の悲劇であった。私は対等な人間たちの中で生きている場合に限って、孤独ではない。その意味で、モンテスキューが徳と呼んでいる平等への愛は、神のようにあることではなく、人間らしくあることへの感謝の念でもあるのだ。

君主制や貴族制下の卓越《ディスティンクション》＝差異は、平等が存在するからこそ可能でもある。なぜならそれがなければ、卓越を測定することすらできないからである。しかし卓越が依拠する根本的経験は、あらゆる人間が持っている独自性《ユニークネス》の経験であり、それは政治的領域で他者の独自性と比較することによって初めて現れうるのである。名誉がその活動原理であるとき、国民の活動力を鼓舞しようとするなら、それぞれが自分の本領を発揮して過去にも未来にも存在しない独自の個人になり、そのような人間として自らの階層内で認知される可能性を臣民《サブジェクト》＝国民すべてに提供しなければならない。一人ひとりの国民は、没個性で見分けのつかない「すべてが他人」の多数者《マス》とけっして正面から向き合うことはなく、それが君主政体に特有の強みに外ならないのだが、たとえ個人がその多数者に立ち向かっても絶望的な孤立無援に陥るのが関の山だろう。他方、平等に基づく統治体では、合法的体制の枠内で権力の平等性が意味と方向づけと制限を加えられ、そうした体制は消耗させられてしまう可能性があるのだが、まさにそれこそその統治体に特徴的な危険なのである。

恐怖、無力、孤立

政治体《ボディ・ポリティック》が平等の経験に基づいていようと卓越の経験に基づいていようと、共に生きて活動することこそ、生来備わった力（strength）が権力（power）に発展しうる唯一の人間的可能性のように思われる。それだからこそ、力を有するにもかかわらず孤立したままでは本質的に無力であり自らの力を発展させることすらかなわない人間は、自然でも神でも死でもなく自分たち自身が権力を発揮できる一つの存在領域を打ち樹てるのである。モンテスキューが専制政治の恐怖が生まれる元になる根本的経験について触れなかったのは、すべての伝統的思考と同じように、専制体は真正の政治体などではまったくありえないと考えていたからである。なぜなら公的-政治的活動としての恐怖は、無力という根本的経験と密接な関連があるからであり、私たちは皆、理由はどうあれ活動が不能になるさまざまな情況からそのことを承知している。この経験がどうして根本的なのかというと――そしてこの意味では専制体は基本的な統治形態の一つということになるのだが――すべての人間的活動には、同様にすべての人間的権力の可能性には、限界があるからである。政治的に言うと、恐怖（私は「不安（anxiety）」について語っているわけではない）は、活動不能の限界に達したときに感じられる、自身の無力さに対する絶望のことなのである。人生は、遅かれ早かれ、こうした限界を経験することになっているのだ。

したがって恐怖は、正確に言えば、共通世界における活動の原理ではなく、反-政治的な原理なのである。伝統的理論によれば、専制体の恐怖は、対等者とみなされている人々の力を限定するはずの法が破綻して、一方の力が他方の力を無効化するに到るような歪んだ民主主義から生まれる。あるいはそれは、専制君主が法の境界線を徹底的に破壊して、暴力手段を強奪することによって生まれる。いずれの場合も、無法性が意味するのは、人間が共に活動することによって生まれる権力はもはや成り立ちえないというだけではなく、無力さ（impotence）は人工的に作られうるということでもある。こうした全般的な無力感から恐怖が生まれ、そしてこの恐怖から他者すべてを征服したいという専制君主の意思と、支配に甘んじようとする国民＝臣民《サブジェクト》の心性が生まれる。もし徳が権力を分かち合う平等性を愛することであるとするなら、恐怖は無力から権力へ向かう意思であり、支配しようとし、さもなくば被支配に甘んじようという意思なのである。しかしこうした恐怖から生まれる権力への渇望はけっして鎮めることができない。なぜなら恐怖と相互不信がバーク[2]的な「共同行動」を不可能にし、結果として、専制体はしぶとく持続しながら、徐々に権力を弱めてゆくことになるからである。専制体は滅ぶべき運命にあるのだ。なぜなら専制体は人間の共生（togetherness）を破壊するからである。人間を相互に孤立させることによって、専制体は人間の複数性を破壊しようとする。専制体は、「私は完全に孤独である。すなわち私は無力（昔エピクテトス[3]が孤独をそう定義した）であり、仲間の助けを求めることができない」という、一つの根本的経験に基づいているのである。

第四章　ヘーゲルからマルクスへ

I

真逆の世界史観

それはたしかに破局的なまでに重大なことなのだが、ヘーゲルとマルクスの間には本質的な相違はたった一つしか存在しない。すなわちヘーゲルは彼の世界史観をひたすら過去に向かって投影して、その完成は現在の中に立ち消えになるに任せていたのだが、他方、マルクスは彼の世界史観を「予言的に」ヘーゲルとは逆方向の未来に向かって投影して、現在を単なるスプリングボードとして理解していたのである。目前の時代情況に対するヘーゲルの自足感がいかに法外なものであったにしろ、純粋に観照的な用語で理解可能な事柄だけに自らの方法を適用して、政治的意図を実現するための目標を設定したり未来の外観上の改良をしたりするために自らの方法を使わなかったという点では、彼の政治的直観は正しかった。しかし現在をどうしても歴史の終焉として理解せざるをえなかったという限りにおいて、すでにヘーゲルは、政治的観点から言えば、自らの世界史観の信用を損ない、それに矛盾していたことになる。他方マルクスは、現実的でおそろしく反政治的な原理を政治の中に導入するために、ヘーゲルの世界史観を利用したのである……(1)。

絶対的なるもの

マルクスはヘーゲルに対して次のような異論を唱えている。世界精神《ワールド・スピリット》の弁証法は、それ自身の目的のために人間から発するようにみえる意志的な諸行為を利用しながら人間に隠れて狡猾に働くものではなく、人間的活動の様式《スタイル》であり方法《メソッド》であると。世界精神が「無意識」であったときには、言い換えるなら、弁証法の諸法則がまだ発見されずにいたときには、活動《アクション》は「絶対的なるもの」が顕現する出来事《イヴェント》として現れていた。何か「絶対的なるもの」が秘かに私たちを通して顕現しているという偏見を捨て去り、なおかつ弁証法の諸法則を知るようになれば、すぐにも私たちは絶対的なるものの存在に気づくことができるのである(2)。

II

転倒

マルクスとヘーゲルの著作は偉大な西欧哲学の伝統の最後尾に並び立っているが、同時に双方は互いに奇妙な対立と一致のうちにある。ニーチェは自らの「諸価値の再吟味」をプラトン哲学の転倒なのだと明言していたが、マルクスもまたヘーゲル——彼にとってヘーゲルは過去の哲学のすべてを具現する存在だった——との訣別についてそれは転倒であり、すべてをひっくり返す行為であると述べているのだ。こうした自己解釈の驚くべき点は、転倒と倒置が、あらかじめそういうものとして受容されているに違いない既定の認識の内側でのみ、生じるということである。「諸価値の再吟味」はプラトン哲学的な価値の階層を転倒させるが、けっしてそうした価値観の境界を踏み越えるものではない。同じようなことが、マルクスがヘーゲル弁証法を採用して、歴史プロセスを精神の代わりに物質で動かし始めたときにも起きている。マルクスとヘーゲルによって提示された主要な歴史像をざっと比較してみれば、両者の歴史観が基本的に似通ったものであることに気づくだろう。

しかし転倒と倒置はそれ自体並々ならぬ意味を持っている。それらが含意しているのは、伝統的価値観――必ずしもその内容のことではないが――は恣意的に、ニーチェに言わせれば勝手に、定められているということである。伝統の終焉は、どうやらその実質的内容自体に対する異議申し立てではなく、伝統の権威が崩壊することによって始まるらしい。ニーチェはこうした権威崩壊の成り行きを、無類の簡潔さで「遠近法《パースペクティヴァル》的思考」と呼んだが、その意味するところは、伝統的な文脈の内側で好き勝手に（つまりもっぱら個人の意思が命ずるままに）移動できる思考ということだ――それはまた、かつては真実とみなされていたあらゆることが、今では単なる一つの遠近法《パースペクティヴ》＝観点の様相を呈し、きっと同じ程度に正当で有意義な観点が多数存在する可能性があるということでもある。

そしてマルクス主義が実際にありとあらゆる人文諸科学の研究分野に導入してきたものこそ、この遠近法的思考に外ならない。ある極めて政治的な意味合いで私たちがマルクス主義と呼んでいるものは、人文諸科学に対するマルクスの並外れた影響力について正当な取り扱いをしているとはほとんど思えない。その影響力は、政治・文化的現象の一切合切を生産過程の物質的情況によって説明する俗流マルクス主義――マルクス自身はこうした考え方をけっして採用することはなかった――とは無関係なのである。マルクスの見解の中で斬新で且つすばらしく有効だったのは、文化、政治、社会、経済を一つの機能的文脈《コンテクスト》の内側にあるものとみなす彼の方法であった。しかもその文脈は遠近法《パースペクティヴ》＝観点の移動に伴って恣意的に移動しうるものであることが、すぐに判明したのである。資本主義がプロテスタント倫理の精神構造から生まれる仕組みを解明したマックス・ウェーバーの研究は、唯物論一点張りのいかなる歴史研究にも増して、マルクス主義的な史的方法論の恩恵を被っている――またその果実をより生産的に活用している。歴史的‐遠近法的思考が出発地点をどこに選ぼうとも――それがいわゆる思想史であれ、政治史であれ、社会科学や経済学であれ――結果として生じるのは、遠近法の移動が起こるたびに派生する諸関係のシステムであり、大づかみに言えば、そのシステムによって、伝統の権威に類似した拘束的真理（binding truth）を一切生成させることなく、あらゆる事象が説明されうるようになるということである。

方法としての弁証法

一方でマルクスを、他方でニーチェをそれぞれ経由した近代思想に生じた変化と言えば、伝統の権威は拒否しつつもその枠組みは採用するということだ。これこそマルクスにおけるヘーゲルの転倒、ニーチェにおけるプラトンの倒置の、真の歴史的意義なのである。しかしながらこの種の操作、すなわち思考が、伝統の実質的「権威」だけを退けつつ、伝統的諸概念の内部で進展してゆくような操作は、いずれも、宗教的理念の世俗化に関する多くの議論に必ず存在するのと同じ壊滅的矛盾を抱えている。伝統、権威、宗教は、いずれもその起源を前キリスト教的並びにキリスト教的ローマ帝国に発する概念である。この三者は、ちょうど「戦争、貿易、海賊行為の不可分の三位一体《トリニティ》」(3)がそうであるように、一つのグループを成しているのである。過去は、伝統として伝えられる限りにおいて、権威を帯びる。そして権威は、自らを歴史として表現する限りにおいて、伝統になる。さらにもし権威がプラトン的精神で「神(人間ではなく)は万物の尺度である」と公言することがないなら、それは権威というよりはむしろ恣意的な専制《ティラニー》である。宗教に基づく権威を除外したうえで伝統を受容することは、つねに非拘束的(nonbinding)である。なぜならそうした条件下で受容されるものは何であれ、その真の内容と、権威的に行われる人間への明白な要求を、共に喪失しているからである。そうした形式化(formalization)――それは伝統的権威に対して公然と叛旗を翻す際の思想の一環であるのと同様に、保守的思想の一環でもある――を十分に踏まえていたからこそ、マルクスは、弁証法を取り込んだのは伝統(彼にとって伝統はヘーゲルにおいて終焉していたのだが)からに外ならないと申し立てることができたのである。言い換えるなら、彼が伝統から取り込んだのは、自分の思い通りに使える、一見したところ純粋に形式的な要素だったのである。

方法は重要ではないという主張があるかもしれないが、そのような主張はまったく採るに足りないものである。なぜならいかなるテーマであれ、それに取り組むための方法は、探求の手順だけではなく、その結果をも規定するものだからである。ここでさらに重要なのは、マルクスが弁証法から現実の実質的内容を剝奪して、はじめて弁証法は方法として発展し始めることができたということである。マルクスがヘーゲル弁証法を採用したときほど、実質的な権威の喪失を伴う伝統の受容が高くついたことはない。弁証法を方法に転化することによって、マルクスは、弁証法を制限して実体的現実に縛り付けていた内容から、弁証法を解放した。そうすることによって、彼は、いかにも十九世紀型イデオロギーに特有の、一種の過程《プロセス》的思考を可能にしたのであり、さらにその思考は暴力装置が現実の制約をまったく被らない全体主義的諸体制の、破壊的ロジックに帰結したのである。

伝統の切断と過程《プロセス》的思考

マルクスがヘーゲルから借用した形式的な方法論は、お馴染みの三段階プロセスである。すなわち定立《テーゼ》は反定立《アンチテーゼ》を経て総合《ジンテーゼ》に到る、するとこんどはジンテーゼが次の三段階の第一段階、つまり新しいテーゼになって、そこから、いわば自動的に、アンチテーゼとジンテーゼが終わりなきプロセスで発生してゆく。ここで重要なのは、この思考が稼動し始めることができるのは、いわばたった一つの地点からのみであり、原則的にもはや停止させることのできない過程《プロセス》は、その最初の命題、その最初のテーゼから始まるということである。すべての現実はたった一つの巨大な発展プロセス——ヘーゲルにとってはまったく未知のしろもの——の諸段階に還元されるという思考は、正真正銘のイデオロギー的思考に道を切り開くものであり、それ自体はマルクスにとっても未知のしろものであった。弁証法的過程の第一命題がロジック上の前提——そこから他のあらゆることが演繹されて、いかなる経験とも無関係な結果がもたらされうる——になった途端、この方法としての弁証法からイデオロギーとしての弁証法への進展は完成されるのである。ヘーゲル哲学はその弁証法的運動において絶対的なるものを——すなわち世界精神もしくは神格《ゴッドヘッド》を——提示している。つまりその運動は、絶対的なるものが人間意識に対して自らを現す方法なのである。全体主義イデオロギーにおいては、ロジックがある種の「理念《アイディアズ》」に飛びつき、それを歪めて前提にしてしまう。この両者の中間に弁証法的唯物論があり、そこでは経験的に検証可能な諸要因、すなわち物質的生産諸条件が、弁証法的に自己発展してゆく。マルクスはヘーゲルによる歴史上の絶対的弁証法を発展として、また自動推進的プロセスとして、形式化しており、そういう点では、マルクスとエンゲルスはともにダーウィン進化論の信奉者であったことを想起することが重要だ。この形式化は、たとえ伝統の枠内に留まるものではあっても、伝統から権威の実質を奪い去る。実際、マルクス主義的な発展概念がイデオロギー的なプロセス思考に転じるには、ここからほんの一歩にすぎない——そして究極的には、その一歩は、たった一つの前提に基づく全体主義的な強制的演繹をもたらすことになるのだ。伝統の縒り糸が最初にすっかり断ち切られてしまうのはこの地点に外ならず、また、この切断は知的潮流や思想史からの明白な影響によってはけっして「説明」できない出来事である。もしこの切断を、ヘーゲルからマルクスに到る軌道という観点から見るならば、理念《アイディア》ではなく、理念から解き放たれたロジックが大衆を捉えた瞬間に、それは起こったのだと言えるだろう。

歴史の狡知

いわゆるフォイエルバッハに関する第十一テーゼから採られた記述において、マルクス自身がヘーゲルとの関係と訣別の核心部分について説明している。「哲学者たちは世界を様々に解釈してきたのにすぎない。しかし肝心なのはそれを変えることなのである。」彼の著作全体と最重要の目的という文脈内で考えれば、この一八四五年の青年マルクスによる所見は以下のように再公式化されるだろう。ヘーゲルは過去を歴史として解釈し、さらにそうすることによってすべての歴史的変化の根本法則として弁証法を発見したのであると。この発見によって、私たちは未来を歴史として形作ることができる。マルクスにとって、革命政治とは、すべての歴史的変化を貫く根本法則に歴史を符合させる活動なのである。これがあればヘーゲルの「歴史の狡知」(カントの言い方では「自然の狡知」)は不要になる。なぜなら「歴史の狡知」の役割は、政治的活動に回顧《レトロスペクティヴ》的な政治的合理化を施すこと、すなわちそれを理解可能なものにすることだったのだから。ヘーゲルとカントはこうした不思議なほどに巧緻な「摂理」の働きを当てにせざるをえなかった。なぜかと言えば、まず彼らは、政治的活動そのものは他のいかなる人間的活動力よりも真実から遠いと仮定していたからであるし、他方で彼らは、一貫した理解が可能でそれゆえ「合理的」に見える——人間は矛盾した行動をとり、概してそれぞれの意図とは異なる何かを招来するのが常なのだが——近代的な歴史問題に直面していたからである。人間は自分たちが始めた行動に対して確実なコントロールなどけっしてできないし、自分たちの最初の意図を完全に実現することもけっしてできない。だからこそ歴史は「狡知《カニング》」を必要とするのだ。しかしそれはいかなる類の「ずるさ《トリッツキネス》」とも異なるものであるし、ヘーゲルによれば、「他者たちに本来の自分、自立した自分になることを強いる偉大な装置」[4]から成るものである。マルクスは自らが依然としてヘーゲル哲学の多大な影響下にあると考えてはいたが、彼は、活動が、それ自体で且つ独力では、また「摂理」の狡知なしでは、真理を明らかにすることも実現することもできないという考えを拒否している。その結果彼は、政治哲学内のありとあらゆる伝統的評価を捨て去るのである。その評価によれば、思考は活動より上位にあり、政治はひたすら観照的生活 *bios theōrētikos*——世間から隔絶して哲学者が観照的な生活をしたり、キリスト教徒が神について瞑想したりすること——を可能にして保護するために存在するのだった。

無階級社会と官僚制

しかしこのようなマルクスによる伝統との訣別もまた、伝統の枠組みの範囲内の出来事であった。マルクスは思考と活動の関係それ自体を疑うことはけっしてなかったのである。フォイエルバッハ・テーゼは、哲学者たちが世界を解釈したからこそ、またその後だからこそ、世界を変える時代が到来しえたのだと、明快に述べている。さらにそれと同じ理由で、マルクスは自らの革命政治の、いや革命的な政治観の結論として「無階級社会」のイメージ――ギリシアのポリスで実現されていた余暇と自由時間に満ちた理想をほぼ歴然と指向するイメージ――を提示することができた。しかしもちろん話の要点は、過去のユートピアを束の間のぞき見ることにあったわけではなく、政治そのものの再評価にあったのである。

マルクスの無階級社会において支配と統治が期待通りに消滅した場合には、「自由」はまったく新しい意味で考え直さない限り、無意味な言葉になる。マルクスは、他の場合と同じようにこの点においても、わざわざ自分の用語を定義し直したりはせず伝統の概念枠内に留まり続けていたので、レーニンが、もし他者を支配している者は誰も自由になれないとしたら自由とは偏見もしくは空論《イデオロギー》である、と断じたとき、彼はそれほど間違っていなかったことになるのだ――ただし、こう断ずることによって、彼はマルクスの著作からもっとも重要な衝動の一つを奪っていたことになるのだが。伝統の固守はまた、レーニンはもとよりマルクスのはるかに致命的な誤り——根本的・普遍的平等性という条件下で人間が共生してゆくには、統治体《ガヴァメント》ではなく単なる行政機関《アドミニストレイション》の方が適した形式であるという考え——の原因にもなっている。行政機関には支配《ルール》＝統治《ルール》が存在しない建前になっていたが、実際には、それは匿名《ノーバディ》による支配に、すなわち誰も責任を取らない統治形態たる官僚制による支配にしかなりようがないのだ。官僚制は統治から個人的要素が消滅した統治形態であるし、かような統治体がどこかの階級の利益のために統治することはないだろうというのも本当である。しかしこの匿名的統治、すなわち真正の官僚制においては誰も空っぽの支配者の椅子に座っていないという事実は、支配のための条件が消滅したことを意味しない。この匿名は、支配されている側から眺めれば、非常に効果的に支配しており、一層悪いことには、専制君主とある重要な特性を共有しているのだ。

　専制的な権力は伝統によって恣意的権力だと定義される。そしてそもそもこれは、説明を与える必要のない支配、つまり誰に対しても何らの責任をも取る必要のない支配を意味していたのである。同じことは匿名による官僚制支配についても当てはまるが、その理由はまったく異なっている。官僚制においても、説明を求める多くの人々がいるのだが、誰も説明などしない。なぜなら「匿名」に責任を帰することはできないからである。専制君主の恣意的決定に代わるものとして、私たちは普遍的手続きによるでたらめな決着を見いだす。それは、その背後に意思など存在しないのだから悪意も恣意性もないが、それに対して異議申し立て《アピール》をすることもできない決着なのである。統治される側に関して言えば、彼らが捉えられる諸様式の網は、単なる恣意的な専制体よりもはるかに危険で致命的なものである。しかし官僚制を全体主義的支配と勘違いしてはならないだろう。もし現実とは違って、十月革命がマルクスとレーニンによって定められた方針に従うことを許されていたなら、たぶんそれは結果として官僚制的支配を生んでいただろう。匿名による支配――無政府状態でも支配の消滅でも圧制でもなく――は、普遍的平等に基づくいかなる社会にとってもつねに存在する危険である。政治思想の伝統における普遍的平等の概念が意味するのは、誰も自由ではない、ということに外ならないのだ。

人間の新しい定義

周知のとおり、マルクスにおいてヘーゲルの「理性の狡知」に取って代わるのは、階級的利害という意味での利害《インタレスト》である。歴史を理解可能にするのは利害の衝突なのである。また歴史を意味あるものにするのは、労働者階級の利害は人類の利害と同一であるという仮定であり、マルクスにとってそれは、全人間の多数の利害ではなく、人類の本質的人間性の利害と同一であることを意味している。政治的行動の原動力として利害を仮定するのは、今に始まったことではない。ロアンが、王は国を支配し、利害は王を支配すると述べたというのは、有名な話だ。マルクスにしてみれば、経済学を研究し、アリストテレス哲学に依存していたのだから、こうした仮定を抱くようになるのは造作ないことだった。決定的とは言えないまでも、新しい点は、彼が利害を、言い換えるなら物質的なものを、人間の持つ本質的な人間性に結びつけたことである。ほんとうに決定的な点は、利害を労働者階級というよりも、卓越した人間的活動力としての労働そのものに、さらに結びつけたことなのである。

労働する動物

マルクスの利害理論の背景にあるのは、唯一の正当なる利害の満足は労働にある、という確信である。この確信を支え彼の著作すべての基盤になっているのは、人間の新しい定義であり、それによれば人間の本質的人間性は合理性（理性的動物 *animal rationale*）や、対象物の制作（工作人 *homo faber*）や、神に似せて創造されたこと（神の被造物 *creatura Dei*）にではなく、労働にこそある。もっともその労働を伝統は、十全にして自由なる人間存在と相容れないものとして、一致して退けてきたのだが。人間を労働する動物 *animal laborans* と最初に定義したのは、マルクスだった。彼はこの定義のもとに、伝統が人間性を特徴づける指標として代々伝えてきた一切合切を包摂してしまう。つまり労働は合理性の原理であり、その諸法則は生産力の発展において歴史を決定し、歴史を合理的に理解可能なものにするということだ。労働は生産力（性）の原理である。すなわちそれはこの地球上に、真に人間的な世界を産出する。そしてエンゲルスが、マルクスの発言の多くをたった一つの公式に帰してしまうような、わざと冒瀆的にした警句で述べているように、労働は「人類の創造者」なのである。

この「労働する動物」という新しい人間の自己認識がほんとうに語っていること、意味していることを、ここで追求することはできない。差し当たり以下の点を示唆しておこう。つまりそれは、一方で、最近の歴史上の重大事件、言い換えるなら、まず労働者階級に平等な市民権を与え、次にすべての人間的活動力を労働と定義し、さらにそれを生産力と解釈するという、きわめて重要な社会学的事象と正確に連動しているということである。古典経済学は、直接的消費のために生産する単純労働と、工作人として対象物を生産する行為を、けっして区別しなかった。ここできわめて重要な要素は、マルクスが人間の労働に基づく自らの生産力理論において、この混同を労働に肩入れしたかたちで解決したことであり、そうすることによって労働がけっして持たない生産力（性）を労働の属性としたことである。しかしそうした労働の賛美と誤解は、人間生活のもっとも基本的な現実に目を閉ざすものではあったが、その時代が求めるものと完全に符合していた。この符合こそは、マルクス主義が世界中の到るところで桁外れの影響力を振るった真の理由なのである。現実の情況がさまざまな相互関係にあることを考えれば、マルクスがつねに作業していた伝統の枠組み内では、ほとんど決定論的哲学——昔ながらのお定まりの流儀で「必然的に」、自由が必然性からなんとなく出現すると考える――を新しく一ひねりした程度の結果しか生み出されなかったのも、不思議ではない。というのも、マルクスによる労働の賛美は、政治的平等と十全なる人間の自由を労働者としての人間に認めまいとして伝統が唱えていた理由を、何一つ取り除くものではなかったからである。マルクスも機械の導入も、人間が生きるために労働を強いられるという事実を、それゆえ労働は自由で生産的な活動力などではなく、私たちを強制するもの――すなわち単に生きて在ることに付随してくる生活の必要物《ネセシティイズ》――と抜きがたく密接な関係にあるという事実を、取り消すことはできなかった。労働を自分の理論の中心に据えたことはマルクスの偉大な功績であった。なぜなら労働は、すべての政治哲学が、もう奴隷制をあえて正当化しなくなった途端、目を逸らしてしまったものに外ならないからである。しかし詰まるところ、人間の生活《ラ》＝生命《イフ》における労働の必然性《ネセシティ》＝必要性と、労働が近代世界で果たしている卓越した役割によってもたらされる政治的問題に、私たちはいまだに答を見いださないままなのである。

第五章　伝統の終焉

I

必要悪としての政治

政治思想の伝統には、不可避的な成りゆきとして、何よりもまず政治に対する哲学者の伝統的態度が含まれている。政治思想それ自体はプラトンとアリストテレスに始まる私たちの哲学的伝統よりも古く、同様に、哲学それ自体はやがて受容され発展させられることになる西欧的伝統よりも古く、それよりももっと多くのものを含んでいる。それゆえプラトンは、政治史や哲学史のとば口ではなく、まさに政治哲学の伝統のとば口で政治を軽蔑し、以下のような確信を抱いたのである。「人間的な事象と活動 *ta tōn anthrōpōn pragmata* は大まじめに考える価値がなく」、哲学者たちがそうした事柄に関わりを持たねばならない唯一の理由は、人間が共生してゆく限り関わりを持つことになるすべての事象を多少なりとも合理的に整理しなければ、哲学——あるいは、少し後になってアリストテレスが語るように、哲学に捧げられた生活、すなわち観照的生活——は実質において不可能になる、という不幸な事実があるからである。伝統の始まりにおいて、政治は人間が生きてあり尚かつ死すべき者であるから存在し、他方、哲学は、たとえば宇宙のような、永遠なる事柄に関心を寄せる。哲学者もまた死すべき者である限りは、政治に関わりを持つだろう。しかしこの関わりは、自分が哲学者であることに対する消極的《ネガティヴ》な関係にすぎない。つまりプラトンが存分にあきらかにしているように、哲学者は、政治的事象の処理をしくじれば哲学を追究できなくなることを怖れるのである。古代ギリシア語の閑暇＝学校《スコレー》 *Scholē* は、ラテン語の暇《オティウム》 *otium* と同じように、余暇《レジャー》そのもののことではなく、政治的義務からの手すき《レジャー》の時間のことにすぎない。それは政治への不参加ということであり、それゆえ、永遠なるもの *aei on* に関心を寄せる精神の自由のことなのだが、死すべき者の生活にとって必要不可欠な諸条件（needs and necessities）が善処されているときに限り可能なことなのである。

　したがって哲学固有の視点からみれば、政治は、すでにプラトンにおいて、市民的生活 *politeuesthai* 以上のものを、すなわち古代ギリシアのポリス——それにとって生活に必要不可欠な事柄を単に満足させることは、前‐政治的な条件であった——に特徴的な諸活動力（activities）を越えるものを内包し始める。政治は、いわばその領域を生活必需品そのものにまで下向きに拡張し始め、その結果として、朽ちやすい人間的事象に対する哲学者の侮蔑に、単なる生活と生き残りのために必要な事柄すべてに対するギリシア固有の軽蔑が、つけ加えられたのである。キケロはこの一点において――政治に対する態度において――ギリシア哲学を否定しようとしてうまくゆかなかったのだが、皮肉を込めて以下のように指摘している。もし「伝説にあるように、生活の必要と快適さに欠かせないすべてのものが魔法の杖か何かで与えられさえすれば、第一級の能力を持った人間は皆、他の責任はすべて放擲して、知識と科学のためだけに一身を捧げることができるだろうに[1]」。要するに、哲学者がきちんと順を追って政治に関心を向け始めると、彼らにとって政治はたちまち必要悪（necessary evil）に変じてしまうのである。

独自の起源を持たない政治

かような次第で、不幸にもそして宿命的に、さらにはそもそもの始めから、私たちの政治哲学の伝統は政治的事象――すなわち人間が共生しているいかなるところにでも出現する共通の公的領域に関わる諸活動力――から、持ち前の威厳《ディグニティ》を剝奪してきたのである。アリストテレスの用語によれば、政治はある目的《エンド》を達成するための手段である。つまり政治はそれ独自の目的を持たないのだ。それどころか政治の正しい《プロパー》目的は、ある意味で、政治と対極にあるもの、はっきり言えば、政治的事象への不参加、閑暇《スコレー》、そして哲学の条件、もっと適切に言えば、哲学に専念する生活のための条件なのである。言い換えるなら、一般的な政治的活動《アクティヴィティ》力、とりわけ活動《アクション》ほど、反哲学的で、哲学に敵意を抱いている活動力は他に存在しないということなのだ——もちろん単なる労働のように、厳密にはけっして人間的活動力とみなされなかったものは除くが。スピノザ〔1〕は、レンズを磨いて生計を立てながら、ついには象徴的な哲学者像になることができた。またそれとまったく同じ伝で、プラトン以来の仕事や職人的技能や学芸《リベラル・アーツ》の経験から採取された無数の実例からわかるように、類推《アナロジー》の働きによって、哲学的真理という高等知識が導き出されることもあった。ところがソクラテス以来、活動する人間の誰一人として、すなわち——例えばキケロのように——独自の経験が政治的であった誰一人として、哲学者たちから真剣に扱われることなど期待できなかったし、また——ホメロスは英雄の不朽の栄光をあれほど称えていたのに——きわめて政治的な偉業の何一つとして、つまり活動に表現された人間の偉大さの何一つとして、哲学の実例として役立つことは望めなかったのである。哲学と活動《プラクシス》 *praxis* の距離は、哲学と制作《ポイエーシス》 *poiesis* のそれよりも、はるかに大きい〔2〕。

労働と哲学の派生物としての政治

おそらく政治の地位低下にとってそれよりもずっと重大なのは、哲学——哲学にとって起源と原理は、根源《アルケー》的原理として、同一のものである——の観点から見れば、政治がそれ自身の起源を持ってすらいないことである。政治は、生物学的で前-政治的な事実があって初めて生起したものであり、そのために人間は生命の維持という骨の折れる仕事において互いを必要とし合うのである。言い換えるなら、政治は二重の意味において派生物なのである。すなわち政治は政治以前の生物学的必然《ネセシティ》という基本的起源を有し、同時に、政治以後の人間的運命のもっとも高い可能性にその目的を有している。また労働が必要なのは前-政治的必然のせいなのだから、政治は労働によって下から、哲学によって上から制限されていると言えるだろう。厳密に言えば、労働は卑しい起源のゆえに、哲学は高貴な目的のゆえに、両者とも政治から排除されているのである。プラトンの『国家』における守護者階級の活動力に酷似しているのだが、政治は、一方で暮らしと基本的な労働の必要を監視・管理して、他方で非政治的な哲学的観照《テオリア》からの指令を受けるとされる。プラトンは哲人王の実現を求めたが、それは、哲学それ自体が理想的国家において実現されるべきであるとか実現されうるという意味ではない。むしろ、他のいかなる活動力よりも哲学を重んじる支配者は、哲学が存在しうるような仕方で、すなわち哲学者たちが閑暇《スコレー》を有し、私たちが共同して生存することから生じる諸問題——言い換えれば、それらの諸問題は人間の生の不完全さにその究極的起源を持っているのだが——に煩わされることがないような仕方で、支配することを認められるべきだという意味である。

私たちの伝統の最初期に政治が哲学から見舞われたこの一撃から、政治哲学が回復することはけっしてなかった。労働者として生きるか、それとも生活の糧を供給する奴隷を支配するかを人間に強いる生活の必要があり、また人間が共生すること自体から生じる悪、すなわちギリシア人が民衆 *hoi polloi* と呼んでいた大衆があらゆる個人の安全と生存すらも脅かすという事実もあって、政治に対する軽蔑、つまり政治的活動力は必要悪だという確信が、プラトンから近代に到る何世紀もの間、赤い糸のように持続する。そうした文脈で考えれば、この政治に対する軽蔑的態度が、プラトンやアリストテレスの場合のように世俗的言い回しで表現されようと、キリスト教的用語で表現されようと、問題ではない。私たちがキリスト教者である限り「公的な事柄ほど、私たちにとって縁遠いものはない *nulla res nobis magis aliena quam res publica*」と最初に唱えたのはカルタゴのキリスト教神学者テルトゥリアヌス[3]であったが、それにもかかわらず彼は「地上の国」、すなわち世俗的統治体の必要性を強く主張したのである。なぜなら人間は罪深いものであり、またルターがずっと後になってから述べることになるように、真のキリスト者は互いに遠く離れて住み、古典古代の哲学者たちと同じように大衆の中では孤独であるからである。重要な点は、同様の概念が、あたかも他のあらゆる変化と根本的な転換を潜り抜けたかのように、再び世俗的言い回しによって、脱《ポスト》キリスト教的な哲学によって採り上げられたことである。たとえば今やジェイムズ・マディソン[4]は、統治体は人間性の不名誉の証に外ならず、もし人間が天使であったなら不要のものであろう、と暗鬱に述懐し、さらにニーチェは、国民が少しでも気を揉まねばならないような政府はどれも役立たずである、と怒りをこめて表明する。政治に対する評価について言えば、「神の国」が「地上の国」に意味と命令を与えていようといまいと、また「観照的生活」が「実践的生活（=公的・政治的生活）」の諸ルールを定めていようといまいと、前者が後者の究極の目的であろうとなかろうと、そんなことは問題ではないのだ。

孤立=観照=哲学と共生=実践=政治の分離

問題なのは、こうして、哲学によって生活の全領域の地位が本質的に下落したことに加えて、人間が共に生きて活動するからこそ手が届き実現できる事柄と、独居する人間によって理解され関心を抱かれる事柄とが、根本的に分離されたことである。ここでもやはり、独居する人間が真理を追い求めて、ついにイデアの中のイデアを無言の観照のうちに発見しようが、あるいは彼が自分の魂の救済に関心を持っていようが、そんなことは問題ではない。問題なのは、いわゆる個人といわゆる共同体《コミュニティ》の間（こうした言い方は古くからある真正な問題に言及するときの、最近のインチキなやり方ではあるのだが）ではなく、孤独でいることと他者と共生することとの間に開いてけっして閉ざされたことのない、架橋不能な深淵の存在なのである。この難問に比べれば、活動と思考の関係、いやむしろ非‐関係という、同じくらい古くて悩ましい問題ですら、重要性という点では二次的なものだ。相異なる二つの生の様式としての政治と観照、共生と独居の根本的分離も、両者のヒエラルキー構造も、プラトンがそれらを確立して以来疑われることはなかったのだ。唯一の例外はまたしてもキケロである。彼はローマでの膨大な政治的経験から、「実践的（＝公的）生活」よりも「観照的生活」を上位に置くことの妥当性を、共同体*communitas*《コミユニタス》よりも独居《ソリテユード》を優位に考えることの妥当性を、疑ったのである。正しいけれど無益に終わった彼の異論において、キケロは「知識と科学」に専念している者は「独居」を避けて、「教えるためであれ学ぶためであれ、聴くためであれ話すためであれ、研究に際して仲間《コンパニオン》を求め」ようとするものだと述べている。(2) ローマ人たちは哲学を「非実用的」だと考えて軽蔑したのだが、他の点と同様この点でも、彼らはそのために法外な代償を支払うことになった。つまり最終的にギリシア哲学が明白なる勝利を収め、西洋の政治思想からローマ的経験が失われたのである。キケロは、自身が哲学者ではなかったので、哲学を厳しく吟味することはできなかった。

ヘーゲル哲学の継続

伝統の終焉に当たって、マルクスは哲学と政治の正しい関係についての恐るべき合意《ユナニミティ》を攻撃したが、はたして彼が、伝統的な意味合いでも何か真正な意味合いでも、哲学者であったかどうかという問題は決着を付けるまでもない。この問題に関する彼の考えをぶっきらぼうに、また、いわば不明瞭に、要約している二つの断定的表現——「哲学者は世界を解釈してきたのにすぎない……しかし重要なのは世界を変革することである」[5]「哲学を実現することなしに哲学を廃止する〔維持、高次化、廃棄というヘーゲル的な三重の意味でいえば、止揚《アウフヘーベン》する〕ことはできない」——はあまりにも親密にヘーゲル的用語で表現され、ヘーゲル的立場に即して考えられているために、その強烈な内容にもかかわらず、そこだけを捉えるなら、形式ばらない自然のままのヘーゲル哲学の継続だと、ほぼ見なされうるだろう。なぜならヘーゲル以前の誰ひとりとして、哲学は世界や何かの単なる解釈にすぎないとか、哲学が「観照的生活」以外の、すなわち哲学者の単独の生活以外の場所で実現されうるということを思いつけずにいたのだから。しかも実現されるべきものは特定の哲学でも新しい哲学でも、例えばマルクス自身の哲学でもなく、ヘーゲルにおいて極点に達した伝統哲学が規定するような、人間の最高の運命なのである。

Ⅱ

経験に先立つ支配の概念

モンテスキューを検討した際、統治形態の諸定義が依拠する概念的支柱の一つ、つまり支配《ルール》の概念は、以下のような意味で疑わしいものだということが認識された。すなわち支配の概念は最初期から伝統の中心部を占めていたが、それが導入されたのは、政治的領域における実際の経験がそれを正当化できるようになる遥か以前のことだったのである。これまで私たちは、これらの諸定義が実際の経験を変形し、歪めてしまう仕方を見てきた。だから次のように疑うことも可能なのである。すなわち後世の諸経験が――もっとはっきり言ってしまえば、支配と被支配の経験が――理解され伝えられてゆく方向性は、それらの諸定義の概念的強制力《フォース》によって定められてきたのであると。

法則《ロー》による法《ロー》の無効化――マルクスの国家概念

しかしここでマルクスの国家理論に目を転ずるなら、あたかも統治体《ガヴァメント》の定義に関してまったく正反対の考え方《オールタナテイヴ》が検討されねばならないかのようだ。モンテスキューは統治＝支配《ルール》概念の退却について述べたが、法の概念は単に背景に退くだけでは済まなくなる。それは完全に排除されてしまうのである。なぜなら、マルクスによれば、明文化された法体系はすべてイデオロギーであり、ある階級がもう一つの階級を支配するための口実なのだから。しかしマルクスによってしばしば国家もまた階級支配のための道具にすぎず、それゆえ第二義的な現象にすぎないと見なされているにもかかわらず、国家が排除されることはない。階級支配は直接的に政治的統治体において実現されるのであり、それゆえ国家は単なる法のイデオロギー的機能をはるかに超えるリアリティを保持するというのだ。国家権力は階級闘争の表現であり、もしそうした暴力手段の所有に表現されマルクスにとっては主として軍隊と警察に代表されている、現実の物理的権力の重要性がなければ、支配と抑圧の最終段階に当たる無産階級《プロレタリアート》独裁という主張は意味を成さないだろう。マルクスにとって政治的領域は、支配する者と支配される者、抑圧する者と抑圧される者の分裂——これらの分裂は、言い換えるなら、搾取する者と搾取される者の分裂に基づいている——によって完全に占有されている。マルクスが建設的で非イデオロギー的な強制力《フォース》として認める唯一の法《ロー》は歴史の法則《ロー》である。しかし政治的領域内でのその役割は何よりも反法律的《アンチリーガル》なものだ。つまりそれは、法律制度を打ち砕き旧い秩序を撤廃することで自らの存在《フォース》を知らしめ、戦争と革命の時代に「新しい秩序を孕んだ旧い社会で産婆役を演ずる」ときに、初めて白日の下に晒されるのである。(3)

私たちの文脈で言えば、重要なのは、この法則が公的領域を確立する目的ではけっして活用されえないという点である。歴史法則——同じことは十九世紀の発展法則すべてに当てはまるのだが——は運動法則であり、それゆえ私たちが伝統から知っている他の一切の法概念と、あからさまに矛盾している。伝統に照らすと法は社会の安定化要因なのだが、ここで言われている法（則）は、その発展が予測可能で科学的に観察可能な歴史運動を意味している。この新しい法概念からは、いかなる法体系も、言い換えるなら、いかなる法的定めの体系も、すなわちいかなる実定法もけっして導き出すことはできない。なぜなら歴史の法則概念は必然的に安定を欠いており、本質的に言って運動の徴候と象徴にすぎないからである。だからマルクスは立法者を「法（則）を作りも発明もしない、ただ定式化するだけの自然科学者」になぞらえているのだ。この発展的な歴史の運動法則に、昔日の普遍的法則とか、万物を支配するギリシア的ノモスとか、すべての立法行為に漲っている自然法とかの痕跡を認めることは、まったく的確とは言えないまでも、まだ可能ではあるかもしれない。しかし法の政治的機能が、最良の統治体や最良の未来社会のための新しい法すらもはや思い描かれなくなるほどに——これこそマルクス政治哲学にとっては決定的に重要な点だ——無効化してしまったことは明白なのである。その結果として生じた問題に対するレーニンの解決策は特徴的であった。『国家と革命』において彼は次のように述べているのだ。「我々は……個々人の側での不品行の……可能性は……否定しない。しかしそのために特別な鎮圧……機関は必要では……ない。近代社会においてすら文明化された民衆なら誰だって、自然にすばやく、喧嘩している二人を引き離したり、女性が襲われないように手段を講じたりするのであり……同じように不品行は自然にすばやく善処されるだろうから」[6]。貧困というものがもう存在しなくなれば、必然的にそうした不品行は「消滅」するだろう、というのだ。ここにあるのは以下のような、いささかナイーヴな確信である。すなわち道徳的規範《モラル・スタンダーズ》とは、もし民衆がそれを遵守するのを許されてさえいるならば、当然のものであり、また(同じ著作でレーニンが語っているように)何千年も前に根本的な素朴さにおいて発見されたものであり、自明なものである。もっとも、ある意味、このナイーヴさこそはレーニンのみならずマルクスをも彼らの後継者たちから分け隔てているものであり、依然として両者が十九世紀的世界の人物であることの、つまりもはや私たちが生きてはいない世界の人物であることの証なのではあるのだが。

ところで、こうしたナイーヴな確信も、差しあたり私たちにとって重要ではない。重要なのは、マルクスの法概念は、創造しうるいかなる情況下においても、政治体《ボディ・ポリティック》を創設したり、公的領域に相対的永続性――人間の生命と行為《ディード》の空虚さに比しての――を保証したりする目的では活用しえないという点である。それどころか、マルクスの国家理論における永続性は、統治《ルーラーシップ》(権)という事実から直接生じてくるものなのだ。この永続性は障害物とみなされており、それによって発展力――そのもっとも基本的な形態は生産力の発展――は絶えず押しとどめられたり妨害されたりすることになる。支配階級は、統治（権）によって自分たちが抑圧・搾取している新しい階級の出現と彼らによる権力奪取を阻止しようとするし、現実にそれを遅らせることに成功する。永続性は障害物になってしまっているが、存在する限りにおいて、それは統治＝支配（権）のうちに存在するのであり、法のうちに存在するわけではないのだ。

マルクスの四つの統治形態

マルクスの国家概念が法的要素をすっかり排除してしまった以上、私たちはマルクス流の統治形態について適切に語ることはできない。伝統的な統治の形態はすべて専制体《ティラニ》ということになるのだろうし、エンゲルスが（一八七五年のベーベル宛の手紙で）次のように述べたとき、彼はそのことを暗に承認している。「自由な民の国家について話題にするなど、まったくのナンセンスです。無産階級《プロレタリアート》がまだ国家を利用するというのであれば、彼らは自由のためにではなく、敵を抑えつけるためにそれを利用するのです。そして彼らが自由について語ることができるようになるときには、国家などという代物はたちまち存在しなくなるでしょう」[7]。マルクスが認識しているのは四つの統治形態であり、それらは初期の文章から後期の著作に到るまで、さまざまな解釈と文脈で姿を現している。すなわち歴史は奴隷支配で始まり、それが古代の政治体を構成した。さらに歴史は進んで貴族による農奴支配に移って封建主義政体となり、ついにマルクス自身の時代に、中産階級《ブルジョアジー》が労働者階級を支配するに到る。そして歴史はプロレタリアート独裁において終焉を迎えるのだ。このとき国家の支配は「消滅」する。なぜかと言えば、支配者はもはや抑圧すべき、あるいはそれに対して自らを守らねばならない新しい階級を見いだすことはないだろうから。

古代的支配様式の持続

支配＝統治《ルール》に関するマルクスの理解の偉大な点は、統治概念が理に適った政治体の諸定義に最初に辿り着くための起源の一つを明らかにしたことである。しかもその起源とは、それ自体として解すれば、まさに市民が支配者と被支配者へ分裂する事態のことらしかった。マルクスの四つの統治形態は、最初の、つまり奴隷に対する古代的支配の諸変種にすぎないのであり、彼はそこに、古代の統治体すべての根柢に横たわる支配《ドミネーション》の存在を正しく見てとったのである。重要なのは、伝統以前には、この支配は公的領域におけるあまりにも小さな要件だったので、公的領域への参加に欠かせない私的条件になっていたという点である。アリストテレスは人間について三つの（マルクスの用語を使えば）階級を区別している。すなわち他人のために労働し奴隷になっている階級、生活を維持するために自分自身のために労働し自由を持たぬ市民である階級、奴隷を所有し自分のためにも他人のためにも労働しないがゆえに公的領域への参加を許されている階級である。現実の支配が生身で経験される場所は公的領域ではなく、家長が家族と奴隷を支配している家庭内の私的領域であったが、そのことは、伝統が始まって以来経験されてきた多数の支配の実例から、またこの私的生活という制度からほぼいつでも採取される同様の実例から、やはり明らかなのである。こうした家庭像が活動《アクション》にとって何を含意しているのか、それはすでにプラトンにおいてはっきりと示されている。「なぜなら真に堂々たる「政治家《ステーツマンシップ》の」技倆は、それ自体で行動する *prattein* ことにではなく、行動する能力を有し実際に行動する者たちを支配する *archein* ことにあるべきだからである」。それは彼らを行動させる、「なぜなら、他の者たちはただ命じられたことを行うだけなのに、それはポリスにとって必要なことの根源と原理 *archē* に気づいているからである[4]」。ここでは、始める《アルケイン》=支配する *archein* と通り抜ける《プラテイン》=終わる *prattein* との、また「何かを始めること」と必要とされて尚かつ自ら協力する他人と一緒に「終わりまで見届けること」との旧い関係は、与えられた仕事をきちんと遂行するやり方を奴隷たちに命ずる主人の監督機能に特有の関係に、取って代わられている。言い換えるなら、活動は単なる遂行になり、それは、認識はするがそれゆえ自分自身では行動しない誰かによって、決定されるのである。

政治思想の伝統を再解釈しそれを終わらせるために、マルクスが、哲学そのものではなく、哲学の非実用的と言われている点を問題にしているのは決定的に重要なことである。彼が挑んでいるのは、世界を変革していわば哲学的にしようとするわけでもなく、ただ世界の中に自分自身がいる場所を探し求めているだけの、哲学者たちの諦観なのである。そしてこのマルクスの挑戦は、王のように支配する哲学者というプラトンの理想を超えているだけではなく、それとは断固として異なる事柄でもある。なぜならそれは人間に対する哲学者の支配ではなく、すべての人間がいわば哲学者になることができるということを意味しているからである。マルクスがヘーゲルの歴史哲学（ちなみに『論理学』を含むヘーゲルの全哲学的著作はたった一つの主題――すなわち歴史――しか持たない）から引き出した結論によれば、あらゆる伝統的解釈とは逆に、活動《アクション》*praxis* は、思考（thought）の反意語などではまったくなくて、リアルな真の思考の媒体だったのであり、政治は、哲学的威厳など微塵も帯びていないというのでは決してなくて、本質的に哲学的な唯一の活動力だったのである。

第六章　政治入門

I

政治とは何か？

複数性

政治は人間の複数性（plurality）という事実に基づいている。神は人間（man）を創造したが、人間たち（men）は人間的にして地上的な所産であり、人間本性の所産なのである。[1]哲学と神学が関心を持つのはつねに人間一般であり、またそれらの主張が正しいのは人間が一人か二人しかいない場合や人間がどれも皆そっくり同じ場合に限られるので、それらのいずれも「政治とは何か？」という問いに適切な哲学的回答を与えることはなかった。しかもなお悪いことに、あらゆる科学的思考にとって、存在するのは人間一般《マン》だけなのである――哲学や神学と同様に生物学や心理学でもそうであるし、動物学ではライオン一般（the lion）しか存在しない。ライオンたち（lions）だけがライオンたち（lions）を気遣うのである。

あらゆる偉大な思想家に共通の注目すべき点は、彼らの政治哲学とその他の研究著作との間にランクの違いがあるということである。あのプラトンにおいてすらそうなのである。彼らの政治学が、政治学以外の研究著作と同じ深さに達することはけっしてない。この深さの欠落は、政治に固有の深さを察知し損ねているからに外ならない。

差異、平等、複数性

政治は差異を有する人間たちの共存と結合に取り組む。人間たち《メン》は、互いの差異が生み出すまったくの混沌状態から発見され抽出される一定の本質的共通性に従って、自らを政治的に組織する。政治的集団が家族に基づき家族のイメージで思い描かれる限り、あらゆるレベルの親族関係が、一方で極端な個人的差異を結合しうる根拠とされ、加えて、他方では、個々の違いを呈する諸集団を分離して対比させるための方法とみなされる。

こうした形の組織化では、もともとあったいかなる差異も事実上消え失せてしまうのだが、それは、人間一般《マン》を扱っている限り人間たち《メン》すべてが有する本質的平等性[2]は消滅させられてしまうのと同じことである。そうした二つの方向への政治の失墜は、政治的集団が家族から発展してきた、そのあり方に起源を有している。ここには「聖家族」のイメージにおいて象徴的になるものが暗示されている――つまり、神は人間一般《マン》だけではなく「家族」をも創造したということなのである。

家族を単なる参加以上、つまり多数による活動的な参加以上の何かとみなすに到って、私たちは、まるで人間的差異の原理など無視しうるのが当然のように振る舞い、神を演じ始めるのだ。私たちは、人間《ヒューマン・ビーイング》を生み出す代わりに、自分自身の姿に似せて人間一般《マン》を創り出そうとするのである。

しかし実際的にして政治的な言い方をすれば、家族が揺るぎない重要性を持つのは、世界が個人にとって、すなわち差異を有するいかなる者にとっても、身の置き所がなくなるように組織されているせいなのである。私たちは殺伐とした異世界に親族関係《キンシップ》の導入を願い、避難所《シェルター》や強力な要塞として家族を創設する。この願望が結果として政治の歪曲をもたらすのだ。なぜならこの願望は複数性の基本的性質を台無しにしてしまうから、より適切に言い換えるなら、それは親族関係の概念を導入することで複数性の本質を喪失させてしまうからである。

哲学と神学が認識するような人間一般《マン》が政治的に存在する――または実現される――のは、歴然たる差異を有する者たちが互いに保証し合っている、対等の権利においてのみである。このように法的平等性の資格に対して自発的な保証と譲歩がなされるのは、人間《メ》たち《ン》の複数性が承認されているからであるが、その人間たち《メン》の複数性は人間たち自身の働きのおかげであり、自らの存在について彼らは人間《マン》の創造者に感謝することだろう。

政治の喪失

なぜ哲学は政治が実現される場所を見いだせなかったのか、それには二つのもっともな理由がある。第一の理由は、人間の内部には本質的に政治的なところがある、という仮定である。これはあきらかに間違っている。なぜなら人間一般《マン》は非政治的だからである。政治は人間と人間の間に、つまり、まさに人間の外部に発生する。それゆえ政治にはリアルな政治的実体は存在しない。政治は複数的な人間たちの間にあるものの内に発生して、関係性として確立されるのである。ホッブズはそれを理解していた。

第二の理由は、それに似せて人間が創造されたと言われている、唯一神的な神の概念である。この概念に基づいて考えれば、もちろん同一的人間《マン》しか存在しないことになり、また、人間たち《メン》とは同一の人間を複製することにそれなりに成功した結果ということになる。ホッブズの「万人に対する万人の闘い」としての「自然状態」の根柢にあるのは、孤独の神に似せて創られた人間である。その闘いは自分以外のすべての他人たちに対する各個人の反抗としての闘いであり、そうした他人たちが憎まれるのは、意味を持たずに――つまり神の孤独に似せて創られた人間としての意味を持たずに――生きているからなのである。

歴史による政治の代用

西洋的創造神話の圏内で政治を実現することは不可能なのだが、そうした事態を免れるための西洋的な解決策は、政治を歴史に変容させる、すなわち政治を歴史で代用させることであった。世界史という理念において、人間の多数性《マルティプリシティ》は融解して単一の人間的個体性になり、さらにそれは人類＝人間性《ヒューマニティ》と称されるようにもなる。これこそ歴史が怪物的で非－人間的な側面を持つに到る起点であり、それは、政治において、最初の全面的で野蛮な結末を迎えるに到る。

私たちが真に自由になることができる——つまり自らの衝動に駆り立てられたり物質的存在としての諸条件に左右されたりしなくなる——領域が存在するということを理解するのは、とても難しい。唯一自由が存在するのは、政治独特の中間的空間においてだけなのである。私たちはこの自由から逃げて歴史の「必然性」に走る。まさに愚の骨頂。

政治の任務

政治の任務は、神による世界創造がそうであるように、世界を真実が透けて見えるような場にすることだろう。ユダヤ・キリスト教神話の観点から見れば、それはつまり、神の姿に似せて創られた人間《マン》は人間たち《メン》を神的創造物の似姿に組織するための繁殖的エネルギーを授かっている、ということなのだろう。たぶんそんなことはナンセンスなのである。しかしそれは自然法概念を実証し正当化しうる、唯一の根拠なのだろう。

神が創造した「人間たち《メン》」の複数性は、すべての人間が互いに有する絶対的差異に具現化され、しかもそれらの差異は諸民族、諸国民、諸人種の間に見られる相対的差異よりも大きい。しかしそうした具現化が成されている場合、実は政治が果たすべき役割は存在しなくなる。政治は、そもそもの初めから、相対的同一性を見込んだり相対的差異を対比させたりしながら、絶対的差異を有する人々を組織化するものなのである(1)。

II

政治に対する偏見と現代における政治の実相

偏見

現代の政治に関するどんな話題も、必ず、プロの政治家ならぬ私たち誰もが政治に対して抱いている偏見＝先入観（prejudice）から始まる。私たちが共有している偏見それ自体、もっとも広い意味で政治的なのである。そうした偏見は学識ある者たちの傲慢さから生ずるわけではないし、あまりに多くを見てあまりに少なくしか理解してこなかった人々の皮肉癖《シニシズム》の結果でもない。偏見は私たち自身の思考中に突然出現するので、私たちはそれを無視できないし、さらに偏見は否定し難い現実を指し示して私たちの現状を正確な政治的諸観点から忠実に映し出すので、議論によってそれを沈黙させることはできない。しかしこうした偏見は「判断」ではない。偏見は、私たちが、まさにそうした政治的観点からの振る舞い方を知らない、あるいはまだ知らないという情況にはまり込んでいることを示唆しているのだ。危険なのは、政治が世界からすっかり消えてなくなりかねないという点なのである。偏見は私たちの思考に侵入してくる。偏見はバスタブのお湯と一緒に赤ん坊を流してしまい、政治と政治を終わらせるものとを混同させて、紛れもない破局をあたかも物事の本質に内在するもので避け難いことのように思わせるのである。

恐怖とノーバディによる支配

現代の政治に対する私たちの偏見の底には希望と恐怖が横たわっている。人類《ヒューマニティ》が政治と今や政治の思い通りになる暴力手段《フォース》によって、自らを滅ぼすかもしれないという恐怖と、その恐怖につながっているのだが、人類は正気に戻って世界から政治――人類ではなく――を一掃してしまうだろうという希望のことである。政治を一掃しうるのはある種の世界政府かもしれない。それは国家を行政機構に変えて政治紛争を官僚的に解決し、軍隊を警察部隊（police forces）に切り替えるだろう。もし政治をありきたりに定義して支配者と被支配者の関係とするなら、もちろんこの希望はまったくの夢物語である。このように考えてくると、私たちが最後に手にするのは政治の廃棄ではなく、膨大な範囲の独裁主義《デスポティズム》になるだろうし、そのもとでは、支配者と被支配者を分かつ溝はとてつもなく深くて、被支配者が支配者を制御する形態など何一つとして考えられないだけではなく、いかなる種類の反逆ももはや不可能になりそうだ。この世界政府の中に個人——独裁者のことに外ならない——の存在を確認することはできないだろうが、だからといってその独裁的性格が変わるわけではけっしてない。官僚的支配、つまり官僚による匿名的支配は、支配を実行するのが「匿名＝無人《ノーバディ》」だからといって、独裁的であることに変わりはないのだ。それどころか、それはもっと怖ろしいものですらある。なぜなら誰もこの「ノーバディ」とは話ができないし、彼に対しては請願することもできないのだから。

忘却と無力感

しかしもし政治が意味するのは地球規模の支配であり、そこでは人々が、主として他のやり方では実現しえないような永続性を人間的事象に添える活動者《アクティヴ・エージェント》として現れると解するならば、（政治の一掃という）この「希望」は夢物語などでは断じてありえなくなる。いまだかつて地球的規模で起きたことはないが、人々が活動者として遠ざけられた歴史的事例はふんだんに存在するのだ——たとえば一人の人間の意思が無制限の自由を与えられる古めかしい専制体とおぼしき統治形態の下であれ、あるいは非人格的な高次の「歴史的諸力」とかプロセスと称せられるものが解き放たれて人類は自らの務《サーヴィス》めの奴隷になるような、より近代化された全体主義的統治形態の下であれ。こうした統治形態の本質は、深い意味では紛れもなく非‐政治的なものなのだが、それ自身が生み出し、それ自身の指標ともなる力学《ダイナミック》のうちに明瞭に見てとれる。その力学の中では、つい昨日には「偉大」と見なされていたすべての人間と事物が今日には忘れ去られるかもしれないし、もし運動がそのままの勢いを保ち続けるならば間違いなく忘れ去られてしまうだろう。しかしそうした忘却はほとんど何の慰めにもなりえない。なぜなら、一方では、同様の無力さが大衆民主主義の市民たちの間にいわば自然発生的に、しかも脅迫手段を用いることなく蔓延し始めており、他方では、同様の無際限に続く消費と忘却のプロセスが定着し始めており、たとえそれらの現象は自由で非脅迫的な世界においてはまだ狭義の経済・政治の領域に限られているとしても、私たちの不安は払拭されないからである。

偏見の根深さ

しかし政治に対する偏見——国内政策はいかがわしい利害ともっといかがわしいイデオロギーによって織られた嘘とまやかしの織物であり、外交政策は退屈なプロパガンダと剝き出しの力の行使との間を揺れ動いているという考え——は、地球上の全生物を絶滅させうる爆弾が発明されるずっと以前から存在していた。内政に関して言えば、こうした偏見は少なくとも政党主導型の民主主義——近代史上初めて国民を代表していると称していたが、国民の方はそれをまったく信じていなかった——と同じくらい古いもので、百年を幾らか上回る年月の昔から存在する。外交政策についてはどうかと言えば、その起源は世紀の変わり目にあった帝国主義的領土拡張の最初の数十年間に見いだされるだろう。その時代、国民国家《ネイション・ステイト》は、国民《ネイション》ではなく国家の経済的《ナショナル》利益のために、世界中にヨーロッパの支配を拡大し始めたのである。しかし広汎な、政治に対する現代の偏見を真に根深くしているもの——無力さへの逃避、活動能力など一切捨ててしまいたいと願う自暴自棄的な思い——も、当時は、アクトン卿〔3〕の言い草によれば、「権力《パワー》とは腐敗するものであり、絶対的権力は絶対的に腐敗する」と信じる小さな階級の偏見と特権であった。この権力に対する弾劾が、存在がまだ曖昧ではあった大衆の熱い思いをはっきりと反映したものであることを、権力の回復を企図していたニーチェほど明確に認識した者はまずいなかっただろう。しかし彼もまた時代精神にとっぷり浸かっていて、権力——それは個人ではけっして所有できない、なぜならそれは多くの人々の協同的活動からしか生まれえないものだから——を強制力《フォース》=暴力の行使——その手段は、間違いなく個人が手に入れコントロールできる——と、同一視または混同していたのである。〔4〕

偏見と判断

社会的領域における偏見の役割と判断

私たちが共有し、自明であると思い、くだくだしい説明などまったくしないまま会話の中でやり取りできる偏見は、すでに述べたように、それ自体もっとも広い意味で政治的なものである。つまりそれは私たちが日常生活を送る背景《コンテクスト》としての人間的事象の、不可欠の要素となっているのである。偏見が日常生活において、それゆえまた政治において、それほど大きな役割を演じていることは、だからといって悲しむべきことではないし、また変えようとすべきことでもない。人間は偏見なしに生きてゆくことはできないのだ。なぜなら人間は誰ひとりとして、生活してゆく中で判断を下すことが必要になるすべての事柄に対して独自の判断ができるほどの知性と見識を所有していないからだけではなく、人間が偏見をまったく持たないでいるには、超人的な鋭敏さが必要になるからでもある。だからこそ、あらゆる時代と場所において、偏見を解明して一掃するのが政治の役割になるのだが、それだからといって、政治の任務は偏見を持たなくなるように国民を仕込むことであるとか、偏見の一掃に向けて努力する者たち自身は偏見を免れているというわけではない。ある時代の全体的な相貌と政治生活のレベルは、その時代がどの程度の鋭敏さと偏見のなさ《オープンマインデドネス》を持っているかによって決まるのだが、国民が生活の重要問題について判断と決断をするときに、偏見に依拠することもなく偏見を信頼することもないような時代がありえたとは、考えられない。

もちろんこのように日常生活における判断基準として偏見を正当化することには、限度がある。実際、それが当てはまるのは真正の偏見だけ、すなわち判断であることを主張しない偏見だけなのである。ふつう真正の偏見がそれだと判るのは、それが「〜だそうだ(they say)」とか「世間の考えでは〜(the opinion is)」といった権威に臆面もなく訴えるからであるが、もちろんそうした訴えはあからさまに口にされる必要はない。偏見は個人的な特異性ではない、なぜなら個人的な特異性とは、たとえ裏付けは必要なかろうとも、つねに個人的経験に根拠を置き、その個人的経験の枠内《コンテクスト》で感覚的認識を証拠とするものだからである。ところが偏見は経験と無関係に存在しているので、そのような証拠を差し出すことは——偏見に支配されている人々に対してすら——決してできないのである。それでも偏見は個人的経験と無関係だからこそ、他人の即座の同意を当てにできるし、しかもその際、彼らを納得させるための努力など一切不要なのである。この点で、偏見は判断とは別物である。にもかかわらず、人々が自分自身を認識し自分たちの共通性を認識する仕方については、偏見と判断に共通するところがある。だからこそ偏見に囚われた者はつねに他人に影響力があることを確信できるし、他方、個人的に特異な事柄は公的・政治的分野ではほとんど拡がりを持つことができず、私生活の親密さにおいてしか影響力を持たないのだ。結果として、偏見は、社会的領域において中心的役割を演ずることになる。偏見はある種の人々を囲い込み、別なある種の人々を除外するものだが、多少なりともそうした偏見に基づいていない社会構造など現実には存在しない。人はいかなる種類のものであれ偏見から自由になればなるほど、純粋に社会的な領域に対してますます適応しづらくなる。しかしその社会的領域内では、私たちは判断する能力があることをひけらかしたりはしない。判断に訴えることをやめてその代わりに偏見を採用することが危険なのは、それが政治的領域にまで波及してゆく場合に限られるのである。なぜなら政治的領域では、私たちは判断なしではまったく機能することができないし、政治思想とは本質的に判断に基づいているものだからである。

偏見に潜む過去の判断

偏見が力《パワー》と危険性を孕むに到った理由のひとつは、過去の一部がつねに偏見の内に潜んでいるからである。より厳密に検証すれば、私たちは以下のような事柄に気づくだろう。すなわち、真正の偏見はつねに過去に形成された何らかの判断を隠し持っており、もともとそれにはそれ自らのしかるべき正当な経験的裏付けがあったのだが、再吟味されることも改訂されることもなく、ずるずるべったりに永らえてきたばかりに偏見になってしまったのだ。この点で、偏見は単なる世間話《スモール・トーク》とは別物なのである。なぜなら世間話はおしゃべりのあったその日やその時間を超えて残ることはないし、会話中はとんでもなく異なった意見や判断が万華鏡の中の色紙の小片のように目まぐるしく入れ替わるからである。偏見の危険性は、まさにそれがつねに過去に根を下ろしているという事実にある——とてもしっかりと過去に根を下ろしているので、偏見は判断を出し抜いて阻止するだけではなく、判断と真正の現在の経験を共に不可能にしてしまう。もし偏見を一掃したいと望むなら、私たちはまずその中に含まれている過去の判断を見つけねばならない、言い換えるなら、偏見の中に存在するいかなる真実をも明らかにしなければならないのだ。もしこれを怠れば、偏見から解放された人たちがいくら大勢で叫んでも、また偏見からの解放を説くパンフレットを山と積んでも、何も変わらないだろう。それは、ユダヤ人問題やアメリカの黒人問題など、古くからの偏見が重荷としてこめられた諸問題を扱う際の、掛け値なしに終わりのない努力、果てしなく無駄な努力のことを思えば、火を見るよりもあきらかである。

標準に基づく判断と標準を持たない判断

偏見は過去に耳を傾けることによって判断の機先を制する。したがって偏見の根拠を時間的にたどるなら、それは、新しいことは比較的希《まれ》にしか起こらず古いことが政治・社会機構を支配していた歴史上の諸時代——時間的な長さという点では、歴史の中のいちばん大きな部分――に限られる。一般的な使用法では「判断」という語は二つの意味を持っており、それらは確かに区別されるべきなのだが、私たちが口にするときは混同されるのがつねだ。第一に、判断が意味するのは、個別的で特殊なものを一般的で普遍的なものの下に組織化して取り込み、それによって、具体的なものを特定するための標準《スタンダーズ》＝規範を当てはめた規則的な評価を行い、次にその評価に従って、決定を下すということだ。こうしたすべての判断の背後には、予断《プレジャッジメント》すなわち偏見《プレジュディス》がある。判断されるのは個別的な事例だけで、標準それ自体や、現に何かの評価に使われている標準がその何かを評価する手段として妥当かどうかということは、判断の対象とはならないのだ。過去のある時点では判断が標準に関して為されることもあったが、いまや判断は、いわば、さらなる判断をするための手段として採用されるようになっている。しかし判断はそれとはまったく異なることを意味しうるし、実際、私たちがこれまで見たこともないものや、それに対して使える標準がないものに出くわしたときには、つねにそうなのである。このいかなる標準とも無関係な判断が訴えうるのは、判断される対象という事実《エヴィデンス》以外の何ものでもなく、そのための唯一の必要条件は「判断能力 (faculty of judgement)」――なのだが、それは組織化したり組み込んだりするよりも差異化する (make distinctions) 人間の能力にはるかに大きな関係を持っている。こうした標準を持たない判断は、美学や趣味にまつわる判断によって私たちにはきわめて馴染み深いものであり、それについて、かつてカントは次のように述べている。私たちは美や趣味について「議論する」ことはできないが、自分の意見を主張したり賛意を示したりすることは間違いなくできる、と。私たちは日常生活においてそのことをちゃんと承知している。たとえば私たちは問題の情況はあまりよく判らなくても「この人の情況判断は正しい」とか「あの人の情況判断は間違っている」などと言ったりするのである。

危機の到来と偏見のイデオロギー化

歴史的危機が訪れると、いつも真っ先に崩壊し始めてもはや信頼されなくなるのは、外ならぬ偏見である。「〜だそうだ」とか「〜らしい」といった非拘束的な文脈内で、つまり偏見がもっともだと納得され使用されているような限られた文脈内で、もはや受容されることを期待できないからこそ、偏見は簡単に硬化＝因襲《アシファイ》化して、その本性からして決してありえないようなものに——すなわち似非理論に——変じてしまうのである。そしてその似非理論は、あらゆるものを説明してのける閉ざされた世界観もしくはイデオロギーとして、すべての歴史的・政治的現実を理解し尽くしているかのように振る舞う。判断しようとしている個人は彼が遭遇している現実のあらゆる側面に心を開いて、なおかつ思慮深く立ち向かわねばならないのだが、もしそうした労苦から彼を逃れさせるのが偏見の機能だとするなら、世界観やらイデオロギーはそうした機能に打ってつけであり、すべての現実に見せかけの現実を用意して、何はともあれ、あらゆる経験から私たちを守ってくれる。このように自らの普遍性を主張することで、イデオロギーは、その本性としてつねに部分的《パーシャル》＝偏向的である偏見とはっきり袂を分かつことになる。イデオロギーはそれと同時に、偏見は現実にまったくそぐわないと言明し、私たちはもう偏見に――偏見だけではなく、判断の標準やそうした標準に基づく予断にも――依存するべきではないと、はっきり述べる。近代世界における標準の破綻――起こってしまったり毎日起こりつつあったりすることを、誰もが認める堅固な標準に則って新たに判断し直すことが不可能になり、それらの出来事をよく知られた何らかの一般的原理の事例として包摂することもできず、もちろん、それらのことが密接に絡み合って、いま実現すべき事柄のための活動原理を用意するのが難しくなっていること――は、しばしば私たちの時代に固有のニヒリズム、価値観の低下、「神々の黄昏」、世界の道徳的秩序の破滅であると言われてきた。こうした解釈のすべてが暗黙のうちに仮定しているのは以下のような事柄である。すなわち、人間が判断すると期待されうるのは彼が標準を所持している場合に限られるし、それゆえ判断能力とは、個々の事例を、それらに当てはまり誰もが同意している一般的原理内の適所に、正確に割り当てる能力のことにすぎないのであると。

判断能力と標準の喪失

なるほど、そうした「判断能力」がいかなる標準にもまったく依拠しないでダイレクトに判断を行うと主張し、またそう主張するに違いないということについて、私たちは承知している。しかしそうした判断が為される対象領域――公私を問わずあらゆる種類の決断とか、いわゆる趣味の問題――自体は、真剣に受け止められてはいない。なぜなら、実際上、そうした判断はけっして強制的な性質のものではなく、つまり論理的に反論不可能な結論という形で他人に同意を強いるものではけっしてなく、むしろ、ひたすら説得することしかできないものだからである。さらに言えば、そうした判断に何かしら強制的な部分があると考えること自体、ひとつの偏見なのである。というのも標準《スタンダーズ》が効力を持続している限り、そこに強制的なものが内在しているという証拠《プルーフ》は何も見つからないからである。つまり標準は、私たちみんなが同意してもはや異論を唱えたり議論をしたりする必要がないような判断に内在するのと同じ、限定された根拠《エヴィデンス》に基づいているからである。唯一の強制の証拠は、分類化《カテゴライズィング》の結果として、つまり評価を加え標準を適用する結果として、言い換えれば個別的で具体的なものを秩序化する方法の結果として現れるのであり、そうした方法は、まさにそれ自体の本性として、標準の妥当性を想定している。この分類化と秩序化――それによって決定されるのは、私たちが自らの任務にあきらかに正しく取り組んだのか、あるいは間違って取り組んだのかという点だけである――は、判断行為としての思考よりも、演繹的推理としての思考により大きな関係がある。それゆえ、標準の喪失は、たしかにその事実性において近代世界を特徴づけており、いかなる種類の古き良き時代への回帰によっても、また新しい標準や価値観が気まぐれに普及しても元通りにはなりえないだろうし、もし、人はほんとうは事象それ自体を判断する能力を持っていないとか、人の判断能力は独自の判断を行うには不十分であるとか、私たちがせいぜいそれに求めることができるのは、すでに確立された標準から導かれたお馴染みの規則を正しく当てはめることだけだと仮定しうるなら、標準の喪失は道徳的世界の破局《カタストロフィ》ということになるだろう。

今日の不安の種——人間

もしそれがほんとうならば、つまりもし人間の思考が、出来合いの標準を持っている場合にしか「判断」できないような性質のものであるならば、危機に陥った近代世界において蝶番が外れたのは世界の方ではなく、むしろ人間の方だと言ってもまったく正しいことになるだろうし、一般的にはそう仮定されているらしい。こうした仮定は昨今のあくせくとしたアカデミズムの至る所にはびこっており、そのもっとも顕著な証は、世界史や世界史上の事件を扱う歴史学が解消されてまず社会科学になり、それから心理学になったという事実である。これは間違いなく以下のような事柄を指し示している。すなわち仮定的な年代記として歴史的に構成された世界の研究は、まず社会的行動《ビヘイヴィア》様式の研究のために、次に個人的行動様式の研究のために取って代わられたのである。行動様式はけっして体系的研究の対象とはなりえない、あるいは次のように言い直そうか、すなわち活動者《アクティヴ・エイジェント》としての、つまり世界内の目に見える出来事の作者《オーサー》＝創始者としての人間を閉め出して、単にそれぞれの情況でそれぞれの行動をとるだけの生き物に人間を格下げした場合に限り、行動様式は体系的研究の対象になりうると。なぜなら上記のように格下げされた人間については実験を行うことができるし、さらに最終的には彼を支配下に置くことができると期待すらしうるからである。この種の大学学部間の論争にまったく非アカデミックな権力闘争《パワープレイ》が顔を覗かせているのは確実だが、それよりもはるかに重要なのは、世界から人間へ向かう、同様の関心の移動があることだ。それは最近報じられたアンケート結果に明らかである。「現在あなたにとって最大の不安《コンサーン》材料は何ですか？」という質問に対する回答は、ほとんど全員一致で「人間」だったのである。しかしこの回答にこめられていたのは、原子爆弾が人類に突き付けている恐怖（実にもっとも至極な不安）という誰の目にも明らかな意味ではなかった。そこにこめられていた意味は、各々の回答者がそれをどのように理解していたとしても、疑いもなく、人間の本性だったのである。この二つの事例においては――もちろん他の事例をいくらでも挙げることは可能なのだが――方向感覚《ベアリングズ》をすでに失ってしまったか失う怖れがあるのは、あるいは、何はともあれ私たちが変えねばならないのは、人間だということには微塵も疑いがない。

世界に対する気遣い

今日の危機において危険に晒されているのは人間なのか世界なのか、という質問に人々がどのように回答するかは知らないが、確かなことが一つだけある。すなわち、私たちの目下の不安の真ん中に人間を据えて、不安の種が取り除かれる前に人間は変えられねばならないと持ちかけるいかなる回答も、深い意味で非政治的であるということだ。なぜなら政治の中心にあるのは、人間ではなく、世界に対する気遣い《コンサーン》だからである。実際、ここで気遣われる世界とは、それがいかなるもので構成されていようとも、もしそれが存在しなかったなら、気遣いつつ政治的でもある人々は人生を生きるに値しないと考えるであろうような世界のことである。しかも私たちは、会員たちにさまざまな手管で働きかけても組織やクラブを変えることはできないのと同じように、その中に生きる人々を変えることによって世界を変えることはできない――そのような企てが実際上不可能であることはあえて言うまでもないが。もし世界内に存在する何らかの施設や組織や公共機関を変えたいと望むなら、私たちにできるのはその定款や規約や法規を改訂して、あとは自然に収まりがつくのを祈ることだけなのである。なぜそうなのかと言えば、人が一緒に集まるところではどこでも――それが私的であれ社会的であれ、また公然たるものであれ政治的なものであれ——人々を寄せ集めると同時に互いに離反させる空間《スペイス》が生成されるからである。そのような空間はすべてそれ自身の構造を持ち、それは時間と共に変わり、私的文脈では習慣として、社会的文脈ではしきたりとして、公的文脈では規約、定款、規則などとして現れる。人々が集まるところではどこでも、世界が人々の間に割り込んでくる。そしてあらゆる人間的事象が営まれるのは、まさにこの中間的《イン・ビトウィーン》空間においてなのである。

もちろん人間と人間の間の空間——それが世界である——は人間たちがいなければ存在しえないし、人間がいない世界は、人間がいない宇宙や人間がいない自然とは対照的に、あきらかな矛盾であろう。しかしだからといって、世界とその内部で起こる破局は純粋に人間的な出来事と見なされるべきではないし、ましてや「人間一般《マン》」に、すなわち人間の本性に発生する出来事《サムスィング》に帰着させられてはならない。なぜなら世界とこの世界の諸事万端《スィングズ》——そのど真ん中で人間的事象は発生する——は、人間性の表現、すなわち外部化された人間性の刻印などではなくて、反対に、人間が自分自身のありようとは異なるもの——つまり事物《スィングズ》——を作り出す結果だからであり、またいわゆる心理学的領域もしくは知的領域すらも、事物そのものや事物の世界という範囲に限って存在し、その中で人々が生きて動き回るための永遠のリアリティになることの結果だからである。人間が行動したり自らが条件付けられたりするのは、この事物の世界においてなのであり、また彼らはこの世界によって条件付けられているからこそ、この世界内で起こるあらゆる破局は翻って彼らをも打ちのめし、彼らに影響を及ぼすのである。同じように世界と世界の事物を生み出す人間の能力に影響を及ぼし、人間を動物と変わらない世界喪失＝無世界《ワールドレス》の状態に置き去りにしてしまうような、とてつもなく巨大な、世界を壊滅させる破局を私たちは想像できる。私たちは、そうした破局が有史以前の昔に起こったことがあり、しかもある種のいわゆる未開民族はそれらの破局の残余、つまり無世界性の痕跡なのだと想像すらできる。私たちはまた、核戦争によって世界全体が破壊されれば、万が一にも人間が生き延びていたとしても、そうした破局は加速させられるだろうと想像することもできる。しかしそのとき人類が滅びる原因は人類自身ではなく、例によって世界なのであり、もっと妥当な言い方をすれば、それはもはや人間の手に負えない世界の成り行き《コース》なのである。つまり世界の運行から人類はあまりにも疎外されて、あらゆる過程《プロセス》に内在する自動的《オートマティック》＝無意識的な諸力が何の妨げも受けずに進行してゆくのだ。そして前述の人間についての近代的な不安＝関心《コンサーン》はこうした可能性にきちんと向き合おうとすらしないのである。それどころか、この人間への関心のとてつもなく怖ろしい点は、それがこうした「外的事象」などには、したがって究極的な現実の危険などには、全然心を悩まされないで、「内的事象」へ逃避していることである。しかしその場所でせいぜい可能なことと言えば、内省だけであり、活動や変化は望むべくもないのである。

もちろん次のように異論を唱えることは容易だ。すなわち私たちがここで語っている

「世界」とは人間たち《メン》の世界のことであり、それは人間の生産性と活動——それらがどういうものとして理解されていようとも——の結果なのである。これらの能力はあきらかに人間の本性に属している。だとするなら、それらが不適当だと判明した際には、世界を変えようなどと考える前に人間の本性を変えなくてもいいのだろうか？　これは、その核心において、紛れもなく最良の証人たるプラトンの心にも響く、古来の異論である。ちなみにプラトンはペリクレスを責めて、彼はアテナイ市民の人間性を少しも改善することなく死んでしまった、と語っている。

政治は何を意味しているか？

政治がもたらす災厄

政治の意味を問う疑問に対する答はあまりにも単純で断定的なので、その他の答はすべてまったく的外れのように思われそうだ。その答とは、「政治の意味は自由である」というものだ。その単純性と断定的力強さは、その答がその疑問自体——もちろんそれは不安から生まれ、疑念に端を発しているのだが——と同じくらい古いものだという事実にではなく、政治そのものの存在に由来する。実際の話、今日ではこの答は自明なものではないし、にわかに信じられるものでもない。それは以下の事実から明らかである。すなわち、かつて政治が初めて非−政治的な種類の、または反−政治的ですらあった種類の経験から生まれたときには人々も政治の意味を簡単に問うていたのだろうが、近ごろではその疑問はもはや単純に問うものではなくなっているのだ。最近の私たちの疑問は、私たちが政治に関して積んできたリアルな経験から生まれている。つまりそれは二十世紀に政治がもたらした災厄、そして未来において政治から発生する怖れのある、それよりもはるかに大きな災厄によって惹起されるのである。したがって私たちの疑問は以前よりはるかに根源的《ラディカル》＝急進的で攻撃的で必死なものになる。すなわち、「政治はまだ何らかの意味を持っているか？」

全体主義と原子爆弾——政治への絶望

このような問い方をされると——今では誰もがそのような形でこの問いを発するのだが——その疑問には二つの重要な要素が含まれることになる。第一に、私たちが全体主義的な統治形態を経験したことである。その体制下では、人間の生活の全体があまりにも完全に政治化されるために、もはやいかなる意味でも自由は存在しない。こうした有利な地点から——つまり、何よりも現代《モダン》という条件から——眺めれば、政治と自由はそもそも両立しうるものだろうか？　という疑問や、きっぱりと政治に終止符が打たれて初めて自由は始まるのではないか？　という疑問が湧いてきて、政治がまだ自らの限界と終焉を見いだしていないいかなるところでも自由は存在しえないという結論に到る。おそらく情況が、政治と自由が同じものと見なされていた古典古代の時代からあまりにも大きく変化したために、今の近代的諸条件の下でその両者は決定的に分離しているのに違いない。

こうした問いを必然的なものにしている第二の事実は、近代的な破壊手段が怪物的なまでに発達したことである。それは国家が独占しており、国家の独占がなければけっして発達できなかっただろうし、それが用いられうるのは政治の舞台に限られている。ここで問題になるのは自由だけではない。生命自体も、人類とおそらく地球上の全生物の持続的生存もまた、問題になっているのである。ここで生起する問いによってあらゆる政治に疑問が生じてくる。その疑問によって、現代の情況で政治と生命の維持が両立しうるかどうか、疑わしく思われてくる。その疑問に秘かにこめられている願いは、人が十分な見識を示して、政治が私たちを皆殺しにする前に何とか政治を不要にすることである。たしかに、すべての国家は静かに衰退に向かってほしいとか政治は何らか別の方法で消滅してほしいと希望すること自体を空想的であるとして、この疑問への異論を唱えることもできるだろうし、大抵の人がこうした異論に同意するだろうとも考えられる。しかしだからといって、その希望や疑問が変更されることは断じてありえないのである。もし政治は災厄をもたらすものであり、しかも政治を廃止することは不可能だとするなら、後に残されるのは絶望だけ、あるいはストーブから降ろされたばかりの熱いスープを飲む羽目には陥らないだろうという希望だけである。もっともそれは二十世紀においては相当に愚かな希望である。というのも第一次世界大戦以来、私たちが飲まざるをえなかったスープはすべて、いかなる料理人といえども出したがらぬほど熱いものだったからである。

政治の無意味化

この二つの経験――全体主義と原子爆弾――が、現代における政治の意味は何か、という疑問に火を付ける。それらは私たちの時代の根源的経験であり、もしそれらを無視するなら、私たちは我らが世界たるこの世界に全然生きていないも同然だろう。にもかかわらず、この二つの経験には違いが存在する。全体主義的統治下の全面的政治化という経験とそれに伴って生じた政治への不信感と対照しながら、私たちはやはり以下の事実と面と向き合わねばならない。すなわち古典古代の時代から、誰も政治の意味は自由であるなどと信じては来なかったのであり、さらに付け加えるなら、近代世界では、理論においても現実においても、政治は、生命《ライフ》=生活維持のための社会の資源とそのオープンで自由な発展のための生産性を保護するための手段だと見なされてきたということである。全体主義的統治下で経験された政治のいかがわしさへの対応としては、歴史的な観点からいえば以前の立場への、理論上の撤退もありえるだろう――あたかも全体主義的諸政体は、十九世紀のリベラルな保守的思考がいかに正しいものであったかということに、絶好の裏付けを提供しているかのようだ。政治の内部に物質界の絶滅をもたらす可能性が出現したことの悩ましい点は、それがこうした「撤退」をまったく不可能にしてしまうことである。なぜならここでは政治が、近代的見解によればまさに政治それ自身を根本的に正当化するもの——すなわち人類全員にとっての基本的な生命《ライフ》＝生活の可能性——を脅かしているからである。もし政治は人類の生存を維持するための必要悪にすぎないというのがほんとうであるとするならば、政治は間違いなく世界から消滅して、自らの意味を無意味へと変容させ始めているのである。

この無意味は作為による困難《ハードル》ではない。それはまったくリアルな現実であり、もし私たちが新聞を読むだけではなく、重要な政治問題のことごとくから発生する混乱に憤慨して、この情況でどうすれば事態が改善されるだろうかという疑問を提起する労を厭わなかったなら、毎日経験することになるだろう事柄なのである。政治が陥っている無意味は、今や個々の政治的疑問のすべてが結局は袋小路にはまり込んでしまうという事実によって、歴然たるものになっている。どんなに一生懸命に情況を理解しようと努力し、この全体主義国家と原子兵器という二重の脅威——この二つが合体してますます悪化するばかりの脅威——が表している一つひとつの要素を考え合わせようと努力しても、私たちは満足のゆく解決策を想像することすらできないし、最高の善意《ベスト・ウィル》がどこにもかしこにも存在しているとも思えないのだ。もっとも私たちは、最高の善意が政治においては功を奏するものではないことを承知している。なぜなら今日のいかなる善意も、明日の善意をけっして保証するものではないからである。もしこれらの諸要素に内在するロジックから進み出て、いま私たちが知っている諸条件以外の何ものもこの世界の現在や未来のコースを決定することはないと仮定するならば、より良い方向への決定的変化はただ何らかの奇跡によってしか起こりえないだろう。

無限の不可能事―奇跡―新しい始まり

そのような奇跡がいかなる様相を呈するものなのか本気で問おうとするなら、また奇跡を待望することは、より正確に言えば奇跡に依存することは、まったく馬鹿げているし軽薄だという思い《サスピション》を払拭するためには、私たちはまず奇跡が信仰と迷信において――すなわち宗教と似非宗教において――つねに果たしてきた役割を忘れる必要がある。奇跡とは何かしら超自然的・超人間的な事柄が自然な出来事や人間的事象の自然な過程《プロセス》に闖入してくる、もっぱら純粋な宗教的現象だという偏見から自由になるためには、自然的存在《フィズィカル》―地球の存在、地球上の生物の存在、そして人類そのものの存在――の構造全体がある種の奇跡に依存しているということを手短に思い起こしてみるのが有効だろう。なぜなら、全宇宙的な出来事とそれらをコントロールしている統計的に予測可能な蓋然性という観点から見れば、地球の存在は「無限の不可能事（infinite improbabilities）」、つまりどう考えてもありそうもないことなのである。しかも同じことは、無機的自然のプロセスから有機的生命が発生したり、有機的生命の進化論的過程からヒトが誕生したりしたことにも言える。これらの例から明らかなことは、何か新しいことが起こるときにはいつでも、それは、予測可能なプロセスの文脈に、想定外で予測不能な、どうしても因果論的に説明のつかない——さながら奇跡のような——事柄として、突然侵入してくるということである。言い換えるなら、すべての新しい始まりは、それが必然的に妨げてしまうプロセスの側から見れば、本来、奇跡なのである。この意味で——すなわちそれが闖入してゆく過程の文脈内では——それぞれの「始まり」の目に見えてリアルな超越性は、奇跡を信じる宗教的超越性と一致するのである。

　もちろんこれは以下に掲げる現実を説明するのに役立つ一例にすぎない。すなわち、私たちがリアルと呼びうるものはすでに地球と生物と人間の諸現実で織られた織物《ウェブ》なのだが、それはまた「無限の不可能事」の一押しで生まれたものでもあるということだ。もし私たちがこの例を人間的事象の領域で実際に起こることの隠喩《メタファ》だと解するなら、その考察はたちまち腰砕けに終わるだろう。それというのも私たちがここで検討している過程は、すでに指摘したように、歴史的な性質を帯びており、言い換えるなら、それは自然な発展のパターンに従って進行するのではなく、出来事の連鎖なのであり、その構成には「無限の不可能事」があまりにしばしば闖入してくるので、今さらそれを奇跡と呼ぶのもおかしなことのように思われるくらいだからである。しかしそれは、ひとえに歴史の諸過程は人間の第一撃《イニシアティヴズ》＝創意から生まれて、つねに新しい第一撃によって中断させられるせいなのである。もしこの過程《プロセス》を純粋に過程として見るならば――もちろんそれはあらゆる歴史哲学においてて行われていることであり、そこでは歴史の過程は共に活動する人間の所産ではなく、人間の外部にあったり、超人間的だったり、人間以下だったりする諸エネルギーの発展と符合の産物であり、そこからは（第一撃を起こす）活動者《アクティヴ・エージェント》としての人間が排除されている――良かれ悪しかれ、いかなる新しい始まりも到底起こりそうもなく、大きな出来事はすべて奇跡のように見えてくる。外部から客観的に眺めれば、今日とまったく同じように明日が展開されるという可能性にはつねに圧倒的なものがあり、それゆえ、人間的視点から見るなら、それと厳密に同じとは言えないまでも、ほぼ同じ程度の圧倒的可能性で、宇宙の出来事から地球が生成されそうもないし、無機的過程から生命が誕生しそうもないし、非動物《ノンアニマル》たる人間が動物種の進化の結果として出現しそうもない。

自由という奇跡を起こす能力――活動

地上の人間生命の根本にある「無限の不可能事」と人間的事象の圏内で起こる奇跡的出来事との決定的相違は、もちろん、後者の場合には奇跡を起こす人間《ミラクル・ワーカー》が存在するという点にある――すなわち、あきらかに人間自身が奇跡を起こしうる、とても驚くべき不思議な才能を持っているという点にある。この才能に対して私たちの言語は「活動」という、ふつうの使い古された言葉をあてがっている。活動は、自然の過程と同じように自律的運動を行う諸過程を動かすという点で、独特であり、さらに活動は何かの発端を明示して、何かを新しく始め、主導権を握る、またカント的言い回しを用いるなら、自ら始まる連鎖を鍛えるのだ。自由という奇跡がこの「始める」能力に固有のものであり、その能力自体は以下の事実に内在するものである。すなわち人間はすべて、彼が生まれる前に存在し死んだ後にも存在し続ける世界に生まれ落ちる、ただそれだけの理由によって、自分自身が一つの新しい始まりなのである。

自由は「始まり」と、あるいはカントの用語を再び用いるなら、自発性と同一であるという考えは、私たちには奇妙に思われる。なぜなら概念的思想とその範疇についての私たちの伝統によれば、自由は意思の自由と同等なものと考えられており、さらに意思の自由とは与えられた条件からの選択、ありていに言えば、善と悪からの選択だと理解されているからである。私たちは、自由とは端的に何かを何らかの方法で変えたいと望むことだ、とは考えないのだ。私たちの伝統はそれなりの自前の根拠に基づいていることは確かであるり、それについてここで立ち入る必要はあるまいが、ただ古典古代の衰退期以来、私たちの伝統は広く流布された或る確信によって異常なほどに強化されてきたことだけは指摘しておこう。その確信とは、自由は活動や政治のうちには存在しないどころか、逆に、自由は活動を放棄し、世界から撤退して自分自身の中に引きこもり、政治を徹頭徹尾避ける場合に限り可能である、というものだ。こうした概念と範疇についての伝統は、公的なものであれ私的なものであれ、すべての人々の経験と矛盾するし、とりわけ、古典語に見いだされる、けっして全部は忘れ去られていない証拠と矛盾する。というのも古典語において、ギリシア語の動詞「アルケイン *archein*」は「始める」と「導く」の両方の意味を、すなわち「自由である」という意味を持ち、ラテン語の動詞「アゲレ *agere*」は「何かを動かす」「過程《プロセス》を解き放つ」という意味を持っているのだ。

だから、たとえ世界が袋小路に陥っている結果として私たちが奇跡を待望しても、そのような期待は、本来の意味での政治的領域から私たちを追放するものでは断じてありえない。もし政治の意味が自由であるとするなら、それは政治的領域において――しかも政治的領域においてのみ――私たちは奇跡を期待する権利を紛れもなく有しているという意味なのである。なぜかと言えば、私たちが迷信的に奇跡を信じているからではなく、人類は、それを自覚していようがいまいが、活動が可能である限り、ありそうもないことや予測し得ないことを実現する能力を持ち、実際、つねに実現しているからである。政治は今なお何らかの意味を有しているかという問題は、まさにその問題が最終的に奇跡への信仰で解消される地点で――はたしてそれ以外のどこでこの問題が解消されうるだろうか？――私たちを政治の意味という問題に真っ直ぐに連れ戻すのである。

政治の意味

ポリス

政治不信と政治の意味をめぐる疑問は共にとても古く、政治哲学の伝統と同じくらい古い。これらの不信と疑問の起源はプラトンにまで、ひょっとしたらパルメニデスにまで遡り[5]、この二人の哲学者がポリスで得た正真正銘の実体験から生まれたものだ。ポリスは私たちが今なお政治の名の下に理解している内容を典型的かつ限定的に規定した人間の共同生活体であり、すべてのヨーロッパ語に存在する「政治《ポリティクス》」という言葉もその起源はギリシア語の「ポリス *polis*」である。

政治の正当化——生活のための政治

政治の意味をめぐる疑問と同じ程度に古いのは、政治を正当化するための答であり、しかも伝統的な政治の定義のほとんどは本質的に正当化なのである。ごく一般的な言い方をすれば、これらの正当化や定義はすべて、結局は政治を何かより高い目的のための手段としてしまう。実際、政治の目的をめぐる定義は何世紀にもわたり大きな紆余曲折を経てきており、多様なものではあるが、少数の基本的な答に帰着させうるし、そのことは私たちがここで検討しようとしている事柄が基本的には単純であることを物語っているのである。

それらの答によると、政治は人間生活のための絶対的必需品であり、社会生活のためだけではなく個人生活にとっても必要だとされる。人間は自己充足的ではなく、生存のために他人に依存しているので、全員の生存に影響するさまざまな備えが整えられねばならない。もしそうした備えがなされなければ、共同生活は不可能だからである。政治の任務、その究極の目的は、もっとも広い意味において、生命《ライフ》＝生活を守ることである。政治は個人が自分自身の目的を追求することを、言い換えるなら政治によって妨害されないことを可能にする——政治が守ることになっている生活の領域が何であるかは重要ではないし、その目的が、たとえばギリシア人たちが考えたように、少数者が哲学に関心を向けるのを可能にすることにあるのか、それとも近代的意味で、多数者の生命、暮らし、最低限の幸福を保証することにあるのかも、問題ではない。さらにかつてマディソンが述べたように、私たちの気懸かり《コンサーン》は天使ならぬ人間たちの共同生活なのだから、人間の生存に必要な備えは、暴力（brute force）を独占して万人に対する万人の闘争を防ぐ国家によってしか実現されえないのである。

アリストテレスの「政治的動物」

これらの答は、人間たちがともあれ歴史的・文明的な意味のある共同生活を営むすべての時代と場所でつねに政治が存在してきたことを、当然視している。こうした仮定は政治的動物というアリストテレスの人間定義に拠り所を求めるのがつねであり、そのアリストテレス的定義への訴えは小さくない重要性を持っている。なぜなら政治がほんとうは何であり、どんな意味を持つかというヨーロッパ的概念を言葉と内容の両面から決定的に形作ったのは、ポリスだからである。同様に小さくない重要性を持っているのは、このようにアリストテレスに拠り所を求めるのは、古典古代以後のこととはいえ、ずいぶん昔からある誤解だということである。アリストテレスにとって、「政治的（ポリティコン *politikon*）」という言葉はポリスの組織に付けられる形容詞であった。それはいかなる人間の共同生活形式の呼称でもなかったし、彼が人間はすべて政治的であるとか、人々がどこに住もうと政治が――すなわちポリスが――存在する、などと考えていなかったのはあきらかなのである。彼の定義は奴隷だけではなく、アジアの暴君らによって支配されてはいるが彼自身その人間性を疑うことは決してなかった異邦人[6]をも、除外していた。彼の真意は単に次の点にあったのである。すなわちポリスに住むことができるのは人間だけに認められることであり、組織されたポリスは人間の共同生活の最高形態であり、したがってとくに人間的なものである。ここでとくに人間的という意味は、本来的・自発的に十全なる自由と自立のうちに在る神々と、あるかなきかの集団生活も必要《ネセシティ》＝必然の産物でしかない動物の双方から、等しく距離が置かれているということである。彼の政治的著作における他の多くの問題と同じように、アリストテレスは自らの個人的意見を語っていたというよりも、むしろ当時のギリシア人全体と共有していた見解——たとえ大概は曖昧なものであったとしても——を再現していたのである。それゆえアリストテレス的な意味での政治は自明なものではなく、人間が共同して生きている場所ならどこにでも見いだされるようなものでは断じてありえない。それは、ギリシア人たちが理解していたように、ギリシアにおいてのみ存在した——しかもそのギリシアにおいてすら、それが存在したのは比較的短い期間のことにすぎなかったのである。

ポリスの自由

ポリスにおける人々の共同生活をその他のあらゆる形態の人間の共同生活——それらについてギリシア人たちは、間違いなく、よく知っていたはずだ——から区別するのは、自由である。だがこれは、政治的領域が人間の自由を——自由な生活を——可能にするための手段として理解されていたということではない。自由であることとポリスに住むことは、ある意味では、同一のことだった。しかしそれは「ある意味」においてのみそうだったのである。というのも仮にもポリスに住むことができるためには、人間はもう一つの点ですでに自由でなければならなかったからである。つまり彼は奴隷として他の人間に支配されていてはならなかったし、労働者として日々のパンを得る必要に縛られていてはならなかったのである。人間は自由を享受するためには、まず、解放されているか自らを解放しなければならなかった。そして生活（＝生命）の必要の支配から解放されることがギリシア語の「スコレー *scholē*」やラテン語の「オティウム *otium*」——現在の私たちが「余暇」と呼んでいるもの——の真の意味だった。自由とは対照的に、この解放は一定の手段によって実現できる、そして実現されねばならない目的《エンド》であった。この重大な手段というのは奴隷制、すなわち一人の人間が自分の日常生活の労苦を他人に押しつけて免れるための暴力（brute force）であった。いかなる資本主義的搾取形態——主として富の増加を目指す経済的目的を追求する——とも異なり、古代ギリシアの奴隷搾取の要点は、彼らの主人たちを労働から完全に解放し、政治的領域の自由を享受できるようにすることにあった。この解放は力と強制で成し遂げられたものであり、すべての家長が家族に対して行使する絶対的支配《ルール》に基づいていた。しかしこの支配は、あらゆる政治的事柄にとって不可欠の前提条件ではあったが、それ自体は政治的ではなかった。もし政治を手段と目的というカテゴリーの文脈内で理解したいなら、ギリシア的意味での政治は、アリストテレスにとってそうであったように、第一に目的であって、手段ではなかった。そしてその目的とは、ポリスにおいて実現されていたような形での、自由そのもののことではなくて、むしろポリスにおいて自由を行使するための、前《プレ》-政治的《ポリティカル》な解放のことだったのである。するとその目的とは異なる、政治の意味とは、以下の通りとなる。すなわち、自由な人間たちが、強制も暴力（force）も互いの支配もなく、平等者中の平等者として、相互に交流することができる、また、互いに命令と服従を行うのはたとえば戦時のような緊急事態が発生した場合のみであり、そうでない限りは、互いに語り合い説得し合って自分たちのすべての問題を処理することができるということである。

平等と言論の自由

したがってギリシア的な言葉の意味で「政治」の中心にあるのは自由ということになり、それによって自由は、消極的な形では、支配されることも支配することもない状態として理解され、積極的な形では、人間だけが創出できる空間として、しかもその中で一人ひとりの人間が平等な仲間たちの間を動き回る空間として理解されるのである。私と平等な者たちが存在しないなら、自由は存在しない。それだからこそ他人を支配する――そしてまさにそれゆえに他人と道徳的に（on principle）異なる――人間は、彼が支配する者たちよりもずっと幸福で羨望されるべき人間なのだろうが、ほんの僅かですら彼らよりも自由な人間ではないのだ。彼もまた自由の欠片もない世界で動いているということである。これが理解しづらいのは、私たちが平等を、自由の概念ではなく、公正《ジャスティス》の概念と結びつけているからである。私たちが、或る自由な機構を意味するギリシア語「イソノミア *isonomia*」を「法の前の平等」が意味する事柄と誤解したのも、そのせいだった。しかし「イソノミア」は、法の前ではすべての人々が平等であるとか、法は万人にとって同じであるということを意味していない。それが意味しているのはただ、すべての人々が政治的活動力を有する同等の資格を有し、ポリス内ではこの活動力は、第一に、互いに語り合うという形式を取った、ということだけなのである。したがって「イソノミア」は本質的には平等な言論の権利のことであり、それ自体としては「イセゴリア *isēgoria*」と同じものなのである。ちなみに、後年、ポリュビオス〔7〕において両者は単に「イソロギア *isologia*（言論の自由）」を意味するようになる。(2) 命令形式で語ったり、服従形式で聞いたりすることは、真の言論《スピーチ》や傾聴《ヒアリング》とはみなされなかった。それらは、語ることによってではなく、行為することと労働することによって規定される過程《プロセス》と密接な関係があったので、自由ではなかったのである。この場合、言葉は何かを遂行する行為の代用品にすぎなかったし、ありていに言うと、その何かは、力の行使や強制を前提にしていたのである。ギリシア人たちが奴隷や異邦人は「言葉を持たない *aneu logou*」と言ったとき、彼らの真意は、奴隷と異邦人の境遇が彼らに言論の自由を許さないということだった。命令することしか知らない暴君は、自分自身が彼らと同じ境遇にあることに気づく。彼が語るためには、自分自身と対等な他者を必要とするだろう。自由は近代的意味における平等主義的民主主義を必要とはしないが、むしろきわめて狭く限定された寡頭制とか貴族制を、つまり少なくともごく少数の、もしくは最良の者たちが、平等者中の平等者として互いに交流する領域を必要とするのである。もちろんこの平等性は正義《ジャスティス》=公正とは何の関わりもない。

自由と政治的空間

この種の政治的自由に関して肝心な点は、それが空間的に構成されていることだ。自分のポリスを去ったりそこから追放されたりする者は誰でも、単に故郷や祖国を失うだけではない。彼は自分が自由になりうる唯一の空間をも失う——加えて彼は自分と対等な人々から成る社会をも失うのだ。しかしその自由な空間は、生活と彼の必要物がもたらされるという観点から言えば、ほとんど必要でも不可欠でもない。いや、実は、むしろ邪魔物ですらある。ギリシア人たちは、身を以ての経験から、分別を備えた僭主《タイラント》(いわゆる啓蒙専制君主ということになろうか)が都市《ポリス》の安寧と物質的・知的諸芸術の繁栄のためには大いに好都合だと知っていた。ところが僭主の登場と共に自由は終わったのである。市民たちは自分たちの家庭に追い払われ、広場《アゴラ》、すなわち平等者たちの交流が展開された空間は見棄てられてしまった。もはや自由のための空間は存在せず、それはもはや政治的自由が存在しないことを意味していたのである。

この論考ではこうして政治的空間が失われたときに他に何が失われたのかを詳しく検討することはできないが、古代ギリシアでは、それと同時に自由の喪失が起きている。これまで私たちが唯一関心を向けたのは、当初の政治の概念に何が含まれていたのかを簡単に振り返ることであり、それによって私たちは、政治は必要不可欠なものであり時間と場所を問わず存在してきたという、近代的な偏見から脱することができた。必然《ネセシティ》＝必要は――空腹や愛など、人間の本性による不可避の必要という意味であれ、人間の共同生活のために不可欠な組織という意味であれ――はっきり言って政治とは無関係である。実際、政治は物質的必要と身体的獣性の世界が終わるところに始まるのだ。そのようなものとしての政治が実在した時期と地域はあまりにも希であり、歴史的に言えば、それを認識して実現したのは少数の偉大な時代にすぎなかった。しかしそうした歴史的幸運から成る少数の壮大なる時代の到来は、きわめて重大なものだった。なぜならそれらの時代でしか、政治の意味が――政治と共に生まれる利益と弊害の双方において――十全に明かされることはなかったからである。またそれらの時代は標準《スタンダード》を設けたのだが、その意味は、それらの時代に固有の組織形態が当時において模倣可能なものであったということではなく、それらの時代に短い間ながら十全に現実化された特定の理念や概念が、政治が十分に実現される経験を奪われた時代をも限定するということなのである。

近代的歴史概念と自由の喪失、全体主義と自由の廃棄

これらの理念の中でもっとも重要なもの、言い換えるなら、今なお相当に有効な政治概念の一つであり、だからこそあらゆる歴史的暗転と理論的変遷を生き残ってきたもの、そ

れは、疑いもなく、自由の理念である。政治と自由は緊密に結びついているという理念――それによって専制主義は最悪の政体でありまったく反政治的なものとされる――は、最近までヨーロッパ文化の思考と活動のうちに脈々と受け継がれている。全体主義体制とそれに呼応するイデオロギーが現れるまで、誰ひとりとしてこの持続の糸をあえて断ち切ろうとする者はいなかったのである――それまで自由なる国土と革命の一時的手段としてのプロレタリアート（ローマ的意味で着想されていた）独裁を叫んでいたマルクス主義ですら、そうしようとはしなかった。全体主義が真に新しく怖ろしいのは、それが自由を否定するからでも、自由は人類にとって善いものでも必要なものでもないと主張するからでもなく、人間の自由は歴史的発展――すなわち人間が自由に活動し交流する場合に限って、遅延させることのできる過程《プロセス》――のために犠牲に供されねばならない、という考え方のせいなのである。こうした見解は、とりわけイデオロギー的なすべての政治運動に共有されているものである。そうした運動における重大な理論上の問題点は、自由が活動と交流を行う人間の中にも人間と人間の間に形成される空間にも見いだされることはなく、行動する人々の背後で展開して公的事象から成る可視的領域の彼方で秘密裡に作用する過程《プロセス》の中に配置されている、ということである。この自由概念のモデルは自由に流れる川であり、その流れを妨げる企てはすべて恣意的な遅延行為なのである。自由と必然《ネセシティ》という古典古代の二項対立の代わりに、それを自由と恣意的活動という二項対立と同一視する近代世界の人々は、暗黙のうちにこのモデルを正しいと考える。こうした場合はつねに、政治概念は、それがいかに多様な構成を持っていても、近代的な歴史概念によって置き換えられてしまうのだ。政治的事件と政治的活動は歴史的過程に吸収されて、歴史は、まさに文字通りの意味で、歴史の流れを意味するようになる。このように広く浸透したイデオロギー的思考と全体主義体制との相違は、後者が人類を歴史の流れに統合する政治的方法を発見したことにある。その方法によれば、人類はその「自由な流れ」のうちに存在する「自由」に何から何まで捉えられてしまい、その結果、もはやそれを邪魔立てすることができなくなって、流れを加速させるための推進力になるということだ。これは外部から加えられる高圧的な恐怖と、内部から解き放たれる強制的なイデオロギー的思考――歴史の動向に参入してその流れの、いわば、本質的な一部になる思考形式――によって、完遂される。こうした全体主義的発展は、紛れもなく現実世界では、自由の廃棄へ向かう軌道上の決定的な一歩である。しかしそれは、近代思想によって政治の概念が歴史の概念に置き換えられてしまったいかなる場所においても、自由の概念が理論の上ではまだ姿を消してはいないということを意味するものではない。

家庭（＝生活）と自由

政治は必然的に自由と結びついているという理念は、初めてギリシアのポリス内で誕生してから二千年以上にわたって持ちこたえてきた。西欧的な思考や経験に関する概念において、時の経過に伴ってこれほどの変化と発展を示してきたものは他にほとんどないという点を考えると、そのことは一層注目に値するし、心強くもなるというものだ。もともと自由が意味したのはどこでも好きなところに行けることにすぎなかったのだが、そこには私たちが今日移動の自由として理解している事柄以上のことが含まれていた。それは、人は他人の強制に従わなくてもいいということだけではなく、人は家庭と「家族」という強制的な全領域から身を遠ざけることができるということをも、意味していたのである。（「家族」はローマ的概念であり、かつてドイツの歴史家モムゼン〔8〕はそれをにべもなく「隷属」と翻訳したものだ。(3)）この自由を持っていたのは家長だけだったが、その内容は、家庭の他のメンバーに対する彼の支配権ではなく、まさにその支配権に基づいて彼が自分の家庭と古典的意味合いでの家族を捨てることができるということだった。あきらかに、この自由には最初からリスクと勇気の要素が内在していた。自由な人間が意のままに見棄てることのできる家庭は、人間が必要と強制に支配されている場所であるだけではなく、すべての個人の生命＝生活《ライフ》——必要と強制に縛られているとしても——が保証されている場所でもあった。そこでは生活の必要が十分に満たされるようにすべてが整えられていた。それゆえ自らの生活を危険に晒す覚悟ができている人間だけが自由だったのであり、生活に強く執着しすぎるのは——ギリシア語が *philopsychia*(4) という特別な言葉を用意している悪徳——不自由で奴隷的な魂を持った人間だったのである。

公的空間と政治

自らの生活＝生命《ライフ》を危険に晒す覚悟のある人間だけが自由であるという考えが、私たちの脳裡から完全に消え去ることはけっしてなかった。また政治と危険・リスクとの関係でも、概してそれと同じことが言える。勇気は政治的美徳の中で最古のものだが、今日でもなおそれは少数の主要な政治的美徳のひとつであり続けている。というのも、私たちのプライベートな存在や私たちの生活が繋ぎ止められている家族関係の外へ踏み出すことによって、初めて私たちは真の政治的空間である公共圏に進み入ることができるからである。はるか昔に、家庭の敷居を越え出る勇気を持つ者たちが参入する空間は、大事業や大冒険の領域——人間が乗り出していっても同輩たち（equals）の協力が得られた場合にしか生き残りを期待できないような領域——ではなくなっていた。そうした勇敢で進取の気性に満ちた冒険家たちに開かれていた世界はたしかに公的なものではあったが、真の意味ではまだ政治的空間ではなかったのである。そうした大胆な人間たちが危険を冒して参入した領域が公的なものになったのは、彼らが対等な人間たち（equals）の間にいるようになったからである。平等な人間たちは互いの偉業《ディーズ》を見たり聞いたり称えることができたし、それらについて書かれた後世の詩人や物語作家たちの冒険譚は彼らの不朽の名声を保証した。

そうした事柄はすべて、私生活や家族の内側とか四方の壁に守られた場所で起きる事柄とは対照的に、公的空間でのみ、言い換えるなら他者のいるところでのみ生まれる明るみの中で出現する。しかしこの明るみは、世界のあらゆることがほんとうに出現するための前提条件ではあるのだが、単に公的なだけで政治的ではないとしたら、人を惑わすものだ。冒険と事業の公的空間は、すべてが終わった途端に、すなわち軍隊がテントを畳み「英雄たち」——ホメロスにとって彼らは端的に自由人を意味する——が故郷に帰るとすぐに、消え去ってしまう。この公的空間は、それが都市のうちにきちんと確保されていなければ、言い換えるなら、記憶すべき偉業よりも、またその偉業を果たした記憶すべき人々の名前よりも長く持続して、それらを何世代にもわたって子孫に伝えることのできる具体的な場所に固定されていなければ、政治的にはならない。死すべき人間たちと彼らの儚い偉業と言葉のために、永遠の住居を授ける都市こそ、ポリスなのである。ポリスは政治的であり、それゆえ他の定住地（これに対してギリシア人は *astē* という別の語を与えた）とは異なっている。なぜならポリスは意図的に公的空間、すなわち広場《アゴラ》を中心に建設されているからである。そこでは自由な人々が、どんな場合でも、平等な仲間として集会を持つことができたのである。

ホメロス的経験とポリスの創建

政治とホメロスの叙述との密接な結びつきは、私たち自身の自由概念とそれがギリシアのポリスでどのようにして発生したかを理解する上で、たいへん重要である。なぜそう言えるのかといえば、ホメロスが結局はポリスの教師になったからだけではなく、ギリシア的な思考法にとって、制度としてのポリスの創設はホメロスの叙述に含まれている諸経験と密接に結びついているからでもある。したがってギリシア人たちは、いかなる僭主の支配からも免れた自由ポリスの中心的概念——すなわち「イソノミア（法の前の平等）」と「イセゴリア（言論の自由）」の概念——をホメロスの時代にまで遡らせるのに何の苦労もいらなかったのである。なぜなら対等なる者たちに混じって生のさまざまな可能性を壮大に経験する実例は、すでにホメロスの叙事詩の中に存在していたからである。さらにまた、恐らくこちらの方がはるかに重要だと思われるが、これらの経験に対する応答としてポリスが発生したように思えるからでもある。これは、ペリクレスが追悼演説においてホメロスに帰しているのと同じような、いわば消極的な形で起こったのかもしれない。つまりポリスが創設されねばならなかったのは、人間の偉業と弁舌の壮大さに対して、ホメロスが自らの詩の中に記録し不滅化した記念よりももっと確かな住居を確保するためだったということである。(5) しかしそれはまた積極的に——プラトンがかつてポリスは戦争時の偉大な出来事やその他の偉業が結合されて出現したのだと示唆したのと同じように(6)——すなわちポリスは政治的活動力とそれに固有の偉大さから出現したのだと考えることもできるだろう。いずれの場合でも、まるでホメロスの軍隊はけっして解散することなく、故郷へ戻るとすぐに再結集してポリスを創建し、それによって自らが永遠に損なわれずにいられる空間を見いだしたかのようである。この永遠性が将来いかなる変化を被ろうとも、ポリス的空間の実質は、ホメロス的世界のうちにある自らの起源に繋ぎ止められたままだったのである。

活動から言語へのシフト

たしかに自由について理解される内容が意味を変えてゆくのは、真の意味での政治的空間内では、至極もっともなことである。事業や冒険の意義はますます色褪せてゆき、以前ならいわばそのような冒険の不可欠の添え物にすぎなかったもの、つまり他者たちがつねに存在することとか、広場《アゴラ》の公共空間で他者たちと交わることとか、ヘロドトス言うところの言論の自由《イセゴリア》とかが、今や自由な生活のリアルな実質になる。同時に、自由なる生のもっとも重要な活動力は、活動から言論へ、自由な行為から自由な言葉へ移行《シフト》するのである。

私たちの自由概念の伝統——そこでは活動の概念と言論の概念は、いわば二つのまったく異なる人間能力に対応するものとして、原理的に区別され続けている——では、このシフトはきわめて重要であり、ギリシア史の中のかつての事例よりも大きな妥当性を持っている。というのも、それはギリシア思想のもっとも顕著で魅力的な事実の一つなのだが、きわめて最初期、すなわちホメロスの時代には、そうした活動と言論との原則的な区別は生じていなかったのである。なぜなら偉業を行う者は、同時に、つねに偉大な言葉を発する者でもなければならないからである——また偉大な言葉が、もしそうしなければ無言の忘却に沈んでしまう偉業に同伴して解説を加えるために、必要とされたからでもあるし、さらには言論それ自体が最初から活動の一形式と見なされていたからでもある。人間は運命の一撃に対しても、神々のペテンに対しても、自分自身を守ることはできないが、言論でそれらに抵抗し、対処《リスポンド》することはできるのだ。しかもその対処は何も変えず、不運を脇へ退けて幸運を招き寄せることもないが、それらの言葉は出来事《イヴェント》そのものの一部になるのである。もし言葉が出来事と対等の資格を持っているなら、もし『アンティゴネ』の結末で述べられているように「偉大なる言葉」は「高みから加えられる大打撃」に応酬し報いるものならば、言葉によって起こることはそれ自体偉大な事柄であり、記憶と名声に値するものなのである。この意味で言論は活動の一形式であり、私たちの失墜も、もし我が身は滅びようとも私たちがそれに向かって言葉を思い切り浴びせかけるなら、偉業になることができるのだ。ギリシア悲劇——その劇と演じられる出来事——は、この根本的な確信に基づいているのである。

「自由であること」と「何かを新しく始めること」

こうした言論への理解は、ギリシア哲学による言葉《ロゴス》*logos* の自律的力《パワー》の発見の根柢にあるものだったが、すでにポリス的経験の中で色褪せ始め、ついには政治思想の伝統から完全に消え失せてしまう。かなり早い時期から、意見の自由――他人の意見を聞き、自分の意見を聞かせる権利であり、それは今なお私たちにとって奪うことのできない政治的自由の一要素ではある――が、この別バージョンの自由を追い払ってしまうのである。しかし後者は、意見の自由と矛盾するわけではないが、活動とも、行為である限りの言論とも、固有のつながりを持っている。この自由はいわゆる自発性から成り、カントによれば、すべての人間が持つ連続を開始する能力、新しい鎖を鍛える能力に基づいている。活動の自由が「新たに開始すること」「何かを始めること」と同様のものであるということを、ギリシア哲学の領域内で恐らくもっとも分かりやすく説明するのは、ギリシア語の「アルケイン *archein*」が「始める」と「導く」の両方の意味を持っているという事実である。この二重の意味が明らかに示しているのは、「指導者《リーダー》」という語がもともとは、何かを開始して、それを成し遂げるために手を貸してくれる仲間を捜し出す人物のために使用されていたということである。そしてこの何かの遂行、この、始められた何かを最後までやり遂げることが、活動《アクション》、「プラテイン *prattein*」という語のもともとの意味なのである。これと同様の「自由であること」と「何かを始めること」とのつながりは、祖先たちの偉大さはローマの創建に含まれており、ローマ人の自由はその由来をつねにこの「始まり」が開始された創建――「アブ・ウルベ・コンディータ *ab urbe condita*（ローマ建国紀元）」――に求められねばならないという、ローマ的理念に見いだされる。

さらにアウグスティヌスは、人間はつねに存在してきたわけではなく、誕生によって初めてこの世界に出現するという意味で人間自身が始まり（「イニティウム *initium*」）であると述べて、この自由に存在論的基盤を加えたのである。フランス革命を経験したカントの政治哲学は自由の哲学になり、その核心は自発性の概念に置かれるようになったが、それにもかかわらず、「新たに始めること」に内在する際立って政治的な自由の意義を私たちが自覚するようになるのは、今の私たちの時代になってからのことなのである――たぶんその理由は、全体主義体制が意見の自由を抹殺するだけでは飽き足らず、あらゆる領域で人間の自発性を原理的に破壊しようとしたからなのだ。これもまた、歴史的 - 政治的過程が決定的表現――たとえば、それは最初からそれ自身の法則に従うようにあらかじめ定められており、それゆえ完全に認識可能である、というような表現――で定義されるようなところではどこでも不可避なことなのである。しかし未来はあらかじめ決定されており認識可能だとするいかなる考え方にも逆行しているのは、世界は誕生によって毎日更新されており、その自発的な新しい生命の到来によって予測不能の新しい世界へ絶えず引きずり込まれているという事実である。世界の進路が決定論的に規定され予測されうるようになるのは、新生児たちから彼らの自発性を強奪してしまう場合に限られるのである。

自発性と生産性

意見とその表現の自由はポリスにとって決定的なものになったが、それは新たな始まりを行う活動の能力に固有の自由とは異なっている。というのも後者は、前者よりもはるかに、他者たちの存在や、彼らの意見と向かい合うことに依存しているからである。さらに言えば、活動が、孤立した状態ではけっして生起しえないのは明らかなのである。なぜなら何かを始める人物は、彼に力を貸す他者たちを首尾よく味方に引き入れて、初めてそれに着手することができるからである。この意味において、すべての活動は、バーク好みの言い草を用いれば、「協力し合う（in concert）」活動なのである。「友人や信頼できる仲間がいなければ行動は不可能になる[7]」。ここで言われている「不可能」とは、要するに、ギリシア語の動詞「プラテイン」の意味で最後までやり遂げることが不可能ということである。しかし、実は、これは活動の一つの局面《ステージ》にすぎない――ただしそれは、人間のさまざまな事柄がいかなる結果をもたらし、いかなる姿を取るのかを最終的に決定するものとして、政治的にもっとも重要な局面ではあるのだが。それに先行して存在するのが始まり《ビギニング》、「アルケイン」である。しかしそうした始まり《イニシアティヴ》＝先導は、誰が指導者《リーダー》に、すなわち「アルコン *archon*（支配者）」、「プリムス・インテル・パーレス *primus inter pares*（同輩の中の第一人者）」になるのかを決定するのだが、実際には、個人と、事業に乗り出す彼の勇気に依存している。たとえばヘラクレスのような単独者としての個人の場合、神々が彼の偉業の達成に力を貸すならば、もちろん究極的に独りで行動できるだろうし、彼が他人を必要とするのは、彼の偉業を伝えるニュースが広まるのを確実にするためにすぎないだろう。あらゆる政治的自由は、もしこうした自発性の自由がなければ、最良にしてもっとも深遠な意味を失うことになろうが、自発性の自由それ自体は、いわば前政治的なものである。それというのも、自発性は、それを組織化しうるのは究極的には世界に外ならないという限りにおいて、共同体の生活の組織的形態に依存しているからである。しかしそれは、最終的な意味では個人から生起するものなのだから、きわめて不利な条件下でも――たとえば僭主から攻撃される場合でも――そのまま持続することは可能である。自発性は芸術家の生産性において浮き彫りになるのだが、それはちょうど、他の人々から孤立して世界のさまざまな事物を生産するあらゆる人間の場合と同じことなのである。だから、いかなる制作《プロダクション》も、まずはこの行動を起こす能力によって活気づけられなければ、不可能であると言えよう。しかし大変な数の人間的活動力が仕事を続行できるのは、政治的領域からある程度距離を置くからなのに外ならないし、また、その距離こそは、まさにある種の人間的生産性の本質的条件なのである。

互いに語り合う自由と世界の現れ

以上述べてきたことは、互いに語り合う自由とはまったく異なる事例である。なぜなら語り合う自由は他者たちとの相互作用において初めて可能になるものだからだ。言論の自由《フリースピーチ》は多くの異なった形と多くの意味を伴って現れるのがつねであり、古典古代においても、それには今日までなおしぶとく残る奇妙な多義性があった。しかしその要点は、当時も今も、人は言いたいことを何でも言ってよいということではないし、私たち一人ひとりがありのままの自分を表現する固有の権利を持っているということでもない。むしろポイントは、誰も、独りでは、客観的世界の全貌を十分には把握できないことを、私たちが経験から認識しているということである。なぜなら世界はつねに、たった一つの遠近法《パースペクティヴ》から人間に現れ、その姿を晒すからであり、その遠近法は世界におけるその人間の観点と一致し、それによって決定されているからである。もし誰かが世界を「ほんとうに」あるがままに見て経験したいと望んでも、それが叶うのは、世界とは以下に述べるようなもののことだと理解した上でのことにすぎない。すなわち世界は多くの人間に共有されて彼らの間に横たわり、彼らを離反させたり結びつけたりするものであり、それぞれの人に異なって現れるものだから、それが理解可能になるのは、多くの人々がそれについて語り合い、互いの意見と立場を比較しながら交換することができる場合に限られるのである。互いに語り合う自由があればこそ、世界は、私たちがそれについて語り合うものとして、あらゆる角度から、客観的に目に見えて現れてくる。リアルな世界に生きることとそれについて互いに語り合うことは基本的に同一の事柄であり、ギリシア人にとっては、私的な生活は「ばかげて（idiotic）」思われた。なぜならそれは、何かについて語り合うことからもたらされる多様性を欠いており、それゆえ物事が実際に世界の中でどのように作用しているのか経験することがなかったからである。[8]

政治的空間

そこで間違いなく言えることは、こうした移動（movement）の自由は――新しいことや前例のないことを始めるために出発する自由であれ、多くの他者たちと言論で交流し世界の全体的な多様性を経験する自由であれ――政治の最終目的ではなかった、すなわち政治的手段によって達成されうるものではなかったし、現在もそうではないということである。それはむしろ政治的な事柄すべての実質であり意味なのだ。この意味で、政治と自由は一つのものであり、この種の自由が存在しないいかなるところでも、真の意味での政治的空間もまた存在しない。他方で、政治的空間を創出しそれを守ることのできる手段は、つねに政治的手段であるとは限らないし、必ずしもそうである必要もない。たとえばギリシア人たちは、政治的空間を創出して維持するために用いられる手段を、真に政治的なものだとは――すなわちポリス的本質に含まれている、ある種の活動を構成するものだとは――断じて考えていなかったのである。彼らはポリスの創建には立法行為が必要だと考えていたが、この立法者はポリスの市民ではなかったし、彼が行ったことはけっして「政治的」なものではなかった。ギリシア人たちはまた、ポリスが他の国々と交渉するときにはいつでも、現実にはもはや政治的に事を進める必要はなく、武力《フォース》を使用することができると信じていた――その理由が、ポリスの存続が別の共同体の武力《パワー》によって脅かされていたというのであれ、ポリスが他の国々を従属させようと望んでいたというのであれ。言い換えるなら、私たちが今日「外交政策」と呼んでいるものは、ギリシア人にとっては、いかなる現実的な意味においてもほんとうは政治ではなかったのである。この問題にはあとから立ち返るだろう。差し当たってここで重要なのは、自由そのものを目的であると、もしかすると政治的手段で手に入れられる最高の目的であると理解するのではなく、それを政治的なものであると理解することであり、さらに強制や暴力はつねに政治的空間を守ったり創出したり拡大するための手段ではあるが、本質的にもそれら自体としても断じて政治的なものではないということを自覚することである。それらは政治周辺の現象であり、したがって政治そのものではないのだ。

少数者の自由――プラトンのアカデメイア

上述のような政治的空間は、すべての市民の自由と、多くの人々に論じ合われ立証される真実を、共に実現し保証する。しかしもし私たちが政治的領域を超越する意味を求めようとするなら、それが可能になるのはまさに以下のような場合なのである。すなわち私たちが、ポリスの哲学者たちのように、多くの人間ではなく少数の人間と交流することを選び、他の人々と何かを自由に語り合っても出てくるのはリアリティではなくインチキであり、真実ではなく嘘であると信じるようになるときである。

そうした見解を最初に持ったのはパルメニデスであったらしい。実際、彼は、人間はそれぞれが最良の者になるために絶えず懸命の努力をするのを怠ってはならぬと説き、少数の最良の人々と多数の良からぬ人々を分け隔てた――ヘラクレイトス[9]も同じようなことをしており、それはギリシアの政治生活全般を特徴づける競技《アゴーン》精神に典型的に表現されている――が、それは彼にとってきわめて重要な要素というわけではなかった。それでもパルメニデスは、独立した人間としての個人にのみ開かれている道と、目的が何であれ仲間と共に進んでゆく誰もが歩める欺瞞の道を区別していた。プラトンが幾分なりともパルメニデスに同調したのはこの点であった。しかしここでプラトンがパルメニデスの考えを採用したことは、政治的な意義を有するようになった。なぜならアカデメイアを開設したとき、プラトンは個人を強調せず、互いに自由に語り合うことで哲学的思索を深めることのできる少数者という基本的な考えを採り、それを実現したからである。

西洋の政治哲学の父たるプラトンは、さまざまな形でポリスに反対し、ポリスが「自由」について理解していた事柄に異論を唱えている。その根拠として彼は、哲学者だけが理解できる理念に対応する法律を持つ政体（constitution）を周到に育て上げ、そうした法律制定を実現してくれると彼が期待する統治者に影響を与えることによって――それは統治者から自由と生活《ライフ》を奪いかねない試みではあるが――政治的標準《スタンダーズ》が、政治ではなく、哲学から導き出される政治理論を提案したのである。アカデメイアの創設はそうした試みの一つであった。この計画はアカデメイアを政治的領域から隔離するものであり、ポリスに対立するものだったが、同時にそれは、このギリシア－アテナイに特有の政治的空間の精神において――すなわち、その実質が互いに意見を交換し合う人間たちの内にあったという限りにおいて――行われたものでもあった。そしてそれに伴って、政治的自由の領域の傍らに、新しい自由の空間が生まれ、それは大学の自由や学問の自由として現代まで生き残っている。この自由はもともと政治的に経験された自由に似せて創出されたものであり、恐らくプラトンは将来において多数者の共同生活を規定するための一つの中心もしくは起点と理解していたのだろうが、現実の結果として、世界に新しい自由の概念が導入されたのである。個人にしか当てはまらない純粋に哲学的な自由と対照区別するならば――そうした個人にとって政治的事象はどれもこれもあまりに縁遠く、ポリスに残っているのは哲学者の肉体だけだと思えるほどである――この少数者の自由は、本来、政治的なものなのである。アカデメイアの自由空間は、市場もしくは広場《アゴラ》の代わりとして、すなわちポリス的自由のための中心的空間の代わりとして十分にその役割を果たすように意図されていたのだ。自分たちの施設が成功するように、少数者たちは、アテナイ市民が生活の糧を得るための活動力から解放されているのと同じように、自分たちの活動力や互いの意見交換がポリスの活動力から解放されるよう求めねばならなかった。彼らは学問的自由空間にふさわしい自由を得るために、ギリシア的意味での政治から自由でなければならなかったが、それはちょうどポリス市民たちが政治を行うのにふさわしい自由を得るために、生活の必要から自由でなければならなかったのと同じであった。「学問的な《アカデミック》」空間に入るために、彼らはリアルな政治的空間を去らねばならなかったが、それはちょうど市民たちが市場に行くために、家庭の私生活を去らねばならなかったのと同じであった。ちょうど仕事と生活上の労苦からの解放が政治的人間の自由の前提条件であったのと同じように、政治からの解放が学問的自由の前提条件であったのだ。

政治に対する無関心

私たちが、政治は必要《ネセシティ》のためにある、政治とは概して外部にある高次の目的を実現するための単なる手段にすぎない、それゆえ政治はそうした定められた目的の観点から正当化されねばならない、などと初めて耳にするのはまさにこうした文脈においてである。ここで特筆すべきことは、たったいま対比的に述べたこと——それによれば、あたかも学問の自由が簡単に政治に取って代わり、またポリスに対する家庭の関係とアカデメイアに対するポリスの関係は同じであるようにみえる――は的を射ていないということである。なぜなら、家庭は（そして生活を維持するために家庭の中で果たされる仕事《タスク》も）ある目的のための手段として――アリストテレス風に言えば、あたかも「生活」それ自体がポリスの内部でのみ実現可能な「善き生《グッド・ライフ》」の手段であるかのように――正当化されることなど決してなかったからである。そのような正当化などできるはずもなかったし、必要でもなかったのだ。なぜなら手段／目的の分類法は、生活それ自体の領域内では何の妥当性もないからである。生活の目的は、またそれと密接な関係にあるあらゆる労働的活動力の目的はあきらかに「生活」の維持そのものであり、生活を支えるための労働の背後にある衝動は生活の外部に存在するものではなく、生活（＝生命）過程の内に含まれているのであり、それが私たちに食べることを強いて、なおかつ労働することを強いるのである。もし家庭とポリスのつながりを手段と目的という観点から理解したいのなら、以下の通りである。すなわち家庭内で維持される生活（＝生命）が政治的自由という高次の目的の手段なのではなくて、むしろ家庭内で生活の必要と奴隷労働を管理することが、人間が自由に政治に専念できるようになるための手段なのである。

　また実際、まさにそのような支配による解放――多くの人々を支配することによって哲学的思索に耽る自由を謳歌する、少数者の解放――こそは、プラトンが「哲人王」という形で提唱したものに外ならないが、その提唱は後世の哲学者の誰からも採用されなかったし、いかなる政治的影響力をも持つことがなかった。しかしアカデメイアの創設は——まさにその第一の目的が、ソフィストや雄弁家たちの学校のように、政治的生活に備えるための訓練ではなかったがゆえに——私たちが今日に至るも「自由」によって理解している事柄にとっては、途方もなく重要だったのである。プラトン自身は、いつの日かアカデメイアがポリスを制圧して統治することができるだろうと信じていたかもしれない。しかし彼の後継者や後世の哲学者たちにとって唯一の重大な論点は、アカデメイアが少数者に対して自由のための制度化された空間を保証していたことであり、さらに、実際、最初からこの自由は「市場の自由」の対極にあるものとして理解されていたことである。偽りの意見やインチキな言論の世界は、その対極にある真実の世界や真実に即応した言論の世界と、また修辞学の技術は弁証法の科学と、それぞれ対峙させられねばならなかった。すでに広く浸透し、今なお私たちの学問の自由の理念を規定しているものは、アカデメイアからポリスを統治して哲学が政治を形作るというプラトンの願いではなく、ポリスから顔を背けること、いわば「脱‐政治 *a-politia*」、つまり政治に対する無関心なのである。

政治の地位の低下

この文脈で肝要な点は、ポリスと哲学者との確執というよりは、むしろ以下のような単純な事実である。すなわち上述したように哲学者の領域がポリスの領域に対して無関心でいれば、当座の確執は解消するように思われるかもしれないが、それは長続きはしない。なぜなら、言うまでもなく、少数者と彼らの自由の空間はポリスと同様に公的で非‐私的な空間ではあるだろうが、政治的空間——自由を謳歌する能力を有するあらゆる人々を包み込む空間——に割り当てられている責務《ファンクションズ》を果たすことは決してできないからである。少数者は、彼らが多数の人々から自らを隔離する場所ではどこでも——アカデミックな無関心という形であれ、寡頭政支配という形であれ——最後にははっきりと多数者に依存することになる。とりわけ共同的な生活の中で具体的な活動が必要とされる、ありとあらゆる事柄においてそうである。プラトン的寡頭政の文脈で考えれば、そうした依存が意味するのは、少数者の命令を履行する——言い換えるなら、現実のすべての活動を引き受ける——多数者が存在するということである。この場合、奴隷制家族を支配し自由の基盤に暴力を据えることによって自由人が生活の必要に対する依存を克服できるのと同じように、少数者の依存もまた彼ら自身が統治を行うことによって克服されるのである。あるいは、もし少数者の自由が実際は純粋にアカデミックなものだとしたら、それはあきらかにその自由を保証する統治体の好意に依存することになる。ともあれいずれの場合も、政治はもはや自由とは何の関係もないし、それゆえもはやギリシア的意味において政治的ではないのである。その代わり、政治は自由の存在を保証するあらゆるものと——すなわち平時における行政や生活の糧の供給、そして戦時における防衛と——係わりを持つようになる。その場合、少数者の自由の領域は政治の領域——多数者によって決定される——に対抗して自立を守るのに骨が折れるだけではなく、そもそも自らの存在を多数者に依存することにもなる。ポリスが同時に存在することが、プラトンのアカデメイアであれ後世の大学であれ、学園《アカデミー》にとって死活的な必要《ネセシティ》になるのだ。

しかし結局のところ政治は、総じてより低レベルに、すなわちポリスの公的空間内で生活を持続させることを自らの役割とするようになる。政治は、一方で、自由と対峙する必要《ネセシティ》になるが、他方では、自由の前提条件なのである。同時に、もともと——つまりポリスの自己認識においては——瑣末な現象であった政治的諸側面が、今やはっきりと政治領域全体の中心問題になる。ポリスにとって、生活の必要物を供給することや自国の防衛は政治生活の中心にあるものではなく、世界の現実的意味においてのみ、すなわちそれらに関わる諸決定が天から下されるのではなく、互いに語り合い説得し合う人々によって行われるという限りにおいてのみ、政治的であるにすぎなかった。しかしそれも、政治を正当化することは少数者のために自由を保証してやることだと解されるようになると、たちまちもはや問題ではなくなっていた。問題なのは、少数者がまったく為すすべを持たない生存のための諸問題だけが政治の手に委ねられることだった。このとき、たしかに政治と自由の間にはある種のつながりは維持されているが、この両者は単につながりを持っているだけで、同等のものではない。政治の最終目的としての自由が政治の領域に制限を設けてしまうのだ。そしてその領域内での活動の基準はもはや自由ではなく、生活の必要物を手に入れるための能力と効率なのである。

プラトンとアリストテレスの時代から顕著になったことだが、哲学のせいで政治の地位が低下したのは、もっぱら多数者と少数者を分け隔てたことに原因がある。このことは、政治の意味を問う問題に対するすべての理論的回答に、現代に到るまで、とてつもなく大きな影響を与えてきた。しかしながら、政治的には、それが現実にもたらしたのは古典古代における哲学諸学派の「脱‐政治」と現代の大学における学問の自由だけである。言い換えるなら、その政治的影響力は、正真正銘の哲学的体験が圧倒的緊急性で最重要の問題であり続けてきた少数の人々につねに限られてきたのだ――それは、まさにその本質上、共生し互いに語り合う政治的領域から私たちを遠ざける体験なのである。

初期キリスト教による政治の拒絶と再定義

しかしこうした理論的な領域への影響で事が済んだわけではなかった。つまり実際は私たち自身の時代までも、以下のような概念が、政治的領域や政治家たちが自らを定義するときの仕方に広く浸透してきたのである――政治は政治を高く超越する最終目的によってその意義を認められるし、また認められねばならない、たとえそれらの最終目的は時間が経つにつれて相当にくたびれてしまうのが当然であっても。この概念の背後には、キリスト教による政治の拒絶と再定義がある。それは、表面的にはプラトンが政治の地位を下げたのと似ているが、実際ははるかにラディカルではるかに異なる形態を取ってきた。一見したところでは、あたかも初期キリスト教は以下のような主張をしていただけのように思われる。すなわち古典期の諸学派が自らのために求めていたのと同じような、いわば政治からのアカデミックな自由《フリーダム》=解放は、いかなる人間にも適用可能であると。さらにこの印象は以下のような点を考慮するとますます強くなる。すなわち初期キリスト教による公的・政治的領域の拒否は、現に在る政治的空間から分離された新しい空間の創設と密接な関係を持っていたのであり、その新しい空間に忠実な信者たちがまずはそこを集会所として集まり、その後に教会として集まるようになったのである。しかしこうした並立制が完全に実現されるのは、世俗国家が出現してからのことにすぎない。そしてたしかに世俗国家においては、アカデミックな自由と宗教的自由は、公的な政治体がその両者に政治からの自由を法的に保証している限りにおいて、緊密に連携している。政治とは、人間が、個人もしくは社会集団として、政治と生活の必要の双方を超越する自由を持てるように、もっぱら共同体に生きる上で絶対に必要な事柄に関心を示すものだと理解されるなら、政治体の自由の度合いを測るには、それが許容している宗教的自由と学問的自由を見れば、すなわちそれが内に含み、なおかつ保持している非政治的な空間のサイズを見ればよいということになるだろう。

初期キリスト教の政治からの自由

政治からの自由――学問の自由はそれから多大な利益を得てきた――がもたらす直接の政治的結果は、哲学者たちの経験とは別種の、また政治的観点から言えばそれよりはるかにラディカルな経験のうちに見いだすことができる。キリスト教徒にとって大切なのは、少数者のための空間が多数者のための空間に対抗して創られることではなかったし、また公認の空間に対抗してみんなのための空間が創られることでもなかった。彼らにとって重要なのは、少数者のためであれ多数者のためであれ、公的空間それ自体が、公的であるがゆえに、耐え難いものだということだった。テルトゥリアヌスが「我々キリスト者にとって公的問題ほど縁遠いものはない」[9]と語るとき、あきらかに力点は「公的」に置かれている。ローマの神々をライバル視する古代ローマ期のキリスト教の神の観点からであれ、この世界に対するすべての関心＝不安《コンサーン》から解放される終末論的待望というキリスト教的観点からであれ、初期キリスト教が公共の事柄に関与しなかったことは、私たちには実にありきたりの了解事項ではある。しかしそれはつまり、キリスト教の預言に潜む実際の反政治的真意と、その底を流れる人間の共同生活に対する本質的経験を、私たちが捉え損ねているということなのだ。

隔離と善の本性

イエスの教えにおいて、善《グッドネス》の理想が、ソクラテスの教えの中にある英知《ウィズダム》の理想と同じ役割を果たしていることは疑いの余地がない。イエスは弟子たちから「善い《グッド》」と呼ばれることを拒み、それとまったく同じようにソクラテスも教え子たちから「賢い《ワイズ》」と呼ばれるのを拒む。しかし隠れねばならず、素面で世界に現れてはいけないというのが、善の本性なのである。あらゆる人間的事象は善に従って処理されるべきだと真摯に信じる人々のコミュニティ、それゆえせめて敵を愛したり善をもって悪に報いたりすることから尻込みしない人々のコミュニティ、言い換えれば、聖性《ホウリネス》＝高潔性の理念を行動の規範とみなして、人間《マンカインド》から目を背けることで個々の魂を救済し、あまつさえ人間的事象をも処理しようと考えている人々のコミュニティ——このようなコミュニティは、公的領域から退場してスポットライトから外れるしかないのである。それは世間から身を隠して仕事をしなければならない。なぜなら人に見られたり聞かれたりすれば、どんなにそうなるまいと努めても、不可避的に見せかけの輝きを帯びてしまい、一切の聖性《ホウリネス》＝高潔性はたちまち偽善と化してしまうからである。

哲学者たちが政治から撤退したのとは異なり、初期キリスト教徒たちは、人間的事象の領域から完全に身を退くために政治に背を向けたのではなかった。そのような撤退——それは、紀元後最初の数世紀には、もっとも極端な形の隠遁生活すらも完全に容認しうるものと見なしていた――はイエスの教えにあからさまに矛盾していただろうし、現に原始キリスト教会からは異端と見なされていた。代わりに何が起きたかと言えば、キリストの教えは生活様式《マナー・オヴ・ライフ》を処方したのである。その生活様式の下で、人間的事象は公的領域から完全に引き離されて、一人の人間ともう一人の人間の間に在る個人的《パーソナル》領域に移されたのである。この個人間に生じる領域は公的・政治的領域とあきらかに対立するものだったので、プライバシーと同一視されたり恐らくは混同されたりする歴史的な情況があった。古代ギリシア・ローマ時代を通じて、プライバシーは公的領域に代わる唯一の選択肢として理解されていたのである。それにより、二つの空間を識別する要素は、人前に示すことによって世間に見せたいと思われている事柄と、人前から隔離されることによって初めて存在しえて、それゆえ隠され続けねばならない事柄とのコントラストであった。政治的な観点から言えば、肝心な要素は、キリスト教がそうした隔離を見つけ出して、その隔離の内側から、かつては公的な問題であった事柄のコントロールを主張したことである。なぜならキリスト教徒は、政治を凌ぐ慈善的行為をすることでは満足しないからである。彼らははっきりと「正義を実践する」と主張するし、またユダヤ教とキリスト教の考え方によれば、施しを与えることは慈善というよりは正義の問題なのである――もっとも、そのような行為は人前に現れてはならず、また人に見られるはずのないものであり、実際、あまりに隠され続けねばならないので、左手は右手が行っていることを知らないほどなのである。つまり行為者は自分自身の行為を見ることを禁じられているのだ。(10)

アウグスティヌスによる政治の再解釈――隣人愛

これらの問題を検討するに当たって、キリスト教の意識的で根本的な反政治的性格が、ある種のキリスト教的政治を実現するために歴史的過程においてどのようにして首尾よく変容されえたのかを、私たちは事細かに検証する必要はないだろう。これは――ローマ帝国の崩壊に伴って生じた歴史的必然性《ネセシティ》は別として――アウグスティヌスという一人の人間の仕事だったのである。というのも並外れたローマ的思考の伝統が彼の中に依然として生き続けていたからに外ならない。ここで発生した政治の再解釈は西欧文明の伝統全体にとって決定的な重要性を持っている。しかも理論と思想の伝統にとってばかりではなく、リアルな政治の歴史が発生する枠組みとしても、そうであった。アウグスティヌスが出現して、初めて政治体自身が、政治はより高次の目的のための手段であり、自由は、政治には解放されるべき一定の諸領域が存在するという限りにおいて、政治内の一問題である、という見解を受け容れるようになったのである。もっとも、いまや政治からの自由はもはや少数者の問題ではなく、むしろ多数者の問題になり、しかも彼ら多数者には統治上の問題を懸念する義務も必要もなく、他方で、人間的事象を必要に応じて政治的に秩序化する気苦労はやはり少数者にのしかかっている。しかしこの苦労、すなわち重荷《オウナス》は、プラトンや哲学者たちの場合でもそうであったように、少数者を多数者に結び付け、個人を他のあらゆる人々に結び付ける複数性（plurality）という、根本的な人間的条件から生じてくるのではない。逆に言えば、複数性の存在はきちんと認められており、少数者に統治上の重荷を引き受けるように仕向ける動機は、プラトンのように、自分たちより劣った他者たちに支配されることへの恐怖ではないということだ。アウグスティヌスは、聖者の生は「社会」の中で展開されると明快に主張しているし、また「神の国 *civitas Dei*」の理念の案出に際しては、人間の生は世俗外＝天上（nonearthly）の諸条件によっても政治的に決定されると仮定している――もっとも彼は、はたして来世においても政治的問題が重荷《オウナス》＝責務であるか否かについては、回答を留保しているのだが。いずれにしろ、世俗的な政治の重荷を引き受ける動機は、我らが隣人への愛であり、彼への恐怖ではないということである。

公的空間としての教会

こうしたアウグスティヌスの思考と活動によってもたらされたキリスト教の変容によって、教会は最終的にキリスト教徒の逃避的引きこもりを世俗化する役割を果たすことになり、その結果、信者たちは世界内にまったく新しい、宗教的に定義付けされた公的空間――公的ではあるが、政治的ではない――を構成するまでになったのである。この信者たちの空間——中世全体を通じて、すぐれて政治的な人間的欲求＝必要《ニーズ》に配慮しえた唯一の空間——の公的性格はつねに両義的であった。それは何よりも集会のための空間だったのであり、単に人が集まるための建物というだけではなく、人々を集めるという明確な目的を持って建てられた空間でもあるということだった。しかしそういうものとして、もしキリストの教えの真の内容が守られるべきものとされていたなら、それはあえてこれ見よがしの外観を意識した空間にはならなかっただろう。結局、そうなるのを防ぐのはほとんど不可能であった。なぜならいかなる公的空間も、多くの人々が集まることによって構成されるので、まさにその本性として、見せかけを意識した空間として築かれてしまうからである。キリスト教的政治はつねに二重の課題に直面してきた。すなわち第一に、それが世俗の政治に影響を与えるときでも、信者たちが集まる非政治的な空間自体は外部の影響から確実に守られていることであり、第二に、集会のためのその空間が、これ見よがしの空間になり、その結果、よりにもよって教会がもうひとつの非宗教的な世俗権力になるのを阻止することである。そうこうするうち、このように世界と堅く結びつけられる状態はいかなる物理的空間にとっても免れえないことであり、それゆえこれ見よがしの外観を許容してしまうことにもなるのだが、それは外部から来る、いかなる世俗的権力の主張よりもはるかに克服しづらいものでもあるということが判明した。というのも、宗教改革が見てくれの外観につながるあらゆるものを教会から一掃して、福音書の精神に倣い世界から引きこもって暮らす人々のための集会場所へとそれらの教会を変えることに最終的に成功したとき、この教会的空間の公的性格もまた消滅してしまったからである。たとえ宗教改革に引き続いてありとあらゆる公的生活の世俗化が起こらなかったとしても——しばしば宗教改革は世俗化を主導してきたと見なされているのだが——、またたとえこの世俗化の結果として宗教がプライベートな事柄にならなかったとしても、プロテスタント教会は古典時代の市民的身分の代用品を提供するという責務を果たそうといつも四苦八苦するはめになっていただろう——ローマ帝国崩壊から数世紀間、その責務を何とか果たしていたのは間違いなくカトリック教会であった。

このような仮定に基づく可能性やら代案について私たちが何を語ろうとも、決定的に重要なのは以下の点である。すなわち古典時代が終わり教会の公的空間が創設されても、相変わらず世俗の政治は、共同体に生きる人間に由来する生活必需品と、より高次の領域——中世の終わりまで、実際に手で触れることのできる空間として教会の存在のうちに現前し続けていた——から提供される保護の双方に、縛り付けられたままだったのである。ひたすら信仰のみを問題として、まったく政治の干渉を受けない存在だった不可視の教会とは反対に、可視的な教会として地上に存続し、いま在るこの世界で自らをあきらかにすることができるために、教会は政治を、つまり世俗的権力を求める現世的な政治と教会的領域内の宗教本位の政治の双方を、必要としていたのだ。そして政治は、より高次の正当性と合法性を証明するために、教会を——単に宗教だけではなく、目に見え空間的広がりを持つ宗教施設をも——必要としていたのである。近代の幕開けと共に生起した変化は、政治のアクチュアルな機能における変化ではなかった。つまり、突如として政治に新しい独自の威厳が割り当てられたわけではなかった。変わったのは、政治が必要と思われる領域であった。宗教的領域は後方の私的な領分へと沈み込み、その一方で、古典古代期と中世にはとりわけ私的な領域と見なされていた生活と必要の領域は、いまや新しい威厳を獲得して「社会」という形の公的領域に侵入したのである。

社会の出現

ここで私たちは、十九世紀の平等主義的民主主義と、近代初期に見いだされる啓蒙専制君主政体の間に政治的区別を設けねばならない。前者にとっては、どのような形式であれ、統治への全員参加が国民の自由の絶対的指標であり、また後者が信じるところによれば、国民の「解放《リバティ》と自由《フリーダム》は、国民の生命と財産がもっとも多く彼ら自身の所有になる法律を備えた政府を持つことにある。しかしそれは政府を分かち持つためではない。なぜなら彼らは政府などと何らの関係も持たないのだから」[11]。いずれの場合でも、これ以後は統治体の活動領域において政治が役割を演ずるようになるのだが、その目的は、社会の自由な生産性と私生活上の個人の安全を守ることにあった。市民と国家の関係がどうであれ、自由と政治は明確に区別されており、いまや自由に展開する積極的な活動力という意味で自由になれるのは、本来的にすべての人々に共有されることは決してありえないような事柄、すなわち生命＝生活と財産という、もっとも明確に私物であるものを扱う領域に限られるようになった。社会的空間や社会的・非個人的生産エネルギーという新しい現象が、こうした私的所有権の領域、イディオン *idion* 的なるもの（私的なるもの）の領域――ギリシア人たちはこうした私的領域で時間を費やすことを愚か者《イディオット》のやることだと考えていた――を途方もなく拡大したのである。しかしそれでも、生活と財産の維持のために、あるいはまさに生活の改善と財産の増加のために必要とされる活動力が、自由の問題ではなく、必要《ネセシティ》の問題であるという事実には微塵も変わりがなかった。近代という時代が国家に期待したこと、そして実際にその国家が概ね実現したのは、人間を解放して社会的な生産力を発展させ、「幸福な」生活に必要な商品を共同して生産することだったのである。

目的としての自由、手段としての政治

こうした近代的な政治概念は、国家を社会の一機能もしくは社会的自由のための必要悪と見なすものであり、古典古代に端を発し近代のあらゆる革命に繰り返し出現してきた人民主権や国家主権という、まったく様相の異なる概念よりも、理論・実践両面において広く浸透している。政府に参加するという観念と自由でいることの観念が直接結びついていたのは、わずかに十八世紀のアメリカ、フランスの革命から最近のハンガリー革命に到る諸革命のときだけである。ただし、少なくとも現在までのところでは、これらの革命は——さらに革命によってもたらされた、政治的活動に内在する可能性の直接的経験は——新しい形の国家を創建する能力を持たないことが判明している。国民国家が出現してからは、国内外の敵に対して必要ならば暴力《フォース》を用いても社会の自由を守るのが政府の義務であるというのが、支配的な世論であり続けてきた。その形態はどうであれ、市民による政府への参加が自由のために必要であると考えられてきたのは、ひとえに、国家は不可避的に思い通りにできる暴力手段を所有せざるをえないのだから、その暴力の使用に際しては被統治者のコントロールを受けねばならないという理由があるからなのである。それに加えて、権力《パワー》は政治的な活動領域——その定められた範囲がどうであれ——の確立とともに生まれ、自由はそのような権力の行使を不断に監視することによって初めて自らを守ることができるという見解もある。君主制であれ共和制であれ、今日私たちが立憲政体によって理解しているものは、原則的には、被統治者によって制御される統治体であり、その権力と暴力の行使は制限されている。そうした制限や制御が、社会にとっても個人にとっても、自由の名において存在していることは疑う余地がない。その要点は、統治体《ガヴァメント》の力の及ばない自由を実現するために、可能な限り、また必要な範囲まで、統治体の領域を制限することにある。行動するための自由や政治において活動的になるための自由が実現されることが、重要なのではない、あるいは少なくとも第一義的にはそうではない。そうした事どもはいまだに政府と職業的政治家たちの特権であり続けており、彼らは、政党システムという迂回路を通って国民の代表者として国民の前に現れる、さらに国家の内側で、また場合によっては国家に反抗して、国民の利益を代表する。言い換えるなら、近代においてすら、政治と自由の関係については、政治は手段であり自由はその最高の目的であると理解されている。自由の内容と範囲は驚くべき変化を被っているのだが、両者の関係そのものは変わっていないのだ。だからこそ今日おしなべて政治の意味に関する疑問は、異常に古い、また恐らくそのせいで異常に尊ばれてもいるカテゴリーと概念で回答を与えられるのである。しかも近代が、その知的・物質的側面とまったく同様に、政治的側面においてもそれ以前のあらゆる時代とは決定的に異なっているにもかかわらず、そうなのである。女性と労働者階級の解放――すなわち、以前にはけっして公的生活において現れることを許されなかった人間部門の解放――という単純な事実が、ありとあらゆる政治的疑問の面目を根本的に一新させているではないか。

政治は自由のためにあるのか、生活《ラ》＝生命《イフ》のためにあるのか

外部にある目的――すなわち自由――を実現する手段という政治の定義について言えば、たしかにそれはよく話題にはなるのだが、近代においてそれが当てはまるのはごく限られ

た程度のことにすぎない。政治の意味に関する疑問に寄せられた近代のすべての回答の中で、その定義は、西欧政治哲学の伝統に依然としてもっとも密接に結びついている。そして国民国家への反響という文脈で考えるなら、そのことがもっとも明確に現れているのは、ランケ[10]によって最初に明らかにされ、国民国家すべての基本となった原則、すなわち「外交政策の優位」という原則においてである。しかし近代的統治形態の平等主義的性格や労働者と女性の解放――それらのもっとも革命的な側面は政治的言い回しで表現される――においては、基本的に内政を最重要政策とする国家の定義の方がはるかに特徴的なのであり、それによると、「国家は、暴力《フォース》の所有者として、社会にとって不可欠の生命（＝生活）装置である[12]」。きっとこの二つの見解――国家と政治は自由にとって不可欠の装置であるという見解と、それらは生活にとって不可欠の装置であるという見解――を擁護する人たちはほとんど気づいていないだろうが、二つの理論は互いに歩み寄れないほどの対立関係にあるのだ。はたして最高善として――すべての政治的活動が導かれ判断される標準として――自由を立てるのか、あるいは生命《ライフ》＝生活を立てるのかでは、途方もない違いがある。もし政治についてその本性から考えるなら、またその変転に目をつむって、ポリスから出現していまだにそのお陰を被っているものとして政治を考えるなら、政治と生命《ライフ》＝生活の結びつきは、結果として、政治におけるすぐれて政治的なものを無効にして破壊する、内的矛盾をもたらすことになるだろう。

その矛盾は以下の事実にもっとも明白に現れる。すなわち、政治に携わる者たちは情況によっては自らの生命を擲たねばならないが、それを彼らに要求するのはつねに政治の特権であり続けてきたということである。もちろんこの要求については、社会の存続のために個人が生命を犠牲にすることを求められるという意味にも理解できるだろうが、実際、そうした要求が為されるのは、私たちが自分の生命を危険に晒す行為に対してせめて制限を設けようとする文脈の中にあるときなのである。たとえば、もしそうすることによって人類の生命が脅かされるなら、誰も自分の生命を危険に晒すことはできないし、晒してはならないだろう。こうした政治と生命（＝生活）のつながりについては後から検討することになろうが、私たちは、人類と全生物を滅亡させる可能性を手中にしたことなどかつて一度もなかったからこそ、それについて十分に意識するようになったのである。実際、私たちに伝えられてきたもので、この最新の可能性に照らして考えられた場合、理論的に時代遅れであったり現実に適用不能であったりすることが判明しないような政治的カテゴリーとか政治的概念は、ほとんど一つも存在しない。なぜなら、ある意味で、外交政策において今初めて問題になっている事柄は、生命そのもの、人類の生き残りに外ならないからである。

しかし自由を人類の生き残りそれ自体と関連づけることによって、私たちは自由と生活（＝生命）の対立を、言い換えるなら、あらゆる政治に最初に点火して、今なおすぐれて政治的なあらゆる美徳の指標であり続ける火種を、消してしまおうというのではない。現代の政治が私たちすべての剝き出しの生存に関わりを持っているという事実は、それ自体、世界が陥っている破滅的情況のもっとも明確なサインだと主張されることもあろうし、それはそれでかなり当たっているかもしれない。しかもその破滅は、他のすべての破滅的情況と相俟って、世界から政治を奪い去ってしまう怖れがある。というのも敢えて政治――その世界では万事が順調に進行しているときには、誰も自分の生命の心配をする必要などまったくない――に身を投ずるいかなる者にも課される危険は、彼がそのために自らを犠牲にしなければならないかもしれない社会・国家・国民の生命を巻き添えにするわけではないからである。唯一危険に晒されるのは自由、つまり彼自身の自由と個人が所属している集団の自由であり、またそれに付随して、この集団や国家が息づいている安定した世界の安全、またあらゆる活動と言論――これらのものこそ真の政治的活動力である――のための確かで揺るぎない本拠《ホーム》を提供しようと何世代もの労働によって構築された世界の安全なのである。通常の情況下では、つまり古代ローマ以来のヨーロッパで支配的だった情況下では、戦争は他の手段による政治の延長に外ならなかったし、それはつまり、戦争は、対立する一方が他方の要求を吞むと決めれば、いつでも回避されうるものだったということである。そのように要求を吞むことによって自由は犠牲にされたかもしれないが、生命（＝生活）は犠牲にされなかったのである。

暴力の怪物化

周知の通り、今日そのような情況はもう存在していない。振り返ってみれば、それはある種の失われた楽園のようだ。たとえ私たちの生きている世界が近代に発祥するものではありえないとしても、あるいは近代に内在する自動的プロセスとして見なされえないとしても、この世界はそれでもなお近代性の土壌から生起してきたものなのである。政治的観点から言えば、これは次のことを意味する。すなわち最高の目的が生活に外ならなかった国内政策と、最高善として自由を志向してきた外交政策は共に、自らのリアルな実質を、暴力の行使とそのような暴力を採用する活動のうちに見いだしていた。結局、肝心な問題は、国家が自らを「暴力の所有者」として組織化したということである――暴力の究極の目的が生活によって決定されたのか、自由によって決定されたのかはともかくとして。しかし今日の政治の意味という疑問は、そのような目的のために使用される公的な暴力手段は適切か不適切か、ということに関わっている。そうした疑問の発端になっているのは、生活《ライフ》＝生命と自由を守るはずの暴力があまりにも怪物的に強力になったために、自由のみならず生活《ライフ》＝生命までもが脅かされているという、単純な事実なのである。あきらかに人類全体の生命過程を危うくしているのは諸国家の暴力に外ならず、その結果として、政治の意味について近代が与えた、すでに極めて疑わしい回答は、いっそう疑わしいものになっている。

暴力と破壊の手段が怪物的に増大することができたのは、種々のテクノロジーが発明されたからだけではなく、政治的・公的空間それ自体が、近代世界の理論的自己認識とその残忍な現実において、暴力の舞台になってしまったからでもある。そのことだけでテクノロジーの進歩は何よりもまず相互大量破壊の可能性を増大させてしまったのである。人々が一致して活動するところではどこでも権力《パワー》が生まれるものなので、また人々の一致した活動は本来的に政治的領域で生起するものなので、あらゆる人間的事象に固有の潜在的権力が暴力《フォース》に支配された場所で意識されざるをえなかった。結果として権力と暴力は同一のもののような様相を呈し、実際、近代的条件下ではほぼそうなのである。しかし起源や固有の意味という観点からみれば、権力と暴力は同一のものではないし、ある意味において、対極にあるものである。実際は個人や少数者の現象である暴力が、多数者の間でしか可能とならない権力と結びつくところではどこでも、結果として生まれるのは潜在的暴力の怪物的な増大である。それは組織化された場所の権力から生じるのだが、あらゆる潜在的暴力と同じように、権力の犠牲の上に成長し発達する。

原子爆弾が発明されてこの方、私たちの時代の最優先の政治的問題は、暴力《フォース》は国際問題においていかなる役割を果たすべきかという疑問をめぐり、さらに／または、どのようにすれば暴力的手段は国際問題において使用されずに済むのかという疑問をめぐるものであった。しかし他のすべての政治的要素を圧して威を振るう暴力的現象は、それより以前からあるものだ。それが最初に現れたのは第一次世界大戦のときであり、西部戦線では機械化された大がかりな戦闘が行われている。注目すべきは、この暴力にとっての破滅的な新しい役割は、それ自身から自動的に発展して参戦諸国の中で絶えず増大し続け、不意を突かれた諸国民、政治家、世論を軒並み驚愕させたことである。また現実には、公的な統治領域での暴力は、いわばその領域で活動している人々に秘密裡に増大していたのである——しかも歴史上もっとも平和的な、あるいはあえてこう言おうか、歴史上もっとも暴力的ではない世紀の中に数えられるであろう世紀において。

近代世界《モダン・ワールド》——「必要」の台頭

近代世界は、かつてないほどの強い決意をもって、政治を社会生活の維持と促進のための単なる手段とみなして政治的特権を必要最小限にまで縮小しようと努めたが、その近代世界が過去のあらゆる世紀よりもうまく暴力の問題を処理できるとそれなりに信じるようになったのには、もっともな理由がないわけではなかった。実際、それは、不断に拡大し続ける社会生活の領域から、野蛮な暴力と人間に対する人間の直接支配をほぼ完全に排除したのである。労働者階級と女性——近代以前の歴史を通して暴力に服従してきた人類の二つのカテゴリー——の解放は、あきらかにこうした発展のクライマックスなのである。

この社会生活における暴力の減少は、ほんとうに人間の自由の進歩と同一視されていいものだろうか？　と問うことは差しあたって控えよう。いずれにしろ、私たちの政治的伝統の観点から言えば、自由でないことは二つの事柄のうちの一つを意味しうる。それは、まず人が別な人の支配下にあるときに生じる事態であり、また、より独自の意味合いでは、人が生活上の赤裸々な必要《ネセシティ》の支配下にあるときに生じる事態でもある。「労働」は、生活自身がそうした必要物を調達するように私たちを強いるときの、強制力に対応する活動力である。近代以前のいかなる社会においても、人がこの労働から自由になりえたのは、彼の代わりとなって労働するように他人に強制することによって、つまり暴力と支配によってなのである。近代社会においては、労働者は野蛮な暴力や支配に従属してはいない。しかし彼は生活自体に内在している直接的な必要によって強いられている。するとこの地点で必要が暴力に取って代わっていることになるのだが、以下のような疑問が残る。すなわち、野蛮な暴力の強制力と必要の強制力とでは、どちらが抵抗しやすいか？　さらに社会の全般的発展は——少なくともオートメーションがほんとうに労働を廃止するまでは——その構成員すべてを「労働者」に仕立て上げる方向に、つまり、それが何であれ、その活動力が第一に生活の必要物の供給に奉仕する人類に仕立て上げる方向に向かっている。この意味においても、社会生活から暴力が排除されたことによって、目下のところ、昔とは比べものにならないほど大きなスペースがもっぱら必要《ネセシティ》——生活があらゆる人々に課している——に割かれることになったのである。自由ではなく必要が社会生活を支配するということだ。だから必要《ネセシティ》＝必然の概念が近代のあらゆる歴史哲学を席捲するに到ったのも偶然ではないし、さらにそうした歴史哲学のうちに、近代思想は自らの哲学的位置づけと自己認識を模索し続けてきたのである。

国家による暴力の独占

このように家庭の私的領域と社会の半公共的領域の双方から暴力《フォース》は追放されたのだが、それはきわめて意識的に行われたのである。日常生活において国民が暴力なしで生きてゆくためには、公的権限、国家によって行使される暴力の強化が必要だった。国家による暴力の行使は、社会の生活や生産力の自由な発展という、より大きな目的のための単なる手段だとはっきり規定されていたので、コントロール可能だと信じられていたのである。近代の人々は、野蛮な暴力的手段が同じように「生産的」になりうる——つまり社会の他の生産力と同様に（またそれらよりもはるかに大規模に）成長しうる——などとは夢にも考えなかった。なぜなら生産力の真の領域は、国家ではなく、社会と連携しているからである。国家は本質的に非生産的なものだと、極端な場合には、寄生的な現象だと見なされていたのだ。暴力は国家の領分に限定されるようになり、しかも国家は立憲政体になり、政党システムによって社会のコントロール下に置かれるようになったからこそ、暴力は最小限にまで抑えられたのであり、これからもそのままだろうと信じられたのである。

暴力と権力の結合

私たちは事態がその正反対であったことを知っている。歴史上もっとも平和に満ちてもっとも暴力が少ないと見なされていた時代が、暴力的手段が最大規模のもっとも怖ろしい発展を見る時代にまっすぐつながったのである。これはパラドックスのように見えるだけである。誰も考慮に入れていなかったのは、国家の公的領域でしか生じえない暴力と権力の特異な組み合わせ《コンビネーション》であった。なぜならそうした公的領域でのみ、人間たちは共に集い権力を生み出すことができるからである。この領域の特権がいかに狭く規定されようとも、憲法やその他の法的規制がいかに厳密にこの領域に制限を設けようとも、同じことである。なぜならそれが公的な政治的領域だという事実こそが権力を発生させるからだ。しかもこの権力は、近代においてそうであったように、もしほぼ全面的に野蛮な暴力に集中させられたなら、大惨事を招くに違いない。なぜならこれと同じ暴力が、個人の私的領域から多数者の公的領域へ転移させられているからだ。近代以前の家長が家族に振るっていただろう、もっとも広い意味での暴力――それは、その家庭を正真正銘の独裁制と呼べるほどに激しかったに違いない――がいかに絶対的なものであったとしても、それでもなおこの暴力は常にそれを行使する個人に限られていた。それは、経済と政治の観点から見れば、不毛でしかない、まったく無力《インポテント》な暴力であった。家内でその支配下にあった人々にとってそうした暴力がいかに悲惨なものであったとしても、暴力的手段はそのような条件のもとでは決してひとりでに繁殖することはできなかった。それはすべての人々にとっての危険にはなりえなかったのである。なぜなら暴力を独占することは不可能だったからである。

私たちは、政治とは手段の領域のことであり、その目的と標準はその外部にあるという考え方が、きわめて古くから存在し重んずべきものであることを見てきた。それにもかかわらず、私たちが目下検討中の事柄、また最近の諸発展に関して大いに怪しげになっている事柄というのは、まさにそれと同じ考え方なのである。そうした考え方は、もともと政治にとっては周縁的な、どちらとも決めがたい論点――すなわち政治を守るために時として必要になる野蛮な暴力とか、政治的自由が実現される前に最初に確保されねばならない生命維持のための糧食とか――なのだが、いまや生活（＝生命）の維持と組織化を第一の目的とする手段として暴力を用いることによって、すべての政治的活動力の中心に躍り出たのである。危機は、いまや政治的領域が、かつては唯一それ自身を正当化するように思えたものを脅威に晒しているという点にある。このような情況では、政治の意味をめぐる問いそのものが変わってしまう。今日その問いは「政治の意味とは何か？」では、まずありえない。政治に脅かされていると感じている世界中の人々にとって――その中で最良な者たちとは政治から意識的に距離を置いている人々なのだろうが――自他に向けて発するはるかに適切な問いは次の通りだ。「政治はいまなお何らかの意味を持っているか？」

偏見から判断へ

これらの問いの底に横たわっているのは、すでに簡単に概略を示してあるように、政治がほんとうは何であるのかをめぐる見解なのである。これらの見解は何世紀もの間ほとんど変わっていない。唯一のほんとうの変化は、もともとは一定の正当な直接的経験に基づいた判断内容――たとえば、哲学者やキリスト者の経験に基づいて政治を評価したり断罪すること、さらにはそれらの評価を訂正したり、政治の意義を一定限度認めたりすること――であったものが、とっくの昔に偏見になっていることだ。偏見が、政治的・公的舞台で、ますます大きな筋の通った役割を果たすようになっているのである。それらの偏見は、私たちみんなが無意識のうちに互いに分かち合っているのに、もうそれらについては直接経験する現実の機会もないので判断しなくなっている事柄の、反映なのである。このような偏見はすべて、それらが理に適ったものであり単なる世間話ではないという限りにおいて、過去に形成された判断である。誰も偏見なしでは生きてゆけない。なぜなら偏見から完全に自由になった生は、まるで毎日が世界創造の初日か最終日であるかのように、刻々と現実世界の全体に立ち向かったり立ち向かわせられたりするための、人間離れした注意力と不断の心構えを要求されるからである。偏見と愚にもつかぬお喋りは同じものではないということだ。まさに偏見はつねに固有の妥当性を持っているからこそ、もはやそれ自身の機能を果たせなくなって初めて、言い換えるなら、偏見がもはやこれから判断しようとしている者を現実の重荷から幾分なりとも救ってやる役割を担えなくなって初めて、人はあえて偏見をほんとうに直視することができるようになる。しかしまさにこの地点で偏見は現実と抵触するに到り、危険なものになり始め、さらに人々はもはや物を考えるときに偏見に守られていると感じなくなり、偏見を粉飾して、俗に「イデオロギー」とか「世界観」と称される歪んだ理論の基盤へ改変し始めるのだ。何か流行りの対極的世界観を持ち出して、偏見から派生したイデオロギーに異議を唱えても、まったく何の益もない。唯一役に立つのは、偏見を「判断」で置き換えようと試みることである。そうすることによって、私たちは偏見に含まれている判断へ不可避的に遡ってゆき、次には、その判断に含まれている経験、その判断が最初にそこから生起した経験に行き着くのである。

恐怖に基づく政治不信

現代の危機において、政治の真の内容を理論的に理解する妨げになっている偏見は、私たちが考えるときに用いるほぼすべての政治的カテゴリーを含んでいる。しかしそうした偏見は、政治の実質は暴力であるという考え方や、支配はすべての政治理論の中心的概念であるという確信と関連があるだけではなく、何よりも政治を政治の外部にある最終目的の観点から見る手段／目的カテゴリーと関連がある。これらの判断と偏見のすべては政治不信から生じてくるのだが、その政治不信が不当なものでないことは明らかである。しかし現在の政治に対する偏見では、この古来の政治不信がさらにもう一度変質を被っている。原子爆弾が発明されてこの方、私たちの不信感は、政治と政治が行使しうる暴力手段が人類を滅亡させるかもしれないという、著しく正当な恐怖に基づいている。この恐怖から、やがて人間は正気に返って、世界から人類ではなく政治を一掃するだろうという希望が生まれる。そしてこの希望は恐怖と同様、正当なものなのである。なぜなら政治はいつでも、しかも人間が存在するところならどこにでも存在するという考え方はそれ自体が偏見だからであるし、人類の最終的な情況として国家が廃棄されること――マルクスにとってそれは政治の廃棄を意味する――が社会主義者の理想なのだろうが、それは少しもユートピア的なものではないからである。それはただおぞましいだけのことだ。あいにくマルクスは理論家としてよりは歴史家としてははるかに優秀であった。彼はしばしば自らの理論において、客観的に実証されうる歴史的諸傾向を単純に表現し、より鋭い概念として明確化した。政治的領域の衰退は、そうした客観的に実証可能な近代の諸傾向の一つなのである。考察《ディスカッション》はけっして人びとの意見を無視して行われてはならないということが、私たちの主題――つねに多数者（the many）の問題と、彼らの間に生起する世界の問題に携わっていること――の本質である。ところが世の人びとの意見によれば、今日の政治の意味をめぐる疑問は、戦争と原子爆弾が人類に対して典型的に表現している恐怖によって煽られてきたのである。したがって、戦争の問題の考察へ私たちの議論を深めてゆくことは、きわめて理に適っていると思われる。

戦争の問題

破壊のクライマックス

最初の原子爆弾が広島に投下されて、第二次世界大戦を予想外に早く終わらせる道が準備されたとき、恐怖の波が世界中を襲った。当時は、その恐怖がどれほど正当なものであるか誰も知りえなかったが、それはなぜかと言えば、一つの都市を壊滅させることで、一個の原子爆弾が、大規模空襲の計画的展開が数週間なり数カ月間かかりそうなことをたったの数分で成し遂げてしまったからである。コヴェントリ〔11〕への空襲によって専門家たちに明らかになり、ドイツ諸都市への大量の爆弾攻撃によって世界中に明らかになったのは、古代期の世界とまったく同様に、またしても戦争は一国民の多くを殺戮するだけではなく、彼らが住む世界をも砂漠と化してしまいかねないということだった。ドイツはすでに廃墟となり、その首都は瓦礫の山と化していた。しかし近代戦争という枠組みの範囲内では、したがって人間的事象、いや、より適切に言うなら人と人の間の事象――これこそ政治の内容に外ならない――の領域内では、第二次世界大戦の原子爆弾は、たしかに科学史におけるまったく新しい何ものかを象徴するものではあったが、単なる一つのクライマックスにすぎなかったのである。つまりそれは、ともあれ種々の出来事がますます加速してゆく勢いで向かっていたクライマックスへ、いわばたった一回のジャンプ、あるいは短絡《ショート・サーキット》で到達したということなのだ。

生産と破壊の均衡

さらに言えば、世界を破壊し人間の生命＝生活《ライフ》を根絶やしにする暴力手段の使用は、新しいものでも恐ろしいものでもない。また暴力に対する絶対的糾弾は究極的には政治一般に対する絶対的糾弾と同じ意味になると信じてきた人々は、つい最近の数年間で、もっと厳密に言えば、水素爆弾の発明以来、正しいとは言えなくなった。世界が破壊されるとき、破壊されるのは人間の手によって構築されたものに外ならず、そのために要する暴力は、人間の生産過程のすべてに必然的に内在する暴力《ヴァイオレンス》と精確に符合する。破壊に必要とされる暴力手段は、いわば生産のための道具に似せて作られるものであり、いかなる時代の技術的装備にも双方の暴力が含まれている。人間が作るものは、次には人間によって破壊されるかもしれないし、人間が破壊するものは再建されるかもしれない。破壊する能力と生産する能力は互いに均衡を保っている。世界を破壊し世界に暴力を振るうエネルギーは、私たちの手中にあるエネルギーと同じものであり、それによって私たちは自然に対して暴力を振るい、世界を構築するために自然物——たとえば材木や木製品の材料になる木——を破壊する。

しかし破壊する能力と生産する能力が均衡を保っているという主張は、無条件に妥当なものではない。それが当てはまるのは人間によって生産されるものだけであり、それに比べれば実体的ではないがそれに劣らずリアルな人間関係の領域には、当てはまらない。その人間関係はもっとも広い意味で活動《アクション》から生起するものだが、この件については後で検討することになろう。私たちの現在の情況にとって決定的な点は、リアルな物象の世界で破壊と再建のバランスが保たれるのは、関係するテクノロジーがひたすら純粋な生産活動をしている間に限られるということ、つまり、たとえ私たちはいまだに大部分は産業革命に規定された世界に生きているとしても、原子エネルギーが発見されてからは、もはや破壊と再建の均衡などということは言えなくなっているということである。しかしこの人為的な世界でも、私たちはいまや様々なものに姿を変えて再現する自然界の事物だけではなく、自然を模倣して人間によって創られ人間世界に直接持ち込まれる自然の過程《プロセス》をも相手にしている。これらのプロセスの特徴とは以下の通りである。すなわち、さながら内燃機関のように、最初に爆発という形で——歴史的観点から見れば、破局という形で——勃発し、それによってそれぞれの爆発もしくは破局がプロセスそのものを前方に推進させる。

今日の生活のほぼあらゆる面で、私たちは自分たちがまさにそうしたプロセスの中にいることに気づいている。その中では、爆発と破局が破滅的運命を招き寄せることはなく、同じ爆発によって推進される不断の発展を生み出す――この種の「発展」の両義的な意味については、差しあたっていまの文脈では言及しないでおくが。政治的な観点からいえば、恐らくこうした発展をもっともよく理解するには、ドイツが現在のヨーロッパでもっとも近代的な先進国になるのにその破局的な敗北がどれほど不可欠の役割を演じてきたのかを考えてみればよいだろう。他方、他のヨーロッパ諸国が後れを取ったのは、それらの国々がアメリカ――そこでは生産・消費過程のペースが速くて、破局は蛇足的なものにすぎない――ほど徹底的にテクノロジーによって形成されてはいないからであり、あるいは、たとえばフランスが経験したような明白な破壊を経験しなかったからなのである。この近代的テクノロジーとそれが人間世界を引きずり込んだ過程《プロセス》は、生産と破壊の均衡を崩すものではない。逆に、これらの密接に関連した力《キャパシティズ》は、この過程においてますます解《ほど》き難く編み合わされて、その結果として生産と破壊は、壮大なスケールで行われた場合でも、進行中の同一の過程の、異なってはいるがほとんど区別のつかない二つの相ということになる。ありふれた例を挙げれば、この過程では、ある家の取り壊しは別の家を建てるための単なる第一段階にすぎないのであり、家の新築ですら、建物の寿命が慎重に算出されており、すでに取り壊しと建て直しの果てしのない過程の一部と解されることが可能なのである。

自然的領域内の破壊

上述のような過程を解き放ったのは人間自身であり、しかもそれは発展しながらも必然的に破局に到ってしまうというのに、その渦中に生きている人間がはたして自分たちが建設した世界とその一部を成す人間的事象の支配者や主人であり続けられるだろうか、と疑問に思う人も多く、そうした疑問もある程度はもっともだと思われる。中でもとくに仰天すべきなのは、人間は自らを彼自身が解き放ってきた破局的過程の主唱者とみなし、彼の本質的機能は今やこの前進する過程に奉仕し、その加速に力を貸し始めることだという、全体主義イデオロギーの台頭である。もっともこうした物騒な符合にもかかわらず、私たちがけっして忘れてはならないのは、これらの事柄が所詮はイデオロギーにすぎないということであり、人間が利用してきた自然のエネルギーですらいまだに馬力で、すなわち自然に基づき人間の環境から直接採られた単位で計算されているということである。ともかくも人間は力ずくで地球を利用するのではなく思いやりを持って大地に奉仕するために創られたのだという聖書の考え方が共有されているなら、人間が自然の搾取に成功して彼自身の力を二倍、いや百倍にも増やしたことは、自然に対する強姦とみなされうるかもしれない。しかし誰が誰に奉仕しているとか、誰が神意による奉仕を宿命づけられているとかといった事柄とはまったく別に、どうしても否定しえないのは、生産に使用されるのであれ労働に使用されるのであれ、人間のエネルギーは自然の現象だということ、また暴力はこのエネルギーの内にある可能性として存在しており、それ自身、自然のものだということ、さらに人間は、自然の諸力のみを相手にしている限り、彼自身の力と有機的存在としての彼が共に属している地上の自然的領域に留まり続けるということである。人間が徹底的に非自然的な世界——つまり人間がいなかったならば、けっして「自然」の力の作用では出現しないであろう何ものか——を作るために自然から取り出したエネルギーを携えて自分自身の力を用いるという事実があるからといって、こうしたことは何一つとして変わらない。あるいは別な言い方をすると、生産する能力と破壊する能力が均衡を保っている限り、万事は概ねいつもそうであったのと同じように進行するのであり、また人間が自ら解き放った過程に隷属していることに対する全体主義イデオロギーの言い分は、詰まるところ、人間は自ら構築してきた世界の主人であり、いまだに自ら創り出した破壊的潜在力の支配者であるのだから、隷属化という妖怪は遠ざけられている、というものなのである。

超自然的エネルギー——原子爆弾の恐怖

こうした事柄すべてにおいて生じた変化は、原子エネルギーの発見があって、もっと適切に言えば、核エネルギーの反応過程で推進されるテクノロジーの発明があって、初めて可能になったのである。それというのも、ここで解き放たれるのは自然の過程ではないからだ。むしろ地球上で自然には生起しない過程が、世界を創ったり破壊したりするために地上にもたらされてくるのである。こうした反応過程自体は地球を囲む宇宙からやってくるのであり、いま人間はそれを自分のコントロール下に置くことによって、もはや自然の生物としてではなく宇宙の中で自分の行く道を模索しうる存在として——その存在は、地球とその自然が提供する諸条件の下でしか生存できないという事実があるにもかかわらず——振る舞っているのだ。この宇宙エネルギーは馬力とか他の自然な尺度では測ることができない。またそれは地球外の性質を持っているので、人間によって操られる自然過程が人間によって創られた世界を破壊するのと同じように、地球上の自然を破壊しかねない。最初の原子爆弾について知ったときに人類を襲った恐怖は、宇宙からやって来た、文字通り超自然的なエネルギーに対する恐怖だったのである。建物や大通りが廃墟と化した範囲も殺戮された人命の数すらも妥当なものだと思われるのは、ひとえに、超弩級の死と破壊を解き放つことで、この新発見のエネルギー源がその誕生の瞬間からゾッとするほど強烈な象徴的パワーになっていたからなのである。

絶滅戦争の恐怖

この恐怖には瞬く間に激しい憤りが混入して、たちまち恐怖もその印象が弱められてしまった。それは、この新兵器——当時、その優位性にはまだ絶対的なものがあった——はデモンストレーションとして砂漠やどこかの無人島で爆発させてもよかったし、それで政治的効果が薄まるわけでもなかったのに、わざわざ人口が密集した都市で試されたことに対する、恐怖に劣らず当を得た——あの時点でははるかに妥当な——激しい憤りであった。またこの憤慨は、現在の私たちならそれが怪物的な真実であると承知しておりいずれの大国の一般幕僚たちももはやそれを否定しないであろう或る事態を、多少なりとも先取りするものだった。すなわち一旦戦争が勃発してしまえば、それは紛争当事国が入手しうるありとあらゆる武器を用いて戦われるだろうということである。こうした事態が予想されるのは、戦争の目的がもはや制限されていない場合に限られる。言い換えるなら、紛争当事国政府間に平和条約が結ばれて戦争が終わるのではなく、敵国統治体の徹底的崩壊、いや敵国の物理的壊滅さえ求める勝利によって戦争が終わる場合に限られるのである。この可能性は第二次世界大戦においては単に暗示されただけだった。それはドイツと日本に対する無条件降伏の要求に含意されていた。しかしそれは、日本に投下された原子爆弾が、絶滅の脅威は現実を伴わない空疎な言葉などではなく、それを現実化する手段はすでに手中にされているのだということを、突如として全世界に向かって実証して見せたとき、凄まじい戦慄とともに初めて自覚されたのである。そうした可能性の論理的帰結として、第三次世界大戦は、十中八九、敗戦国の殲滅をもって終わるだろうということをいまでは誰も疑わないに違いない。すでに私たちは「全面戦争＝抑止なき戦争《トータル・ウォー》」の虜になっており、ロシアとアメリカが戦争をした場合、それがアメリカの政体にしろ現在のロシアの体制にしろ、敗北を乗り越えて生き残るだろうとはほとんど考えられない[13]。しかしそれはつまり、未来の戦争の目的は、勢力の獲得や喪失に係わるものでも、国境や輸出市場や「(国家の）生存圏 *Lebensraum*」に関わるものでもないということ、言い換えるなら、暴力を用いず政治的話し合いによっても達成されうる事柄に関わるものではないということだ。それは、戦争はもう交渉の「最後の手段《ウルティマ・ラティオ》 *ultima ratio*」であることを止めたということである。かつて戦争の目的は交渉が決裂した時点で定められ、その結果、引き続いて起こる軍事的行動はすべて、実は、別な手段による政治の継続に外ならなかった。いま問題になるのは、もちろん交渉するための事案にはけっしてなりえない事柄、すなわち国家とその国民の掛け値なしの生存である。まさにこの地点で——戦争がもはや敵対する国々との共存を所与として前提とはせず、尚かつ、もはや武力によって敵対国との紛争を単に終わらせることを求めなくなるとき——戦争は初めて政治の手段であることをほんとうに止めて、絶滅戦争として、政治によって定められた境界を踏み越え、さらに政治そのものまでも絶滅させ始めるのである。

全面戦争《トータル・ウォー》の現実化

周知の通り、こうした、現在「全面戦争《トータル・ウォー》」と称されているものの概念は、それと密接に結びついている全体主義体制に端を発している。つまり絶滅戦争は全体主義システムに適合する唯一の戦争なのである。全面戦争が最初に公言されたのは全体主義的統治下にある国々からだったが、そう公言することによって、必然的に、それらの国々は非全体主義的な世界に自分たち自身の行動原理を強いることになった。とてつもなく広大な範囲を有する原理がひとたび世界に持ち込まれると、その適用を、たとえば全体主義国家と非全体主義国家の紛争に限定することはほとんど不可能だった。このことが明らかになったのは、もともとヒトラーのドイツに対する武器として作られた原子爆弾が日本に投下されたときである。原爆投下に対する憤慨の一つの理由——唯一の理由ではないが——は、たしかに日本は帝国主義国家ではあったが、全体主義体制ではなかったことだった。

政治的もしくは道徳的なあらゆる熟慮を越えて拡大する恐怖と、それ自体が直接的な政治的かつ道徳的反応である憤慨の双方に共通するのは、全面戦争がほんとうに意味している事柄が実現したということであり、全面戦争が全体主義的統治下にある国々やそれらがもたらした紛争だけではなく、世界全体にとっても、今や既成事実と化しているという認識であった。国民全体の絶滅と文明全体の壊滅——そのようなことは文明世界のど真ん中ではもはや起こらなくなっていたので、原理的にはローマ時代から、事実としてもここ三、四世紀の近代期においては、おおむね不可能だと思われてきた——が、残忍なる一撃をもって、再び不吉な現実味を帯びるようになったのである。しかもそれは全体主義の脅威に対する反応として——もしヒトラーのドイツがそれを作って使うかもしれないという怖れを抱いていなかったら、きっと科学者たちの誰ひとりとして原子爆弾を製造しようなどとは考えなかっただろうという限りにおいて——生まれたものだったが、その可能性はたちまちそれを出現させた事情とはほとんど無関係な現実になってしまったのである。

限界を踏み越えた暴力

ここにおいて、歴史の中にはほとんど記録も記憶もされていないが、恐らく近代史上で初めて武力《ヴァイオレンス》＝暴力行動に固有の限界《リミット》が踏み越えられたのである。その限界によれば、暴力によってもたらされる破壊はつねに部分的なものでなければならず、その影響が及ぼされるのは世界の一定部分に限られ、人間の生命が奪われるのは一定数——その数については、さまざまな算定方法があるだろうが——のみであり、けっして国民全体とか民族全体を根絶やしにしてはならないということだった。しかし一民族全体の住まう世界が根こそぎ破壊され、その都市の壁は徹底的に崩壊させられ、人々は殺戮され、残りの住民は奴隷として売られるということが歴史の中ではウンザリするほど起きてきたのであり、そのようなことはもう起こりえないと人々が信じたくなったのは、近代の過去数世紀のことにすぎないのだ。私たちはつねに、これは少数ながら幾つか存在する政治の大罪《モータル・シン》の一つなのだと、ほぼあからさまに承知してきたのである。この大罪には、あるいはもう少し平たく言うなら、このように暴力行動に固有の限界を踏み越えることには、二つの事柄が含まれている。第一に、もはや殺戮は、どうせ死なねばならない人間の犠牲者がより多かろうがより少なかろうが問題とはせず、不滅の可能性を持っている民族全体とその政治体制――体制の場合は不滅への意思をも持っている――を標的にするということ。第一の事柄に密接に関連しているのだが、第二に、ここでは暴力《ヴァイオレンス》は制作《プロデュース》された事物――それもまた、ある時点で暴力《フォース》によって生起したのであり、したがって暴力によって再建されうるものである――にだけ向けられるのではなく、この制作物《プロダクツ》から成る世界に居場所を与えられている歴史的・政治的現実にも、言い換えるなら、それ自身が制作物ではないがゆえに再建されえない現実にも向けられるのである。ある国民《ピープル》＝民族が政治的自由を失うとき、それは政治的リアリティをも失う。たとえそれが物理的には生き残ることに成功したとしても、そうなのである。

全体主義の台頭と破壊される関係性の世界（＝政治的な世界）

この場合、滅びるものは何かと言えば、制作《プロダクション》によって生まれる世界ではなく、人間同士の関係性から創られる活動《アクション》と言論《スピーチ》の世界なのである。それはけっして終わりの来ない世界であり、この上なく儚いものや、やがて消え去る言葉とすぐに忘れ去られる行為から紡ぎ出されるのだが、信じられないほどの不朽の持続性を持っており、たとえばユダヤ民族の場合のように一定の情況下では、人為的に作られた実体的世界が失われてもその後何世紀にもわたり生き延びることができるのである。しかしそういうことは例外的であり、ふつうは、活動によって構築されるこうした関係性のシステム——その中で「過去」は語り語られ続けるという歴史的な形態で生き続ける——は、人間によって制作された世界でのみ存在できる。それはその世界の石たちの中にこもり、そしてついには石たちも語り出すようになり、語ることによって証人になるのである。もっとも、まずはそれらの石たちが大地から掘り出されねばならないのだが。この完全なる、真に人間的な世界——それは、より狭い意味では、政治的領域ということなのだが——は、たしかに野蛮な力によって破壊されかねないのだが、それは暴力から生まれたものではないし、その固有の運命は暴力によって滅びることなどありえないのだ。

こうした関係性の世界が、独りの人間の力やエネルギーからではなく、多数者から生起するというのは間違いないし、また権力《パワー》が、つまりもっとも強大な個人の力さえも無力化する権力が生起するのは、多数の人間たちが一致団結するからなのに外ならない。この権力は、あらゆる種類の要因によって弱体化させられうるし、それとまったく同様に更新もされうる。それは、暴力が徹底的で、石の上に石を一つも残さず、人のそばに人を一人も残さないときに限り、その暴力によって永遠に破壊されうる。これらの両方の可能性が全体主義的支配には内在している。だからそれは国内で個人を威嚇するだけでは満足せず、すべての人と人の間《インター・ヒューマン》の関係性を破壊するために組織的なテロを行うのだ。このテロに相当するものは全面戦争においても見られる。それは戦略的に重要な軍事的ターゲットを破壊するだけでは満足せず、人類の間に生起してきた世界全体の破壊——そうした破壊を追求することが、いまやテクノロジー的に可能になっている——に取りかかるのだ。

トロイア戦争——絶滅戦争の原型

西欧文明の政治理論と道徳規範がつねに政治的手段の兵器庫から絶滅戦争を排除してきたことは、比較的証明しやすいだろう。またその種の理論や道徳規範が結局はさほどの効力を持たなかったことを実証するのは、恐らくもっと容易だろう。奇妙なことに、まさにそうした事柄の本質——それは、もっとも広い意味で、人間が自分自身に求める文明化された態度に関わりがある——には、プラトンがかつて語ったことが実によく当てはまるのである。すなわち、詩はそれが私たちに伝える形象とモデルとともに「祖先たちの千もの偉業を飾り立て、子孫を教育する」[14]。古典古代の世界では、少なくとも純粋に政治的な観点から言えば、こうした教育的潤色の最大の主題はトロイア戦争[12]であった。その勝利者にギリシア人たちは自分たちの祖先を見て、その敗者にローマ人たちは自分たちの祖先を見たのである。かくして彼らは、モムゼンが好んだ言い草によれば、古典古代期の「双子の民族」になった。というのも、一つの同じ出来事が双方の歴史的存在の始まりと見なされていたからである。さらに今日に至るも、トロイアに対するギリシアの戦争——トロイアのあまりに徹底的な破壊に終わったために、最近までその都市はもともと存在していなかったのではないかと疑われることもあった——は、たぶん依然として絶滅戦争の原型と考えられうるだろう。

ホメロスの公平な想起

したがって、いま再び私たちを脅かしている絶滅戦争の政治的意義を検討するに当たり、まずこの最古の実例とその言葉による潤色を考察してみよう——そのいちばんの理由は、この戦争を潤色することによって、ギリシア、ローマ双方の人々が、多くのレベルで一致や対立をしながらも、政治のほんとうの意味とその歴史上の位置に関して、彼ら自身のために、また幾分かは私たちのために、定義づけをもしていたからである。そこで第一に決定的に重要な点は、ホメロスの詩が敗者を黙殺していないことである。彼の詩はギリシアの英雄アキレウスと同じ分だけトロイア第一の勇士ヘクトルのためにも証言しており、しかも、ギリシアの勝利もトロイアの敗北も神々の命令によってあらかじめ絶対的に定められていたのに、そのことによってアキレウスがより偉大な人間であったりヘクトルがより劣った人間であったりすることも、ギリシアの根拠がより正義であったりトロイアの防戦がより正義でなかったりすることもなかったのである。ホメロスは彼が生きた時代より数世紀前に起きたこの絶滅戦争を、ある意味で——つまり詩的・歴史的想起という意味で——絶滅を取り消すという方法で、祝福しているのである。ホメロスの雄大な公平性は、近代的意味で言うところの、価値判断に影響されない《ヴァリュー・フリー》客観性ではなく、むしろ特定の利害からの完全なる自由であり、歴史の判断からの完全なる自立である。そして彼は、歴史には背を向けて、出来事に巻き込まれた人間たちの判断と彼らの偉大性の概念についての判断に依拠する。すべての歴史記述は彼の中立性から始まったのであり、しかもそれは単に西洋だけのことではなかった。なぜなら歴史によって理解される事柄などホメロス以前にはどこにも存在しなかったし、ホメロス以後、彼の手本に少なくとも間接的に影響を受けずにはいかなる歴史も書かれることはなかったからである。同様の考えはヘロドトスにも見られる。彼は、「ギリシア人たちや異邦人たちが行ったような偉大で驚くべき行為が忘れ去られる[15]」のを防ぎたいと語るのだが、そうした考えは、かつてブルクハルトが正当にも述べたように、「エジプト人やユダヤ人にはけっして思いつかなかっただろう[16]」。

ポリスにおける戦争の非政治性

あらためて言うまでもなく、ギリシア人たちは絶滅戦争を政治的戦争に変容させようと努力したが、それは敗北し破滅させられた人々に対するホメロスによる「歴史的想起」と断固たる「詩的救済」を越えることはけっしてなかった。そしてギリシアの都市国家が破滅に到ったのは、究極的には、まさにそうした変容をもたらすことができなかったからなのである。ギリシアのポリスは政治的なるものを独自に規定することで、戦争について異なる道を選んでいた。すでに考察したように、ギリシア人はホメロス風の広場《アゴラ》、すなわち自由人が集まって意見を交換する場所の周りにポリスを形成し、そうすることによって、集まり共に過ごし互いに語り合うこの世界の中心に、真に「政治的な」事柄を――言い換えれば、ポリスに属している事柄を、それゆえまた、いかなる異邦人にも他の自由のない人々にも認められていない事柄を――据えたのである。そして彼らはこの舞台《アリーナ》全体を神的な「ペイト *Peitho*（説得の女神）」のしるし《サイン》の下にあると、すなわち説得し影響する力《パワー》の下にあると解していた。その力が平等なる者たちの間に行き渡り、暴力や強制なしですべての事柄を決定したのである。他方で、戦争とそれに伴う野蛮な暴力は、真に政治的なもの――それはポリス市民の間に生起し、そこに自らの妥当性を有している――からは完全に排除されていた。他の国家や都市国家を相手にしたときには、ポリスは全体としては暴力を用いた行動をとったので、それ自体としてみれば、「非政治的に」振る舞ったことになる。結果として、しかもまったく不可避的に、そうした戦闘行為は、支配者でもなければ従属者でもない市民の基本的な平等性を無効にしてしまった。戦争は命令と服従なしでは遂行されえないので、また軍事的決定は討論と説得の問題ではありえないので、ギリシア人の理解では、戦争は非‐政治的な領域に属していた。私たちが外交政策として理解しているいかなる事柄も、やはり非‐政治的領域に属していた。要するに、戦争は他の手段を用いた政治の延長ではなく、まったくその逆なのである。つまり交渉と条約の締結は、他の手段、すなわち狡猾さと欺瞞の手段を用いた、単なる戦争の延長として理解されるのである。

闘技精神《アゴーン》と「現れ」

ホメロスの影響といっても、実際には、政治的舞台から暴力が消極的に排除されただけであり、その結果、単により強い者は可能なことを行い、より弱い者は耐えねばならないことを耐えるという原理に従って相変わらず戦争は行われ続けた。しかしギリシアのポリスの発展に及ぼされたホメロスの影響はそれに尽きるものではなかった。(17) ポリスは、人間の共同的活動力の正当なる追求としてだけではなく、ある意味、その最高形態としても、闘争《ストラグル》の概念を自らの組織構成に組み込んだのであり、またその組み込み方のうちに、詩人がトロイア戦争を描写したという、ホメロス的影響を存分に見てとることができるのである。俗にギリシアの闘技精神《アゴーン》と称されるもの——また、わずか二、三世紀のギリシア黄金時代に、あらゆる知的分野において、史上いかなる時代よりも偉大で有意義な才能の集中が見いだされるという事実を説明する（そのような事柄がほんとうに説明されうると仮定した場合の話だが）のに必ず役立つもの——は、以下のことを証明するために奮闘することである。すなわち自分はいつでもどこでも最高の力量の持ち主であり、あのホメロスが記述する主題であること、しかもそのことを表すギリシア語の動詞 *aristeuein*（最良の者になる）が、事業《エンデヴァ》としてのみならず人生全体を形成する活動力としても理解できるほどに、その主題はギリシア人にとっては大きな意味を持つということである。しかし闘技精神の意味はけっしてそれに尽きるものではない。この人と人の競争意識のモデルは依然としてヘクトルとアキレウスの闘いと見なされており、それは、どちらが勝ったか負けたかはさておき、双方にありのままの姿で自らを現す機会を、すなわち、ほんとうの姿で現れることによって十全にリアルになる機会を与えるものなのである。それはギリシアとトロイアの戦争の場合でもほぼ同様であり、その戦争は、初めて両国にほんとうの姿で自らを現す機会を与えるのである。その戦争はまた神々の争いをも映し出すものであり、それゆえ地上で激しく繰り広げられる戦闘に十全なる意味が与えられるだけではなく、たとえいずれか一方は滅びる運命にあろうとも、双方の側に神聖なる要因が存在することも明確に示されるのだ。トロイアに対する戦争には二つの側面があり、ホメロスは戦争をギリシア人の見地からと同じように、トロイア人の見地からも見ている。こうしたホメロス流の表現方法、すなわち二つの側面を持つすべての事柄は、闘争《ストラグル》の形態でのみそのほんとうの姿を現すという表現方法は、戦争は「万物の父」[18]だと言うヘラクレイトスの言葉の背後にもあるものである。要するに、戦慄すべき戦争の野蛮な暴力は、人間たちの強さと力から直接的に生起するものであり、人間たちは、何かが、または誰かが、彼らと敵対し彼らの勇気を試したときに、初めて自分たちに内在するエネルギーを見せつけることができるのだ。

言論による多数の視点の出現と自由

ホメロスの中ではほとんど区別がなされていないように思える二つの要因——偉業を為す真の力と、偉業に添えられ偉業を見聞する群衆を揺さぶる偉大な言葉による魅惑的な力——は、後になると、互いにはっきり区別されるのが目につくようになる。たとえばギリシア人たちが一堂に会して非暴力的な力の表現を賛美する唯一の機会である運動競技会の場合や、雄弁コンテストとかポリス自身の内側で発生する終わりのない対話の場合がそうである。後者においては、物事の二面性——ホメロスにおいては人間対人間の戦闘《コンバット》に内在している——は、ただ言論の領域においてのみ発生し、しかもそこでは、いかなる勝利もアキレウスの勝利と同じくらいに怪しげなものとされ、いかなる敗北もヘクトルの敗北と同じくらいに賞賛に値するものだとされることがありうる。しかし雄弁家たちが自分たちで選択した立場《スタンドポイント》＝観点の人物として自らをさらけ出すのは確かであるとはいえ、雄弁コンテストは、雄弁家たちに選択された二つの立場に限定され続けるわけではない。なぜならすべての言論は、どんなに「客観的」に装っても、それが何かは明言できないけれども抑えがたい本性の一端が顕れるように、論者の素性を不可避的に明かしてしまうからだ。ここに到って、ホメロスがトロイア戦争の詩において表現したのと同じ二面性は、弁舌の話題において途方もない多面性を獲得する。それというのも、そうした話題は、とても多くの人々の前でとても多くの人々によって語られる限りにおいて、公然たる昼の光の中に引き入れられ、いわば、すべての側面をさらけ出すよう強いられるからである。こうした多面性において、まったく同一の話題が初めて十全なるリアリティをもって出現するのだが、それによって心に留められねばならないのは、すべての話題が、それを討議する人々の数と同じ数だけの側面を持ち、同じ数だけの観点から出現する可能性があるということである。ギリシア人にとって、公共の政治空間はすべての人々に共通のもの *koinon*、つまり市民たちが集まる空間なのだから、あらゆる事象がまずはその多面性において認識されうる領域なのである。このような能力、すなわち同一の事柄を最初は二つの対立する側面から見て、次にすべての側面から見る能力——究極的にはホメロス的な公平性に基礎を置き、古典古代期に特有であり、その情熱の激しさは現代においても勝るものがない能力——は、ソフィストたちのある種の詐術《トリック》の底にも流れているものだ。人間の思考を定説《ドグマ》=独断の締め付けから解放するという点ではソフィストたちも重要な働きをしていたのであり、もしプラトンに倣ってそれを道徳的根拠から断罪するとしたら、彼らを過小評価することになるだろう。さりとて彼らの卓越した論争術は、ポリスが政治的領域の創設に成功したという第一の事実に比べれば、その重要性は二次的なものだ。決定的な要素は、人が議論を一変させたり主張を覆したりすることができるようになったということではなく、話題をさまざまな側面から——すなわち政治的に——偽りなく見る能力を身に着けたということであり、またその結果として、人々は現実世界から与えられる多数の可能な観点を引き受ける仕方を理解して、まったく同一の話題がそれらの観点から考慮されうるようになり、それらの観点において、それぞれの話題が、それぞれ同一であるにもかかわらず、非常に多様な見解のもとに見えてくるということである。

これは、単に個人的な利害＝関心事（interests）を棚上げすることよりも、はるかに重要な意味を持っている。なぜなら個人的関心事の棚上げは結局のところ実りのない結果を招くだけだからである。さらに言えば、自分自身の関心事とのつながりを断つことによって、私たちは世界とのつながりを失い、そこにある物やそこで生起する事象への愛着をも失う。同一の事柄を多様な立場から見る能力は人間世界に内在しているのだ。つまりそれは、生まれつき（by nature）持っている立場を、同一の世界を共有している他の誰かの立場とやりとりすることに尽きるのである。その結果として、私たちは、物理的世界における移動の自由に見合う、精神的世界における真の移動の自由を獲得するのである。説得を通して他者に影響を与えること、それこそポリスの市民が互いに交流するやり方だったが、そのためには、精神的にも身体的《フィジカル》＝物理的にも自分自身の立場や視点に絶対的に縛られてはいない、ある種の自由が前提とされていたのである。

実践知と政治的人間の自由

ギリシア人のユニークな理想、ひいてはとくに政治的であるための能力にとっての標準《スタンダード》は実践知《フローネーシス》＝思慮 *phronēsis* のうちに、つまり政治的人間《ポリティコス》（政治を行う者 *politikos* であって政治家《ステイツマン》ではない、というのもこの時代に政治家は存在すらしなかった[19]）の洞察のうちにあるのだが、それは英　知《ウィズダム》とあまりにも縁遠いものなので、アリストテレスなどはそれを哲学者の英知と対照的なものだとあからさまに定義づけていたものだ。政治的問題に対するこうした実践知による洞察が意味するのは、問題がそこから考察され判断されうるための、可能な限りすべての立場と視点を最大限広く見わたすことに外ならない。その後の数世紀間、ほとんど誰ひとりとして「実践知《フロネーシス》」について語らなかったが、アリストテレスにとってそれは政治的人間の主要な美徳なのである。私たちがその言葉に再び出会うのは、カントが判断力として共通感覚《コモンセンス》＝常識を考察するようになってからである。彼はそれを「拡張された思考様式」と呼び、「あらゆる他者の位置から考える」能力だと明白に規定している[20]。残念ながら、いかにもカントらしいのだが、この秀逸な政治的美徳は彼自身の政治哲学において、すなわち彼の定言命法の発展において、ほとんど何の役割も果たしていない。つまり定言命法の妥当性は「自己に忠実に考えること」から生まれるのであり、立法者としての理性は他の人格を前提とはせず、唯一それ自身に矛盾しない自己だけを前提としているのである。実際は、カント哲学におけるほんとうの政治的機能は立法的理性ではなく、判断力であり、それは「拡張された思考様式」によって、それ自身の「主観的な私的諸条件」に優越する力を持っているのである。[21] ポリスの場合、政治的人間は、そのように彼を際立たせる卓越した特徴を携えていれば、同時にもっとも自由な人間でもあった。なぜならすべての立場が考慮できるようになる洞察力のお陰で、彼は最大の移動の自由を享受していたからである。

平等なる他者の存在と人間と人間の間の空間の存在

同時に、次の点を心に留めておくことが重要である。すなわち政治的人間の自由は、紛れもなく他者の存在と平等性に依拠していたということである。ひとつの事柄は、それをさまざまな観点から見る対等なる者たちの存在があってこそ、多様な相のもとに出現することができる。他者たち、そして彼らに特有の意見の平等性が廃止されるいかなるところ——たとえば人も物もすべてが暴君の観点のために犠牲にされる暴政下——でも、誰ひとりとして自由ではないし、また誰ひとりとして、暴君でさえも、洞察力を持たないのである。さらに、この政治的人間の自由——その最高の形態では明敏な洞察力と一致する——は、意思の自由やローマ的自由《リベルタス》 *libertas* やキリスト教的自由意思 *liberum arbitrium* とはほとんど関係がない——実際、あまりに関係が薄いので、ギリシア語にはこれらのいずれの概念にも該当する言葉が存在しない。孤立した個人はけっして自由ではないということだ。彼が自由になることができるのは、孤立から踏み出してポリスの中に入り、そこで活動を始める場合に限られるのである。自由は人間、あるいは或るタイプの人間——たとえば異邦人《バーバリアン》とは対照的な存在としてのギリシア人——に与えられる名誉のしるしになりうるが、それ以前に自由は、人間たち《ヒューマン・ビーイングズ》が自らを組織する際の方法的属性に外ならない。自由が発祥する場所は人間の内部——その内部とやらが何であるかはともかく——では決してありえないし、人間の意思でも思考でも感情でも決してありえない。それは人間と人間の間の空間にあり、その空間は相異なる個人たちが一緒に集まって初めて生起しうるものであり、また彼らが共生したままでいる限りにおいて存在し続けることができる。自由には空間《スペイス》があり、その空間に入ることを許される者は誰でも自由なのである。つまりそこから閉め出される者は誰でも自由ではないということだ。その空間に入る権利、したがって自由そのものは、富や健康に劣らず、人間の生活を左右する財産だったのである。

家庭——自由の欠如

したがってギリシア的な考え方によれば、自由は場所に根差しており、一つの地点に固定され、尚かつその地点の広さには限りがあり、自由空間の境界は都市とポリスの城壁と、もっと厳密に言えば、その内部にある広場《アゴラ》と合致していたのである。そうした境界の外部には、まず異国の領土が広がり、人はそこではもはや市民——あるいは政治的人間と言った方がいいかもしれない——ではないので、自由にはなりえなかった。境界の外部には、第二に、私的な家庭があり、そこでも自由になることはできなかった。なぜなら平等者のみが自由の空間を構成するのだが、家庭内にはその平等者がひとりもいなかったからである。さらにこの第二の点は、何が政治や公共の事柄や共和国《レス・プーブリカ》 *res publica* を構成するのかという、ギリシアとはまったく異なるローマ的概念にとって大変な重要性を持っていた。ローマ人にとって家族はあまりにも人が自由ではない空間だったので、前述したように、歴史学者モムゼンは「ファミリア *familia*」という語を「隷属」という意味に翻訳したほどであった。しかしこの「隷属」には二つの理由があった。第一に、「家父長《パテル・ファミリアス》 *pater familias*」が、妻と子どもと奴隷が家族《ファミリア》を成す大きな家庭《ハウスホールド》を支配していたことである——その支配は文字通りの君主、暴君として行われ、彼は対等者を持たないままだったので、自由な人間として現れることはできなかった。第二に、一人の人間によって支配される家庭は、争いや競争を大目に見る余裕がなかった。なぜなら家庭が作り出す一体性は、不可避的に、対立する利害や立場や観点があればすぐにもバラバラになりかねないものだったからである。そしてその場合、観点の多数性——観点が多様なところで自由に動き回れることが、自由であることや自由に活動したり語ったりすることの本質的内容である——は自動的に排除されていた。要するに、自由の欠如こそは、ポリスの共同生活にとって自由と闘争が不可欠であったのと同じように、家族が生活を共にする上で不可欠な、揺るぎなき一体性の前提だったのである。このように考えると、自由な政治の舞台は島のように見えてくる。そこは、野蛮な暴力と強制の原理が人間関係から排除された唯一の場所なのである。この小さな空間の外部に留まるものはすべて——一方に家族があり、他方に他の政治体に対するポリスの諸関係がある——強制の原理や力《マイト》によってもたらされる「正義」に服従し続ける。したがって古典古代期の見地からすれば、個人の地位《スティタス》はその時々でたまたま彼がその中を動いている空間にあまりにも完全に左右されていたので、ローマ人の父親の成人した息子として「父親に服従している」男が、「市民としては父親に命令を下すべき立場にあることに気づいたりすることがあったかもしれない(22)」。

ポリスにおける闘争《ストラグル》のゆくえ

話を出発点に戻そう。私たちはホメロスによって潤色されたトロイアの絶滅戦争を検討して、ギリシア人たちが、世界と政治的領域の双方を破壊する暴力の絶滅的要素にどのように対処したのか、そのやり方について考察を巡らそうとしたのだった。ギリシア人たちは、あたかも暴力の発祥地たる軍事的な戦争の世界から闘争《ストラグル》――それがなければ、アキレウスもヘクトルも世に出ることは決してなかっただろうし、したがって自分が誰であるかを証明することもできなかっただろう――を切り離し、そうすることによって闘争を、ポリスと政治的領域を一体化するための要因に仕立て上げたかのようだ。同時に、激烈な戦争の敗北者や被征服民の身に降りかかっただろう事柄への関心は、ことごとく詩人や歴史家の手に委ねられたので、私たちは、こんどは彼らの作品――それらの元になった偉業そのものではないが――が、フィディアス[13]や他の芸術家たちが作った彫像さながらに、ポリスとその政治の一部分になったことにも注目しなければならない。彼ら自身は、その職業からいって、平等者とも自由市民とも見なされていなかったが、彼らの作品は、不可避的な成り行きとして、公的な政治的領域の実体的で世俗的な構成要素になったのである。しかしポリスのギリシア人を人間の一典型《タイプ》として際立たせる標準であり続けたのは、他に抜きん出よう、つねに最高でいよう、不死の栄光を手に入れようと不断の努力をしていた、アキレウスという人物像に外ならなかった。一般的に言って多くの人間が、とりわけ多くの平等者が不可避的に集まるという情況――すなわちホメロス的な集合場所としての広場《アゴラ》的情況――はトロイア遠征の際に実現したことだが、それはひとえに多数の「王」たちが、つまり孤立した家庭の中で生活していた自由民たちが、戦争という大事業に協力するためにそこに集結したからだった。その際、彼らがそれぞれ戦争に参加したのは、そうした共同努力によってしか、故郷からも家庭の拘禁からも遠く離れて彼が栄光を手にする方途はありえなかったからである。今やこうしたホメロス的な英雄の集結から、ホメロスの時代には紛れもなく冒険的であったはずの特徴が剝ぎ取られている。ポリスはホメロスのアゴラと固いつながりを有してはいるが、今やこの集会場所は常設であり、任務が終われば軍隊は他の場所へ移動して行き、あとは詩人が到着して、軍隊が神々や人間たちの前で行った偉業に対する当然の報酬としての「不朽の名声」を作品によって授けるまで何世紀も待たねばならないような、軍隊の野営地ではなくなっている。しかしトゥキュディデスが記録しているペリクレスの演説によれば、今やその絶頂期に達したポリスは、暴力を一切用いず、死すべき者が不死になりうる唯一の手段たる名声を保証する詩人も吟遊詩人もなしに、ホメロスの戦闘《ストラグル》と同じ闘争《ストラグル》に携わることを願っていたのである。

敗者の大義——ローマ的政治の起源

ローマ人はギリシア人の双子の民族であった。その第一の理由は、両者は民族としての起源を同一の事件、すなわちトロイア戦争に求めていたからであり、第二に、ギリシア人が自分たちをアカイア人[14]の子孫だと信じていたのとまったく同じように、ローマ人は自分たちがロムルスではなくアイネイアス[15]の子孫だと考えていたからである。それゆえ彼らは、意図的に、自分たちの政治的なるものの起源を一つの敗北に定め、それが機縁になって未知の土地に新しい都市が建設されたのである――それは聞いたこともないような新しいものの建設ではなく、古いものの更新による建設であり、新しい故国の建設、家の守り神《ペナテス》――トロイア王家の神々であり、アイネイアスが父親と息子と共にトロイア脱出前に救出して、海の向こうのラティウムに連れてきた[16]――のための家庭の新しい建設であった。ギリシア人、シチリア人、ローマ人がトロイア英雄伝説《サーガ》に施した潤色に対する最後の解釈においてウェルギリウスが語っているように、ここで重要な点は、ヘクトルの敗北とトロイアの破滅をなかったことにすることであった。「もう一人のパリス[17]がもう一度火を放てば、ペルガムスは焦土と化して新しく生まれ変わるのだ[23]」。これこそアイネイアスが果たすべき任務なのである。そしてその任務が焦点だとするなら、この英雄伝説《サーガ》の真のヒーローはギリシアのアキレウスではなくトロイアのヘクトルなのである。というのも彼は十年もの長きにわたり、ギリシア人たちから勝利を遠ざけ続けていたのだから。しかしこれは決定的な問題ではない。決定的に重要なのは、このようにイタリアの地でトロイア戦争を再演すれば、それはホメロスの叙事詩に描かれている諸関係を逆転させるということである。もしアイネイアスがパリスとヘクトル双方の後継者であるとするなら、彼が点火する炎の相手は、パリス同様に、またしても万事女がらみなのだが、それは夫を裏切ったヘレネではなく、彼の妻ラウィニア[18]である。そして彼は、ヘクトルと同様に、第二のアキレウス、すなわちトゥルヌス――「プリアモスに、ここにもう一人のアキレウスがいると告げよ(24)」とあるように、トゥルヌスは自分をアキレウスと同一視している――のなだめがたい怒りを買う。しかし戦いが始まるや、トゥルヌス（アキレウス）は逃げてアイネイアス（ヘクトル）は彼を追うなりゆきになる。その後、ホメロス版のヘクトルはあきらかに名声と栄光を第一のものとは考えず「家族の祭壇の守護者として戦死した」のだが、それとまったく同様に、アイネイアスがカルタゴの女王ディドのもとから去るのは偉業によって得られる栄光がその理由ではなかった。なぜなら「苦しみと努力は賞賛に値するものではない(25)」からである。彼がディドのもとを去るのは、息子と子孫のことを考えるからであり、自分の世評と家系の持続に対する気遣いのせいなのである。なぜなら、ローマ人にとって、それらは地上的な不死を保証するものだったから。

　ローマ的政治がどのようにしてトロイアとその国を呑み込んだ戦争から生起したのかを語るこの物語――最初は伝統的な英雄伝説《サーガ》形式だが、その後それよりはるかに豊かな形に意図的に潤色されている――は、間違いなく西洋史においてもっとも注目と驚きに値する事件の一つである。あたかもホメロスの叙事詩の精神的・詩的な両義性と中立性に伍して、十全に成就されたリアリティが出現したかのようであり、それまで一度も実現されたことがなく、おそらく史実の上では実現されえないような何かが、実現されたかのようであった。その何かとは、敗者の大義の全面的正当化である。しかもそれは後世の人々によって正当化されたのではなく――後世の人々はいつでもカトーの口真似をして「勝者の大義は神々を喜ばせたが、敗者のそれはカトーを喜ばせた」[19]と言っていればよかった――歴史的な経過そのものによって正当化されたのである。[26]ホメロスは敗者の栄光を歌い、また祝賀的な詩の中で、いかにして同一の出来事が二つの側面を持ちうるのかを明らかにして、さらに詩人にはいわば敗者を二度もやっつけて破滅させるために勝利者の勝利を利用する権利など存在しないことを歌っているが、それだけでもすでに前代未聞のことなのである。ローマ人は、記録に残されている限りで初めてギリシア人と対決したとき、トロイアの後継者として、彼らと縁続きの部族のイリウム人と同盟を結んだのだが、[20]そういうことを想起すると、ある民族の自己解釈が、いかに彼らのリアリティにとって重要で不可欠な部分になりうるのか容易に納得がゆくというものだ。しかしこの種のことが現実の世界で実際に行動に表されるというのは、さらにもう少し驚くべきことのようにも思われる。なぜならその戦争は、たった一つの出来事において、本来対立している二つの局面を歴史の中で一遍に露出させたのであり、まるで西洋史の最初期にヘラクレイトスの「万物の父」という定義に符合する戦争が実際に起こったかのように思えるからである。爾来、すべての相が発見され、すべての側面が明らかにされ、さらに人間世界で考えられる限りのあらゆる視点から認識され明確にされてしまうほどに、一つの事柄あるいは出来事としてリアリティの全体が描出されたものは、感覚的世界と歴史的‐政治的世界のいずれにおいても、何一つとして存在しない。

世界は複数の観点が存在するときに限り出現する

恐らくこうしたローマ的遠近法――それによって過去の絶滅を覆すための炎が再点火される――を知ることによって、初めて私たちは絶滅戦争のほんとうの意味を理解し、なぜそれについてありとあらゆる道徳的考察が為されているのに、それ自体は政治において正当に扱われないのかを理解することができる。ある事柄は、それがすべての側面で現れ認識されうる場合に限り、感覚的世界と歴史的‐政治的世界の双方においてリアルであるというのがほんとうなら、リアリティをさらに真実らしくさせ、たしかに長続きさせるためには、個人や民族の複数性、そして観点の複数性がつねに存在しなければならない。言い換えるなら、世界は複数の遠近法《パースペクティヴズ》＝観点が存在するときに限って出現するのだ。つまり世界は、いついかなる時でも、こんな風にもあんな風にも見られる場合に限り、初めて世俗的事象の秩序として現れるということである。もしある民族や国民、または世界におけるそれ独自の位置――その由来はともあれ、簡単には複製されえない位置――から発するユニークな世界観を持っているある特定の人間集団が絶滅させられるなら、それは単に一つの民族なり国民なりが、あるいは一定数の個人が死滅するということではなく、むしろ私たちの「共通世界」の一部が破壊されるということであり、今まで現れていた世界の一側面が二度と再び現れえなくなるということなのである。それゆえ、絶滅は一つの世界の終わりというだけではなく、絶滅を行う側もまた道連れにされるということでもある。厳密に言えば、政治の目的は「人間」というよりも、人間と人間の間に生起して人間を越えて持続する「世界」なのである。政治は破壊的になって世界を破滅に至らしめる程度に応じて、政治自らをも破壊し絶滅させる。別な言い方をすれば、互いに何かしら個別的な関係を持ち合いながら世界に存在する民族の数が多ければ多いほど、それらの間に生起する世界の数もますます多くなるし、世界はますます大きく豊かになるだろう。ある国家の中に世界を——すべての人々に公平に見え隠れする同一の世界を——見るための観点の数が多くあればあるほど、その国家は世界に対してますます意義深く開かれたものになるだろう。他方で、万が一地球に大地殻変動が起きて、あとにはたった一つの国家しか残されなくなったとしたら、そしてその国家内の誰もがあらゆることを同一の観点から理解して、互いに完全に意見を一致させせながら暮らすようになったとしたら、世界は、歴史的‐政治的意味では、終焉したことになるだろう。世界を持たずに地球に取り残されたそれらの人間たちは、ヨーロッパの探検家たちに新大陸で最初に発見されたとき無為な生活を送っているだけだった諸部族——当時のヨーロッパ人たちは、彼らもまた同じ人間であるという自覚など微塵も持たないままに、そうした諸部族の民を人間世界に引き入れたり、皆殺しにしたりしていたものだ——とほぼ同様に、私たちと共通するものはない。言い換えるなら、掛け値なしの意味で、人間は世界が存在するところでしか生きてゆけないし、また世界は、掛け値なしの意味で、人類の複数性が単一の種の単なる数的増加以上の意味をもつところでしか、存在しえないのである。

敵対的出遭いから人間と人間の間の出遭いへ――徹底的な絶滅から持続的な何ものかへ

したがってきわめて重要なのは、このようにローマの地でトロイア戦争――ローマ国民は自らの政治的・歴史的存在の起源をそこに置いていた――を再現することが、結果として、さらなる被征服民の絶滅ではなく、同盟と条約を生み出したことなのである。それは断じて古い炎を新たに煽り立てることでも、単に古い結末に回帰することでもなく、むしろ戦争の猛火に対する新しい結末の考案であった。条約と同盟は、その起源とローマ人によってきわめて豊かに刻印された意味との双方において、国家間の戦争に密接に結びついており、またローマ的な物事の見方によれば、いわばあらゆる戦争が当然追求すべきものを象徴している。ここにはホメロス的な要素も存在するが、もしかしたらそれは、ホメロスがトロイア・サーガに最後の詩的形式を与えようとしていた時代よりも以前に存在していた何かであったかもしれない。それは、人々の間のどんなに敵対的な出遭いですらも、彼らが共有している何かを生起させるという認識を含んでいるのだ。なぜなら、まさにこの事例に打ってつけなのだが――プラトンがかつて書いたように――「行為をなす者がいれば、同時に、行為を被る者もいる」[27]からなのに外ならないし、その結果として、行為の実行（deed）とその行為の受忍（suffering）が共に終了するときには、両者は同一の出来事の二つの側面になりうるからである。しかしそれはつまり、出来事自体がすでに対立《コンフリクト》から別の何ものかに変質させられてしまったということであり、しかもその何ものかは、まず何よりも詩人の想起する眼差し、祝賀する眼差しの前に、あるいは歴史家の回顧的な凝視の前に現れるのである。もっとも、政治的には、対立の一部分としての敵対的な出遭いが人間と人間の間の出遭いであり続けられるのは、敗者を破滅させる前に戦闘が止んで、異なる種類の出遭いが戦闘から生まれる場合に限られるのであるが。たとえそれがほんとうは条約ではなく敗者に対する絶対的命令だとしても、あらゆる平和条約が関わるのは新しい秩序作りであり、その対象には戦闘勃発前に存在していた事象だけではなく、戦闘の過程で出現し、戦闘行為をなす側とそれを受忍する側双方に共有されている新しい事柄も含まれるのである。そうした徹底的な絶滅から別の持続的な何ものかへの変質は、すでにホメロスの公平性の中に見いだしうるものである。なぜならその公平性は、少なくとも敗者の栄光と名声が消滅するのを許さず、アキレウスの名前とヘクトルの名前を永遠に結び付けているからだ。しかしギリシア人たちにとっては、そうした敵対的出遭いの変質はもっぱら詩と記憶にのみ限られており、直接的な政治的影響を与えることはなかったのである。

条約と同盟

条約と同盟は、歴史的に、ローマに起源を有する中心的な政治的概念であるというだけではない。この二つのアイディアは、ギリシア的精神とも、ポリスの政治的領域に含まれる内容に関するギリシア精神の概念とも、まったく異なるものでもあるのだ。トロイアの末裔たちがイタリアの地に降り立ったときに起こったことは、ギリシア人たちの間で政治がその限界まで達したあげくに終焉した、まさにその地点においての、政治の発展に外ならなかったのである。ローマ人にあっては、政治は、都市の同等ランクの市民たちの間ではなく、戦闘で初めて一緒になった見も知らぬ対等ならざる人々の間に生長するものであった。すでに検討したように、たしかにギリシア人にとっても闘争《ストラグル》は、さらにそれに伴う戦争は、政治的なるものの始まりとなるものではあった。しかしそれは、彼らが対立《コンフリクト》を通して本来の自分になり、そのあとで自分自身の本質を維持するために集まる限りにおいてそうなのであった。ローマ人にとっては、これと同じ闘争が、自分自身のみならず敵方をも認識するための手段になっていた。それゆえ戦闘が終わっても、彼らは壁の内側に引きこもってひたすら自分自身と自分の栄光に浸ったりはしなかった。それとは逆に、彼らは新しい何かを、新しい政治の舞台を手に入れたのであり、それを平和条約でたしかなものとして、それに従って昨日の敵が明日の同盟国になったのである。政治的な観点から言えば、二つの国家を拘束する平和条約は、両国の間に新しい世界が生起することを可能にする、あるいは、より厳密に言うと、双方の国家が共有する新しい世界——それは両国が戦闘で出遭ったことから生まれたものであり、その戦闘では行為をなすこととそれを受忍することがまったく同一の事柄をもたらした——の持続を保証するのである。

「合意」と「契約」によって持続するつながり——ローマの法概念

そうした戦争の問題に関する解決策——それが、もともとローマ人のアイディアだったのか、それとも彼らがトロイアの絶滅戦争について考えを巡らし潤色してからのことだったのかはともかく——は、法の概念の起源であり、同時に、ローマの政治思想が法と法律の制定に置くようになった只ならぬ重要性の起源である。というのも、ギリシア人が「法律《ノモス》 *nomos*」によって理解していたものとは大きく異なり、まったく逆のものですらあったのだが、ローマの「法《レックス》 *lex*」の実際の意味は「持続するつながり」であり、それはたちまち「契約《コントラクト》」——私的な市民間の契約であれ、国家間の条約としてであれ——を意味するようになったのである。したがって法は人間と人間をつなぐものであり、それは、絶対的命令でも暴力行為でもなく、相互の同意によって生まれるものなのである。法の制定、つまり戦争の暴力の次に来るこの持続するつながりは、それ自身が提案と反対提案に、すなわち言論につながっている。そしてこの言論こそは、ギリシア人とローマ人双方の見解によると、あらゆる政治にとって中心的なものなのである。

しかし決定的な相違が存在する。すなわち、立法的活動力とそれによって生まれる法律それ自体が政治の領域に属しているのは、ローマ人の場合だけであり、他方、ギリシア人が言うところによれば、立法的活動力はあまりにも根本的に真の政治的活動力からもポリス内の市民的事象からも切り離されていたので、立法者はポリスの市民である必要すらなく、ポリスが求めるものを作るように委託された彫刻家や建築家とまったく同じように、外部から雇われても構わないくらいだったのである。それとは対照的に、ローマの「十二表法[21]」は、いくらかの細部はギリシアの手本に基づいているのだろうが、一人の人間の手になるものではなく、敵対する二つの勢力、すなわち貴族と平民の間の契約であり、民衆全体の承認 *consensus omnium* を必要としていた——ローマについて書かれた歴史書によると、そうした承認は法律の制定に際して「かけがえのない《ユニーク》役割[28]」を果たしていた。その法律の契約的性格にとって意義深いのは、この基本法——その起源はローマ人民《ポプルス・ロマーヌス》 *populus Romanus* の創設にまで遡る——が、単純に貴族と平民の差別を拭い去ることによって反目する両勢力を結び付けているわけではない点である。事実は逆なのである。たとえば貴族と平民の結婚が露骨に禁止されていたこと——のちに撤回されたが——は、以前よりもずっとあからさまに両者の隔たりの大きさを物語っていた。ただ両者の間の敵対的状態が棚上げされたにすぎなかったのだ。しかしローマ人の考えからすれば、こうした処理を法的問題にしたのは、これから先は契約が、すなわち持続するつながりが、貴族と平民を互いに結び付けるということだった。公的生活＝公共体＝国家《レス・プーブリカ》、すなわち公的事象の生活は、この契約から生起してローマ共和国に発展してゆき、かつての敵同士に狭まれた空間に設立された。要するに、法は人間と人間の間に新しい関係性を構築するものなのである。しかも、もし法が人間を互いに結び付けるものだとしても、それは自然法的な意味でそうするのではなく、つまりすべての人間が、いわば生まれつき埋め込まれている良心の声に従って、もしくは天から下されて民族全体に広められた戒律として同一のものの善悪を認識するという意味でそうするのではなく、あくまでも契約上のパートナー間の合意《アグリーメント》という意味でそうするのだ。そして、まさにそうした合意は双方の側の利害が認識されている場合に限りもたらされるものなのだから、同様に、このローマの基本法においても「双方を考慮に入れる共通の法を創設する」ことが重要なのである[29]。

あらかじめ境界を定める——ギリシアの法概念

ローマ的な法概念の並外れた政治的成果——その道徳的考察は、目下の議論には直接の関係がないのでさておくとして——を正しく評価するためには、そもそも法とは何であるか？という問題に対する、まったく異なるギリシア人の解釈を手短に再検討する必要がある。ギリシア人にとって、法は合意でもなければ契約でもなかった。つまり法は、言葉と行為が行き交うやり取りの中で人間と人間の間に生起するものでは決してなく、それゆえ、それ自身が政治的舞台に属するものではなく、むしろ本来的に立法者によって着想されるものであり、それ自身が政治的領域に取り入れられる以前に、まず存在していなければならないものなのである。そういうものとして、法は前政治的ではあるが、その意味は、法はそれ以後の政治的行為と政治的相互作用すべてを構成するということなのである。

かつてヘラクレイトスは法を城壁になぞらえたものだが、その形態と境界によって識別可能な都市が誕生するには、その前にまず城壁が構築されねばならないのとまったく同じように、法は都市の住人の性格を決定し、彼らを他のあらゆる都市の住人たちから切り離して、見分けが付くようにする。法は一人の人間によって策定され建てられる城壁であり、その内側に多数の人間が自由に動き回るリアルな政治的領域が創られる。またそれだからこそ、プラトンは、これから創建される新しい都市のための法律を広める作業に着手する前に、境界と境界石の守護者たるゼウスに加護を祈るのだ。重要なのは境界を定めることであり、結びつきや連携を形成することではない。法は、いわば、それによってポリスが永続的生命を得てそれを廃止したら自らのアイデンティティをも失ってしまうものであり、法を犯すことは思い上がりの行為であり、生そのものに課された限界を踏み越えることなのである。法はポリスの外部では有効性を失う。つまり法の拘束力が適用されるのは、それが境界で囲い込んでいる空間に限られるのだ。ソクラテスにとってすら、法を踏み越えることとポリスの境界を踏み越えることは、紛れもなく同一のことなのである。

王としての法——ポリスの法概念

由々しき点は、法は、人間たちが暴力《フォース》を使用しないで共生するための空間を規定するものだが、その起源と本質の双方からみるならば、暴力的な部分を有しているということである。それは活動《アクション》ではなく制作《プロダクション》によって生まれる。つまり立法者は、政治家や市民ではなく、都市の設計士や建築者に似ているということである。法は政治が発生する舞台を作り出し、自らの内に、いかなる制作にも内在する暴力を含む。それは制作されたものであり、自然に生成しそれゆえ存続するために神々や人間の助力を必要としないいかなるものとも、対極の立場にある。自然には存在せず、自然に生成してこなかったいかなるものも、法（則）に従って制作されたのであり、その法を内に含んでいるのだ。それぞれのものは各々それ自身の法を具現化したものであり、それらの法には、それぞれの法による制作物の間に関係性がないのと同じように、関係性は存在しない。プラトンが『ゴルギアス』の中で引用しているピンダロスの有名な断章[30]によれば、「法は、死すべき者と死なざる者の区別なく、一切を統べる王であり、正義を創出するために、至高の腕力をもって最強の力《フォース》を振るう」。それに服従する人々に対して、この力《フォース》は、法の権威において、自らを表現する。すなわち法こそはポリスの主人にして命令者であり、他方、ポリスでは誰も自分の同輩に命令する権利を持たないのだ。かくしてソクラテスが『クリトン』の中で友人に説明しているように、法は父親と暴君が一つになったものなのである。[31] その理由としては、古典古代期の家庭では専制支配が広く行われており、それが父と息子の関係を決定づけて「暴君的父親」という言われ方も珍しくはなかったからであるし、さらに父が親となって息子を作るのとまったく同じように、法は、いわば、親として市民を創り出し（すなわち、ともあれ父が息子の身体的《フィズィカル》＝物質的存在の前提条件であるのとまったく同じように、法は息子の政治的存立の前提条件であったのであり）、それゆえ法は、ポリスの一般的な見解に従って——ソクラテスやプラトンの見解ではないが——市民を教育する責任があったからでもある。しかし父‐息子関係とは異なり、法への服従は自然の目的を持たないので、主人と奴隷の関係にもなぞらえられるだろう。その結果、ポリスの市民は、法との関係において——すなわち、その範囲内で彼が自由となり、同時に彼の自由の空間を限定する、境界線との関係において——生涯「奴隷的息子」であった。だからこそ、ポリス内では誰の命令にも服従していないギリシア人たちが、戦場ではペルシア人たちに対して自分たちの力を侮るなと言い放つことができたのである。というのも彼らは皆、ペルシア人たちが王に対して抱いていた恐怖感と寸分違わぬ恐怖感を、ポリスの法に対して抱いていたからである。

こうしたギリシア人たちの法概念をどう解釈するにせよ、彼らにとって法は国と国の間を、または同じ国の内部での政治的コミュニティの間を架橋する働きをするものでは、けっしてありえなかった。新しい植民地を建設する場合でも、本国のポリスの法律ではけっして十分ではなく、勇を奮って新しいポリスを創設しようとする者たちは、その新しい政治的領地が堅固に確立したものと見なされるために新しい立法者 *nomothetēs* を必要とした。そうした基本的情況下では、帝国の建設など完全に問題外であった――ペルシア戦争がある種のギリシア的《ヘレニック》なナショナリズムを、すなわち同じ言語と政治構造を共有するという意識をギリシア全体に目覚めさせた後でもそうであった。全ギリシア《ヘラス》の統一が果たされていれば、ギリシア民族は別な運命を辿っていたかもしれないが、その際には、ギリシア人の真の本性もまた消え去る運命にあっただろう。

戦争と外交――ローマ的政治原理

いかなる拘束も受けない唯一の命令者というポリスの法概念と、ローマ的概念との隔たりの大きさを測るには、アイネイアスがラテンの地に到着する場面でウェルギリウスがラテン民族について述べた、「何の足枷も法もなく……自らの意思によってそのもっとも古い神の習慣を奉ずる」[32]民族、という一節を想起するのがいちばん適切と思われる。ただちにラテンの先住民と新参者との間には取り決めが結ばれねばならなくなり、初めて法が出現する。この取り決めに基づいてローマが創建されるのであり、もし「地上のすべてをこの法の下に置くこと」[33]がローマ人の使命だとするなら、それが意味するのは地球全体を条約のシステムに組み入れることに外ならないし、さらに条約によって歴史的に創建されたこの民族こそ、その任務を遂行するのにもっともふさわしいということに外ならない。

もしこのことを近代的カテゴリーで表現したいというのであれば、次のように言わねばならないだろう。すなわちローマ人にとって政治は外交政策として始まったのであり、そしてその外交政策こそ、まさにギリシア的精神が政治から完全に排除していたものに外ならない。さらにローマ人にとって政治的領域それ自体は法の範囲内でのみ生起し持続することができたが、この領域が生起したり拡大したりするのは異なる国家が互いに遭遇するときに限られていた。遭遇それ自体は戦争として起こり、ラテン語の人民《ポプルス》 *populus* はもと「軍隊の力」[34]を意味していたが、この戦争は終わりではなく政治の始まり、すなわち平和条約と同盟から生まれる新しい政治的領域の始まりなのである。さらに、これこそ古代世界においてあまりにも有名だったローマの「慈悲」、「敗者に対する赦し *parcere subiectis*」の意味なのである。その慈悲によってローマは最初にイタリア内の諸領地と諸部族を、次にイタリアの外部にある彼らの諸領地を組織化したのである。カルタゴの破滅[22]もこの原理を無効にするものではない。なぜならそれは現実には政治的世界において――すなわち決して破壊することではなく、つねに拡大して新しい条約を取り結ぶことで――行われたからである。カルタゴの場合、破壊されたのは軍隊ではなかった。というのも、ローマの勝利のあと、将軍スキピオはカルタゴ軍に対して前例にないあまりに有利な条件を提示したので、近代の歴史家ははたして彼が自分自身のために行動していたのかローマのために行動していたのか、悩まねばならないくらいだった[35]。さらにまた地中海で競合する商業力が破壊されたわけでもなかった。破壊されたのは、何よりも、「けっして約束を守ることをせず、けっして赦しを与えることのない統治体」だったのである。それはローマ人の政治的手腕などでは手に負えない反ローマ的な政治原理を具現化していて、もしローマが先に滅ぼしていなければ、逆にローマを滅ぼしていたであろう統治体だった。カトーが考えていたのはそういうことか、あるいはそれに類することであったのに違いないのだが、近代の歴史家たちも彼に倣って、当時の世界情勢で唯一ローマに対抗する国家として生き残っていた都市が破壊されたことを、正当化してきたのである。

赦しと条約――ローマの拡大

そうした正当化が妥当であるかどうかはともかく、私たちの文脈において肝要な点は、それがローマ的な考え方に合致するものではなく、ローマの歴史家たちの間では支配的になりえなかったということである。ローマ的なやり方は、大スキピオがハンニバルに対する勝利の後でやろうとしたのとちょうど同じように、敵都市が対抗勢力として生き長らえることを許すものだった。いかにもローマらしい振る舞いと言えば、ローマの祖先たちを想起することであり、またカルタゴの破壊者たる小スキピオのように、その都市の廃墟を目の当たりにしてワッと泣き出しては不吉な運命の予感に打たれて「神聖なるトロイア《イリウム》が滅ぶ日がやってくる／プリアモスその人と槍を振りまわす王の民も滅ぶのだ」[36]と、ホメロスを引用することであった。そして最後に、典型的にローマらしかったのは、ひとつの都市を破壊してローマを世界の大国に仕立て上げたこの勝利を、ローマ自身の目的＝終焉《エンド》の始まりとみなしたことであり、それはタキトゥス〔23〕に到るまで、ほぼすべてのローマの歴史家たちに見られる傾向でもあった。言い換えるなら、こうしたローマ性は以下のような事柄を認める点にあったのである。すなわち自身の生存に敵対する勢力は、その敵対的本性があらわになる戦時においてこそ、赦しを与えられ生かされ続けねばならない――それは同情からではなく、ローマを拡大するためであり、これからのローマはそうしたものとも異質な勢力をも新しい同盟関係に組み込んでゆこうとしているということを。自分たち自身の直接的な権益をよそに、こうした見識に促されたローマ人たちは、ギリシア諸都市の現状を思えばそうした振る舞いがまったくの愚行に見えるときでさえ、ギリシアの自由と独立の断固たる擁護者になっていったのである。彼らがそうしたのは、自分たちがカルタゴに対して犯した罪をギリシアの地で償いたいと考えたからではなく、ギリシア的性格がローマ的性格と真の好一対になると考えていたからである。ローマ人にとってそれは、トロイア戦争終了後にトロイアのヘクトルがギリシアのアキレウスに再会して、同盟を持ちかけたようなものだった。もっとも、不運にも、その頃にはアキレウスはすっかり老いて気むずかしくなっていたのだけれど。

ここで道徳上の規範をあれこれと当てはめて、倫理的衝動が政治的に考慮すべき事柄を侵害しているという観点からこの問題を見るならば、それは誤りだろう。カルタゴは、ローマが取り組まねばならない相手として、ローマと肩を並べる力を持つと同時にローマ的原理に対抗する原理を具現する最初の都市であった。それだからこそ、初めて、条約を結んで同盟関係を創るというローマの政治的原理がどこにでも当てはまるわけではないということが判明し、その限界を露呈することになったのである。このことを理解するためには次の点を認識しなければならない。すなわち、それを用いてローマがまずイタリアの諸地域を、次に世界の諸国を組織した法律は、私たちが使っている意味での条約であるだけではなく、永続的なつながり《タイ》——これこそ同盟関係の本質的含意である——を目指すものでもあったということである。こうしたローマの同盟諸国、同盟市《ソキイ》 *socii*——そのほとんどはある時点で征服されたことのある敵国であった——からローマの組合《ソキエタス》 *societas*[24]が出現したのだが、それは社会とは無関係であり、むしろ仲間同士の関係を促進させる協同的コミュニティと関連がある。ローマ人たち自身が求めていたのは諸部族・諸領土の征服、すなわち「ローマ帝国《インペリウム・ロマーヌム》 *Imperium Romanum*」——モムゼンの『ローマ史』によれば、それはほとんど彼らの意思に反してローマ人たちの前に現れて彼らに押しつけられたものだ——というよりは、「ローマ組合《ソキエタス・ロマーナ》 *societas Romana*」だったのである。それはローマによって始められた同盟システムを無限に拡大可能にしたものであり、その内部では、諸部族と諸領土が一時的で更新可能な条約によってローマに結び付けられるだけではなく、ローマの永遠の同盟者にもなったのである。カルタゴのケースにおけるローマの失敗は、対等な二国間の条約——近代風に言えば、ある種の平和共存——を実現しよう思えばできたのに、そうした近代的なタイプの条約にはローマ人の考えが及びえなかった点にあったのである。

ギリシアの法《ノモス》、ローマの法《レックス》

これは偶然ではないし、ローマの愚鈍さに帰せられるべきものでもない。ローマ人が知らなかったこと、また、彼らの政治的なるものを一貫して鼓舞していた基本的経験を思えば、知ることはまずありえなかっただろうことは、まさにギリシア人を鼓舞していた活動《アクション》に固有の特徴に外ならない。その特徴によれば、ギリシア人たちは掟《ノモス》 *nomos* によって活動を制限し、「法」を結び付きや関係としてではなく、誰も踏み越えてはならない閉鎖的な境界として解釈していた。活動は、まさにその本質として、つねに世界の中に身を投じて関係とつながりを創り出すので、節度の欠如、アイスキュロス[25]に言わせれば「貪欲さ」を内在させており、それは「ノモス」やギリシア的意味での「法」によってしか抑えられないのである。ギリシア人の考えでは、この節度の欠如は、行為をなす人間の過剰さとか傲慢さにあるのではなく、以下の事実に、すなわち活動によって生まれる関係は限りなく拡大し続ける種類のものであり、またそうでなければならないという事実にある。活動する人間たちを結び付けることで、活動によって築かれたそれぞれの関係性は、最後には、結合と関係性の織物《ウェブ》に織り込まれて、新たなつながりを誘発したり、現行の関係性の布置を変更したり、ひいては、つねにより遠くへ遠くへと伸びてゆき、最初に活動を起こした人間の予想をはるかに超える多くの事柄を相互に関連し合う運動に引き入れる。ギリシア人はこうした無制限さへの衝動をノモスで抑制して、活動をポリス内の人間たちの間で発生する事柄に限定したり、また活動によってポリスがどうしてもポリス外の問題に関わらざるをえなくなったときには、その問題はあらためてポリスに付託し直されたりしたのである。ギリシア的な考え方によれば、かような次第で活動《アクション》は第一に政治的になる、言い換えるなら、活動はポリスに、つまり人間の共生の最高形式に束縛されるようになる。掟《ノモス》＝法は活動を制限し、活動が拡散して予測不能で不断に拡大し続ける関係性のシステムになるのを阻止する。またそうすることによって、ノモスは活動に永続する形象を与え、それぞれの活動をその偉大さにおいて——すなわち抜群の卓越性において——想起され保存されうる偉業《ディード》に変える。こうしてノモスは、死すべきものすべてが有する儚さに対抗する力に、またギリシア悲劇の時代にあまりにもユニークに経験されていたように、口から発せられた言葉の儚さと成し遂げられた偉業の儚さに対抗する力になる。ギリシア人が帝国を建設することができなかったのは、このノモスの形式化する力（form-giving power）に対する代償だったのである。そしてギリシア《ヘラス》全体が、都市国家たるポリスのノモスゆえについには滅んでしまったことに疑いはない。ポリスは植民地のように増殖することはできたのだが、互いに手を携えて永続的な同盟関係を結ぶということは決してできなかったのである。

しかし以下の点についても同じだけの説得力があるだろう。すなわちローマ人もまた自分たちの法《レックス》*lex*の犠牲者だったのであり、法のおかげで彼らは行く先々で永続的なつながりを持ち同盟関係を作ることができたのだが、法それ自体は限界というものを持たず、それゆえ彼らの意思に反して――実際に彼らには権力への意思とか征服への欲望はなかった――全世界を支配するように彼らを強いたのである。もっともそれは、達成された途端に崩壊してしまいそうな支配にすぎなかったけれど。ほぼ当然のことのように思われるのだが、ローマの滅亡とともに永遠に滅び去ったものは世界の中心《ハブ》であり、それとともに世界全体を一つの中心に向かって組織化する、独特のローマ的可能性であった。それに反して今日の時点でギリシアのアテナイの滅亡について考えると、以下のような推量が容易にできるだろう。すなわちアテナイのケースでは、永遠に消滅したのは世界の中心点ではなく、世界の内にある人間の最高の潜在的可能性《ポテンシャリティズ》だったのである。

ローマ中心主義の限界

ローマ人の帝国はあらゆる境界を超えて膨張し、結局は自らの都市と支配下にあったイタリアの崩壊を招くことになったが、彼らローマ人が永続的な結合を不断に拡張し同盟関係を構築するという、自分たちの無類の能力のために支払った代償は、そうした破滅した帝国の創建だけではなかった。政治的にはそれほど破局的ではなかったが、精神的にはそれに劣らず破滅的《フェイトフル》＝宿命的な代償となったのは、ギリシア的でホメロス的な公平性の喪失であり、偉大さと抜群の卓越性——いかなる場所、いかなる形で起ころうとも——の感覚の喪失、祝福することによって偉大さに永遠性を付加しようという意思の喪失であった。ギリシアの文学と歴史記述はけっしてギリシア的ではなかったが、ローマの歴史記述と文学は、その衰退期においてすら、もっぱらローマ的であった。ローマ人にとって、それはつねに彼らの都市とそれに直接関係するあらゆる事柄の、すなわち「ローマ創建以来《アブ・ウルベ・コンディタ》 *ab urbe condita*」の発展と拡大の歴史を記録するという問題だったのである。あるいはそれは、ウェルギリウスが言うように、「都市の建設まで《ドゥム・コンデレト・ウルベム》 *dum conderet urbem*」、すなわちローマの創建をもたらした事柄とアイネイアスの偉業と旅について語るという問題だったのである。(37) ある意味では、敵国を滅ぼしたギリシア人たちは、敵国を同盟者に仕立て上げたローマ人たちよりも、敵国に対して歴史的に公正であったし、敵国についてははるかに多くの事柄を私たちに伝えてきたと言えるかもしれない。しかしいかなる道徳的意味合いでも、この判断は間違っているのである。なぜならローマの勝利者たちは敗北の道徳的重要性を十二分に心得ており、自らが征服した仇敵の口を借りて、自らに以下のように問うていたからである。すなわち、ローマ人というのは「その破壊的欲望がもはや征服すべき領土を見いだせなくなっている盗っ人同然の世界征服者」なのではなかろうか？　また、同盟関係を打ち樹て「法」による永遠のつながりを他国と築こうというローマ人の強迫観念は、彼らが「あらゆる民族の中で、豊かさを求めるのと同じような熱烈さで空虚を追い求めている唯一の民族」であることを意味していないだろうか？　いずれにしろ被征服者の観点からみれば、ローマ人が「統治《ルール》」と呼んでいるものは略奪、殺人、窃盗と同義であり、伝説的な「ローマの平和《パックス・ロマーナ》 *pax Romana*」は、彼らが後に残してゆく不毛の地の別名にすぎないと思えるのも、もっともなことだった[38]。それでも、こうした批判的論評やそれに近いものは、近代の愛国的で民族主義的な歴史記述と比べれば強い印象を与えるかもしれないが、それらが明らかにしている否定的見解は、じつは、人間的見地から見た場合、いかなる勝利にも付随する否定的側面にすぎないのである。つまり敗者の敗者としての側面ということである。その偉大さにおいてローマに匹敵し、それゆえ歴史に記憶されるに値するが、ローマとは全然異なる何か他のものが存在するかもしれないという考え――ヘロドトスがペルシア戦争史を書き始める際に抱いていた考え――は、ローマ人にはまったく無縁なものであった。

ローマによる「世界」の創始——間の空間の政治問題化

上記のような点でローマの限界がいかようなものであれ、外交政策の——対外関係に関わる政治の——概念と、その結果としての、自らの国や都市の境界を越える政治的秩序観の概念は、ひとえにローマに発祥するものであることは疑いがない。ローマ人が部族と部族の間にある空間を政治問題化したことが、西欧世界の始まりを告知したのである——まさにそれこそ、最初に、西欧世界を「世界」として創始したものなのだ。ローマ以前にも多くの文明が存在したし、その中には途方もなく豊かで偉大なものもあったが、それらの文明の間に横たわるものは世界ではなく不毛の砂漠にすぎなかった。その砂漠を渡って、事態がうまく運んだ場合には、か細い糸のようなつながりや、未耕作の原野を走る道が築かれることもあっただろう。しかし事がうまく運ばなかった場合には、砂漠が広がり、その広がった先で戦争が起こり、いかなる世界が存在していようとことごとく破壊してしまったのである。私たちはあまりにも「十戒」の観点から——服従の要求を唯一の目的とする、戒めと禁止として——法や正義を理解することに慣れているので、法の空間的性格をつい忘れがちになっている。すべての法は、まずもって、その中で法が有効でいられる空間を創り出す。そしてこの空間はその中を私たちが自由に動き回ることのできる世界なのである。この空間の外部にあるものには法がない、もっと正確に言えば、世界がない。それは、人間社会に関する限りでは、砂漠なのである。

絶滅戦争による中間地帯の破壊——政治の消失

全体主義体制が台頭して以来、私たちの国内外の政策が直面している脅威の本質は、その双方の政策に関して真に政治的なるものが消滅しかねないという点にある。もし戦争がもう一度絶滅戦争になるとするなら、ローマの時代から実践されてきた、とりわけ政治的な本質を有する外交政策は消滅してしまうだろうし、さらに国家間の関係は法も政治も知らない広漠たる空間に退行し、世界は破壊されて、あとには砂漠が残されるだろう。なぜなら絶滅戦争において破壊されるのは、敗北した敵側の世界をはるかに越えるものだからだ。つまりそれは、何にもまして中間地帯《イン・ビトウイーン》、すなわち紛争当事国やそれらの国民同士の間に横たわる空間であり、全体的には、地上の世界を形成する領域なのである。以前私たちは、人間の手によって破壊されたものは人間の手によって再び制作されうると指摘したことがあるが、それはこの中間《イン・ビトウイーン》の世界——制作《プロダクション》ではなく、人間の活動《アクション》によって創建される世界——には当てはまらない。なぜなら活動——人間の本質的な政治的活動力——から生起する関係性の世界は、建築業者や加工業者が唯一の主人であり支配者であり続ける製造《マニファクチャード》された事物の世界に比べれば、それを破壊するのははるかに困難だからだ。

しかしひとたびこの関係性の世界が破壊されたなら、政治的活動――その過程を覆すのはきわめて困難なことなのだが――の諸法は砂漠の法に取って代わられて、そこは人間と人間の間の荒野と化し、壊滅的過程（devastating processes）が解き放たれることになる。その破壊の過程には、関係性を構築する自由な人間的諸活動に固有の節度の欠如が、同じように内在しているのである。私たちは、歴史によって、そうした壊滅的過程については熟知している。つまりその過程は、世界全体を、そこに含まれる一切の豊かな関係性もろとも破滅へ引きずり込んでゆき、そうなる前に食い止められたであろう事例はほとんど一つも見当たらないのである。

政治はいまでも何らかの意味を有しているか？

戦争と革命の世紀

レーニンは二十世紀は戦争と革命の時代になると予言し、現に私たちが生きているこの時代には、まったく未曾有のスケールで政治的事件がすべての人間の個人的運命を左右する基本的要因になっている。しかしこの運命が全力で展開されたいかなる場所でも、また人類が事件の大渦巻きに引きずり込まれたいかなる場所でも、この運命は惨禍をもたらしてきた。そして政治が人々にもたらしてきた惨禍に対しては、あるいは目下政治が全人類を脅かしているはるかに大きな惨禍に対しては、どこにも慰めを見いだすことはできない。二十世紀の戦争は政治的空気を浄化する「鋼鉄の嵐」(ユンガー)[26]ではないし、「他の手段をもってする政治の継続」(クラウゼヴィッツ)[27]でもない。戦争は世界を砂漠と化し、地球を生命のない物体に一変させうる恐るべき破局なのである。他方で、革命――マルクスに倣って、革命は「歴史の機関車」[39]であると本気でみなすならば――がいかにも明瞭に証明してきたのは、この歴史の機関車が明らかに奈落に向かって突進しているということ、また革命は災難を防ぐどころか、じつに驚くべきことだが、災難が蔓延してゆくスピードをますます加速させるということである。

二十世紀の根本的な政治的経験を形成したのは、議会政治や民主制政党機構ではなく、戦争と革命である。それらを無視することは、現実に私たちが暮らしている世界に生きていないということに等しい。そうした大事件のことを思い、そうした大事件が私たちの世界に来襲し続け、今なお毎日のように目撃されうるという厳しい現実を思えば、最善を尽くして政府機関の運営に奔走し破局の狭間で幾多の人間的事象を管理する人々は、凍ったボーデン湖を渡る騎士のようなものであり、要するに、次のように考えて何の不思議もないということだ。すなわちリスクの重荷に耐えることができるのは、現在の基本的な政治的経験に、理由はともあれ、それほど精通していない人々だけであり、それは彼らが、馬の足下の凍った湖の状態について何も知らない騎士と同様に、リスクの何たるかをほとん

ど知らないお陰なのである。(40)

政治的活動における目標、暴力における目的

戦争と革命に共通しているのは、双方とも暴力の徴を帯びているという点である。もし戦争と革命が私たちの時代における基本的な政治的経験だとするなら、それはつまり、私たちは、本質的に言って、政治的活動を暴力と同一視するように私たちを駆り立てる、暴力的経験の領野を横断しているということなのである。この政治的活動と暴力との同一視は致命傷になるだろう。なぜなら現在の情況下では、政治的活動が無意味になるという結末しか考えられないからである。暴力が人類のあらゆる民族の歴史において実際に演じてきた計り知れない役割のことを思えば、残念ながらそうした結果も致し方ないだろう。まるで、私たちの経験の範囲内で唯一意味のあることは、人々が政治に関して蓄積してきた経験の合計だけであるかのようだ。

暴力的活動の顕著な特徴のひとつは、それが物質的手段を必要とし、強制したり殺したりするための道具を人間関係に持ち込むことを必要とする点だ。これらの道具は暴力的手段の兵器庫であり、あらゆる手段と同様に、何らかの目的《エンド》を達成する意図を持っている。防衛の場合には、その目的は自己保存であろうし、攻撃の場合には征服と支配になるだろう。革命の場合には、その目的は破壊になることもあるだろうし、旧政体の復興や新政体

の樹立になることもあるだろう。これらの目的は目標《ゴール》と同じようなものではない。というのも目標はつねに政治的活動が追求するものだからだ。そして政治の目標はけっして指針《ガイドライン》や指示《ディレクティヴ》を越えるものではない。そうした指針や指示は私たちを方向付けるが、けっして石のように硬直化することはない。私たちが相手にしているのは私たちと同様に目標を有する他者たちなので、それらの指示や指針が実現される具体的な形は不断に変化し続ける。暴力が暴力的な手段の兵器庫を用いて人間と人間の間の空間に持ち込まれたとき——この時までこの空間でやり取りされてきたのは言論だけであり、それは実体的な手段（＝媒体）を欠いている——初めて政治の目標は目的になる。目的は、いかなる対象物でもそれに従って制作される模範《モデル》と同じように、堅固に規定されている。また目的は、模範と同じように手段を選択し、選択された手段を正当化し、神聖化すら行う。もし暴力の徴を帯びない政治的活動がその目標を達成しないとしても——現実に、そのような政治的活動が目標を達成することは決してありえないのだが——それによって政治的活動が的外れになるわけではないし、無意味になるわけでもない。政治的活動はけっして「的《ポイント》」を、すなわち目的を追求してきたわけではなく、その成否はともあれ、ひたすら目標だけを目指してきたのだから、そもそも的外れ《ポイントレス》になることなどありえないのである。また政治活動が無意味にならないのは、個人や民族、国家や国民の間で行きつ戻りつの言論のやり取りが行われ、その中で他のあらゆる事柄が生起するための空間がまず創られ、その後も持続されるからである。政治用語で「関係の破綻」と称せられるものは中間的空間《イン・ビトウイーン・スペース》の放棄のことであり、さらにその空間こそは、暴力的活動が、その空間を間に挟んで生きる人々を絶滅させる前に、最初に破壊するものなのである。

目的、目標、意味

そこで私たちは、政治においては、目的《エンド》と目標《ゴール》と意味《ミーニング》を区別しなければならない。ある事柄の意味は、その目的とは異なって、つねにその事柄自体の中に含まれているし、ある活動力《アクティヴィティ》の意味は、その活動力が持続している限りにおいてのみ存在しうる。このことはあらゆる活動力に当てはまり、活動にも当てはまるが、それらが何か目的を追求しているかどうかは関係ない。それは目的とは正反対のものなのである。なぜなら、何であれ制作された対象物はその制作者が最後の手入れをした瞬間に存在し始めるのだが、それとまったく同じように、目的＝終わり《エンド》は、それを作り出した活動力が完結して、初めてリアリティになり始めるものだからである。私たちが自らの方向付けを行うための目標《ゴール》は、それに従ってあらゆる行為が判断されねばならない標準《スタンダード》を規定する。それらの目標は、すべての物差しが測られる対象より長いのと同じ意味で、行為を超え、行為をしのぐものである。活動の「目標」は、「目的」と同じように、活動の外部にあって、いかなる活動が企てられているのかとは無関係に、存在する。さらに「目標」は、「意味」と同じように、

「目的」よりもはるかに実体性はないが、「意味」とは異なり、いかなる特定の活動の終結をも乗り越えて持続することができる。もし政治的活動が目的を追求し、そのための有用性によって判断されねばならないものだと仮定するならば、政治は、本質的に政治的ではなく政治よりも上位にある事柄に関わるものだ、ということになるだろう――いかなる目的もそれを成就させる手段よりも上位でなければならないのだから。さらにその仮定が正しいとするなら、政治的活動はその目的が達成された瞬間に停止することになるだろうし、一般に政治は――もしそれが、その唯一の存在理由《レゾンデートル》たる非政治的目的を達成するための適切な、すなわち有用な手段にすぎないものだとするなら――いつの日か、人間の歴史から完全に消滅してしまうだろう。そして最後には、目的に適った活動というコンテクストにおいて――そこでは前提として定められた目的を達成すること以外は何も価値を持たない――暴力がつねに主要な役割を演ずることになるだろう。

活動の原理

あらゆる政治的活動に含まれる三つの要素――政治的活動が追求する目的《エンド》、政治的活動が留意し自らを方向付けるための目標《ゴール》、政治的活動の過程で現れる意味《ミーニング》――に加えて第四の要素がある。それはけっして直接的な活動の原因ではないが、にもかかわらず活動を最初に動き出させるものである。『法の精神』で政治形態を検討しているモンテスキューに倣って、私はこの要素を「活動の原理」と称したいと思う。また心理学的観点から言えば、それは人間の集団が共有する根本的信念（conviction）であるとも言えるだろう。そうした根本的信念は数多く存在しており、それらは政治的活動の過程で一定の役割を果たし、歴史を通して私たちに伝えられてきた。もっともモンテスキューが認識しているのは、たった三つにすぎないのだが。すなわち君主制における「名誉」、共和制における「徳」、専制体における「恐怖」である。これらの原理＝信念（principles）に以下の原理を付け加えるのは造作ないことだ。すなわちホメロス的世界によって知られる「名声」、古典古代期のアテナイに見いだされる「自由」、さらには「正義」もあるだろうし、もしそれによって人間すべてに内在する生得的な価値を信じられるというのなら「平等」すらも挙げられるだろう。これらの原理が途方もなく重要なのは、それらが人間を最初に活動へ促すものであるだけでなく、それぞれの活動にとって不断の栄養源でもあるからなのである。誤解を避けるために私たちはまず一つの難問に対処しなければならないが、その難問とは、単に活動を促す原理が政治形態の多様性や歴史的な時代の多様性に伴い多様な形をとる、という点だけではない。ある時代に活動の原理であったものが、別の時代には、活動が方向付けを行うための目標に、いや活動が追求する目的にすらなるかもしれないのだ。たとえば、不朽の名声が活動の原理であったのはホメロス的世界に限られていたが、古典古代期を通して、それは人々が自らの方向付けを行い自らの活動を判断するための「目標」の一つであり続けたのである。もう一つ例を挙げよう。自由は、アテナイのポリスでそうであったように「原理」になりうるだろうが、君主制の中で生きる人々が、もしかしたら王が権力を濫用しているのではないかという懸念を測るための標準《スタンダード》にもなりうるし、また革命の時代には、革命派が自ら直接に追い求められると信じる「目的」にも、容易になりうるだろう。

問われ続ける政治

政治的事件が人類に直面させ続けてきた危機的情況を思い起こしながら、政治は今なお何らかの意味を有しているか？　と問うとき、私たちは同時に——曖昧な形ながらも、また意味が多様になる可能性も顧みずに——一連の問いをも余すところなく発しているのである。私たちの出発点で発せられた問いの中に反響しているのは以下のような問いである。第一に、そもそも政治には何らかの意図、目的があるのだろうか？　そしてこの問いは次のことを意味している。政治的活動が追求しうる「目的」は、一定の情況下でそれを達成するために用いられねばならない手段に見合うものなのだろうか？　第二に、政治的領域内には、そもそも私たちが信頼して自らの方向付けを行えそうな「目標」など存在するのだろうか？　そしてもしそれがほんとうに存在するとしても、その標準はまったく効力を持たず、それゆえ夢想的なものではないだろうか？　あらゆる政治的企図は、いったん発動されたなら、目標や標準で頭を悩ますことなど中止して、その代わりに、その企図に固有の、しかもその外部にある何ものによっても停止されえない過程《コース》をひた走るのではないだろうか？　第三に、いかなる原理もことごとく消え失せてしまい、その結果、あらん限りの人間コミュニティの水源から生起することも、そうした水源の深みから滋養を得ることもなくなり、代わりに、日常的出来事の表層に便宜主義的に固執して、あちこちと翻弄されるがままになった挙げ句、今日賑々しく喧伝されていることが昨日起こったことと常に真っ向から矛盾してしまうのは、少なくとも現代においては、政治的活動に特有のことではないだろうか？　活動はついに不条理なものになって、かつて自らを始動させてくれた原理や水源を葬り去ってしまったのではないだろうか？

政治の意味

こうした疑問は、否応もなく、現代の政治について考え始めている誰の心にも浮かぶ問いかけである。しかしこのような問われ方では、これらの疑問に答えることはできない。なぜならこれらの問いは、幾分なりとも修辞疑問、より適切な言い方をすれば感嘆疑問であるからだ。こうした問いの数々は、それらが生まれる原因となった経験と同じ領域の経験に、また暴力のカテゴリーと概念で規定され説明される経験と同じ領域の経験に、不可避的に囚われたままなのである。目的《エンド》が自らを達成するのに必要な手段を正当化するのは、その本性に適ったことだ。しかし情況次第では人類と地球上の生物を滅ぼしかねない手段を、いかなる目的が正当化しうるというのだろうか？　目標《ゴール》の本領は、目的と手段の双方に対して制限を加え、それによって活動が極端に走る危険——つねに活動に内在している危険——を封じ込めることにある。しかしもしそうだとするなら、目標は、所定の目的に向けられた活動が不条理（pointless）になったことが明らかになるときには、もうすでに失敗してしまっているということである。さもなければ、今日では大国が所有し、それほど遠くない未来には恐らくすべての主権国家が手に入れるであろう暴力的手段を、政治的活動が自由に使えるような成り行きには決してならなかっただろう。

私たちの世紀の諸経験と見合った広がりしか持たない政治のせいで、私たちに許されているのは途方もなく狭い経験の地平なのだが、恐らくそのことがもっとも明瞭に見て取れるのは以下のような事実においてなのである。すなわち私たちは活動《アクション》が目的も目標も持たないと確信するに到るや、無意識のうちにたちまち政治の意味について疑問を抱き始めるということである。活動の諸原理について疑問を抱いても、もはやそれによって私たちの思考が政治についての認識を深めるわけではない。少なくとも、いずれの国家形態、統治形態が、人間の最良の共同生活を表現するのか？　という問いかけがまったく為されなくなって以来、そうなのである——要するに十八世紀末アメリカ革命期の数十年間以来、そうであるということだが、当時は君主制、貴族制、民主制、そして／または、それら三政体の要素を共和制において混合した政治形態の長所短所について活発な議論が行われていたものだ。さらに言えば、じつは政治の意味についての――言い換えるなら、記憶されるだけの価値があり、私たちが共生し政治的に振る舞う中でのみ現れる、持続的な諸要素についての――問いかけが、古典古代期以来、真剣に為されたことはほとんどなかったのである。私たちは政治的活動の意味について問うが、実際に問われているのは「目標」と「目的」についてであり、それを私たちが「意味」と称するのは、もはや私たちは、政治が文字通りの「意味」を有しているなどとほんとうは信じていないからなのに外ならない。ややもすれば、私たちは活動の多様な諸要素を十把一絡げにして、目的と目標、原理《プリンシプル》＝信念と意味の間にある差異などは些細な問題で、何の役にも立たないと言ってのけてしまいそうだが、それは私たちが経験を欠いているからなのである。

目標としての平和

もちろん私たちがそうした区別をすすんで行わないからといって、正真正銘、事実として存在する差異が現実世界で感じ取られなくなるわけではなく、実際に起こっていることを適切に理解できなくなるだけのことなのである。活動の目標、目的、意味には共通するものがあまりにも少ないので、同一の活動において、最後にはこれら三要素が対立するに到って、その挙げ句、行為者たちは容易ならざる闘争状態に陥り、後を追う歴史家たち—

―彼らの役目は現実に起こった事柄を精確に関係づけることにある――は解釈をめぐって果てしのない議論をするようになるかもしれない。したがって、暴力を採用する活動が目に見える形で世界に露出させうる唯一の意味は、人間的交流において行使される巨大な強制力であり、しかもそれは、暴力が達成しようとした目的とはまったく無関係なのである。そうした活動自体に含まれている意味は、目的が自由であるという場合でも、暴力による強制（coercion）なのである。そしてこうした現実の齟齬《コンフリクト》こそは、諸革命以来あまりにも馴染み深いものになった逆説的な言い回しの起源に外ならない。その逆説的な言い回しを用いて言えば、私たちは人々に自由であることを強制するか、さもなくばロベスピエールが示唆していたように、王による専制政治を自由による独裁政治に置き換えねばならない。この意味と目的との絶望的に厄介な齟齬――同様に戦争と革命の双方にも内在する齟齬――を実際に解消する、あるいは少なくとも緩和することのできる唯一のものは、目標《ゴール》である。なぜなら、あらゆる暴力の目標は平和であるからだ。そして平和はあくまでも目標であって目的《エンド》ではない。なぜならば私たちは、まさにこの目標によって、あらゆる個別的な暴力の行使を判断しなければならないからである。その際援用されるのは、戦争においては、その後に平和がやってくるのを不可能にするような何ものも起こってはならないという、カントの言明（『永久平和のために』）である。目標は活動それ自体に含まれてはいない。しかしそれは、目的とは異なり、未来の中に存在しているわけでもない。仮にも目標が達成可能なものだとするなら、それは不断に実在していなければならず、ましてやそれがまだ達成されていないときにはそうである。戦争の場合、目標の役割は、あきらかに、暴力を抑制することである。しかしそうすることによって、目標は、最終的に目的——そのために暴力的手段が動員される——と齟齬をきたすに到るのだ。なぜなら、こうした目的は、もし手段が好きなように使用されるか、別な言い方をすれば、手段が目的と足並みを揃えるように編成されるなら、より首尾よく、そしてより迅速に達成されうるからである。目標と目的の齟齬の原因は、目的が、その本性からして、自分の役に立つあらゆる事柄を単なる手段の地位に貶めて、自分の役に立たない事柄は何であれ無益《ユースレス》だとして棄却するという事実にある。しかし暴力的活動におけるあらゆる行為は、目的／手段というカテゴリーの観点から為されるので、疑いもなく、平和という目標——全体主義体制によって引き起こされる戦争は、平和という目標を世界征服や世界支配という目標に置き替えているのだが——を承認しない活動が、野蛮な暴力の戦場では、つねに確実に優勢となるのである。

戦争の狭間の平和

政治に関する私たちの経験のほとんどは、野蛮な暴力が渦巻く戦場で得られたものなので、私たちが政治的活動を、強制と被強制、支配と被支配のカテゴリーで理解するのは至極もっともなことなのである。というのも、すべての凶暴性の真の意味が浮き彫りになるのは、そのようなカテゴリーにおいてだからである。平和は、目標として、暴力に身の程を弁えさせ、その破壊的勢いを抑制しようとするが、その平和を私たちは、政治を抑え込むために政治的領域の外部から到来する何かだと、みなす傾向がある。また、それとちょうど同じように、私たちは、平和の期間——二十世紀においてすらも、大破局の合間には平和の期間が挟み込まれたものだ——を、政治が私たちに一息入れさせるための五年から十年の幕間として歓迎する傾向がある。「外交政策の優位」という文句を案出したとき、唯一ランケの頭の中にあったのは以下のような思いだったのだろう。すなわち、政治家にとっての最大の関心事は、国家間の安定した境界と関係でなければならない、それというのもすべての国家と国民の掛け値なしの存続がそれらに掛かっているからである。私たちが「外交政策の優位」のほんとうの意味を理解するには、「冷戦《コールド・ウオー》」が必要であった、もしくは、そうであったと私たちは考えたがるかもしれない。もし実際に、唯一の妥当な政治的関心が外交政策であるとするなら、すなわち国家間の関係につねに潜伏している危険であるとするなら、それはつまり、「戦争は他の手段をもってする政治の継続である」というクラウゼヴィッツの言葉が転倒されて、「政治は戦争の継続」に外ならないものになるということであり、その遂行過程で、暴力という手段が時おり狡知という手段に取って代わられるということなのである。したがって以下のような点を誰が否定しえようか。

すなわち、私たちは軍拡競争という情況下に暮らしており、また暮らしてゆかざるをえないのだが、そのことは、少なくとも、「戦争においては、その後に平和がやってくるのを不可能にするような何ものも起こってはならない」というカントの言明が転倒させられて、私たちは「未来の戦争を今後も可能にするために為されないことは何もない」という平和の中に生きていることを示唆しているのである。

エピローグ＊

砂漠（＝無世界性）の拡大

現代《モダン》における無世界性（worldlessness）の拡大、人間と人間の間にある、ありとあらゆる事柄の衰退は、砂漠の拡がりと言うこともできる。私たちが砂漠の世界に生きて行動していることを最初に認識したのはニーチェであったが、その診断に際して最初の決定的な過ちを犯したのもまたニーチェであった。彼の後を継いだほとんどの者たちと同じように、彼は、砂漠は私たち自身の内にあると信じていた。その結果、彼は最初期の意識的な砂漠の居住者の一人としてだけではなく、さらにそのもっともひどい錯覚の犠牲者としても、登場することになったのである。現代心理学は砂漠の心理学である。私たちから判断能力――受苦《サファリング》と断罪《コンデムネーション》の能力――が失われたとき、私たちは、もし砂漠の生活という情況下で生きて行けないとしたら、それは私たち自身に何か問題があるからなのではないかと考え始める。心理学は私たちを「救済」しようとするのだろうが、その意味は、私たちがそうした情況に「順応《アジャスト》」するのを心理学が手助けをして、私たちの唯一の希望を、つまり砂漠に生きてはいるが砂漠の民ではない私たちが砂漠を人間的な世界に変えることができるという希望を、奪い去ってしまうということである。心理学はすべてをあべこべにしてしまう。しかしまさに砂漠的情況下で苦しんで生きているからこそ、私たちはいまだに人間であり、いまだに損なわれていないのである。危険なのは、砂漠のほんとうの住人になることであり、その中で居心地良く感じることなのである。

順応への誘惑——全体主義と心理学

さらにもっと危険なのは砂漠には砂嵐があり、しかも砂漠は、どのみち一切が可能性のままに留まる共同墓地のようにいつも静かであるとは限らず、自ら運動を煽り立てることもあるということである。そうした砂嵐は全体主義的な運動であり、その主たる特性は、砂漠の情況にきわめてうまく順応しているということだ。実際、それは他には何も眼中になく、それゆえ砂漠の生活のもっとも適切な政治的形態のようにみえる。心理学は人間の生活を砂漠に順応させる学問であり、全体主義運動は偽りの、または擬似的な活動《アクション》が死のような静けさから突然現れる砂嵐であるが、その両者が相俟って、自分自身ではなく砂漠を変容させる力を私たちに授けてくれる二つの人間的能力——情熱と活動が統合された能力——に差し迫った危険をもたらすのだ。たしかに全体主義運動や現代心理学の順応に没頭してしまえば、私たちの苦しみは軽減されるだろう。しかしそのとき私たちは苦しむ能力を失い、それと共に忍耐《インデュアランス》＝持続の徳をも失うことになる。活動と活動的存在になることの根本には勇気の存在があり、それを身内に奮い起こせると期待しうるのは、砂漠的情況下で生きる情熱《パッション》＝受苦を忍耐《インデュア》＝持続できる人間だけなのである。

オアシス

さらに砂嵐は、それなくしては誰も忍耐《インデュア》＝持続することが不可能になる砂漠のオアシスさえも脅かし、他方では心理学が、もはやオアシスの必要性など感じられなくなるほど、私たちを砂漠の生活に順応させようとひたすら努めている。オアシスは、政治的情況とは無関係に――または大凡において無関係に――存在する生命《ライフ》＝生活の領域である。うまくゆかなくなったのは政治と私たちの複数的な実存であり、私たちが単独で居る限りにおいて行ったり創ったりできる事柄はそうではない。単独で居るとは、たとえば芸術家の孤立や哲学者の孤独のことであり、恋愛や時として友情の中に存在する本質的に無世界的な人間関係のことである――友情の場合は一方の気持ちが相手の気持ちに世界を飛び越えてダイレクトに届き、恋愛の場合は中間《イン・ビトウィーン》にある空間、つまり世界が燃えて無くなっている。こうしたオアシスが無傷なままに保たれていなければ、私たちは息継ぎのすべもわからなくなるだろうし、政治学者たちはそのことを認識すべきだろう。もし砂漠で生涯を送らざるをえない人たちが、いつも砂漠の情況を気に掛けながら、あれこれ様々なことをやろうとしているのに、オアシスの使い方を知らないとすれば、彼らは、心理学による救済すらも得られない砂漠の住人になるだろう。言い換えるなら、オアシス――「息抜き《リラクセイション》」の場所ではなく、私たちが砂漠に甘んじるようにならずに砂漠の中で生きるための活力を与えてくれる源――は干上がってしまうだろう。

現実逃避

これよりもずっとありふれているのが、これと逆方向の危険である。それは一般に「現実逃避」と呼ばれているものだ。その行き先はどこであれ、砂漠の世界や政治から逃避することは、いわば外部からその存在を脅かす砂嵐よりも危険性は少ないものの、より隠微な形態のオアシス破壊なのである。私たちは逃避しようとして、砂漠の砂をオアシスに持ち込んでしまう――たとえばキルケゴールは、懐疑を逃れようとして信仰の世界に駆け込んだとき、まさにその懐疑を宗教に持ち込んでしまった。忍耐《インデュアランス》＝持続の欠如、つまり近代生活の根本的条件の一つとして懐疑を認識し、尚かつそれを持ちこたえることがなければ、それが決して入り込んではならない唯一の領域――宗教的なるもの、厳密に言うと、信仰の領域――に懐疑を招き入れることになるのである。これは、私たちが砂漠を逃れようとして実際には何をしでかしているのかを示す、一例にすぎない。私たちは逃避の目的でオアシスに行き、そのオアシスを、つまり活力を与えてくれる源を破壊してしまうのである。

それを考えると、時折、まるであらゆることが、砂漠的情況を全体に広めようと互いに共謀し合っているかのように思われてくる。

世界への愛

これもまた錯覚《イリュージョン》である。つまるところ、人間の世界はつねに「世界への愛 *amor mundi*」の産物なのである。それは人間の手になる考案品《アーティフィス》であり、世界の潜在的不死性は、つねに、世界を築いた人々の死すべき運命と、世界で生きるために誕生してくる人々の出生を、条件としている。ハムレットが次のように語ったことはつねに正しいのだ。「この世の関節が外れてしまっている。忌々しい話だ。／私はそれを直すためにこの世に生を享けたのだ！」[1]この意味において、つまり世界は新たに始められても構わないという始める人たち《ビギナーズ》にとっての必要性において、世界はつねに砂漠なのである。しかし近代になって初めて現れた無世界性——それはキリスト教的な超俗性（otherworldliness）と混同されてはならない——という情況から、ライプニッツやシェリングやハイデガーの次のような問いが出てきた。「そもそもどうして何かが存在して、何も存在しないということはないのだろう？」そして私たちの現代特有の情況、つまり私たちを非‐実在性（no-thing-ness）だけではなく非‐実存性（no-bodyness）によっても脅かす情況からは、次のような問いが出てくるだろう。「そもそもどうして誰かが存在して、誰も存在しないということはないのだろう?」こうした問いは虚無主義的《ニヒリスティック》に聞こえるかもしれないが、そうではない。それどころか、これは、非‐実在性と非‐実存性が世界を破壊しようと脅かす虚無主義的な客観的情況で問われる、反‐虚無主義的な問いなのである。

原注

序文

(1) 本書の前半部に収められた文章の出典は、一九五三年にプリンストン大学の学部と高等研究所において二回シリーズで行われた六講義「カール・マルクスと西洋政治思想の伝統」、一九五三年に放送されたドイツ語のラジオ講演「ヘーゲルからマルクスへ」、一九五四年にノートルダム大学で行われた三講演「哲学と政治──フランス革命後の活動と思想の問題」(「哲学と政治」千葉真訳、『現代思想』一九九七年七月号)、そしてU・ルッズ、I・ノールマン編『思索日記I・II』(青木隆嘉訳、法政大学出版局、二〇〇六) *Denktagebuch 1950 bis 1973*, two volumes, ed. U. Ludz and I. Nordmann (Munich: Piper Verlag, 2002) 所収の同時代への言及数編である。

(2) アレントは、この二番目の著作について英語で言及する際には、このように表記していた。なお、ここでは、強調のために一部をイタリックにしてある。

(3) 第二の著作はヤスパースの有名な『哲学入門』を補完しようとしたものだ。そのヤスパースの著作は、哲学的思考を交換し合うという経験に読者を導くものであり、それは、カントを例外として、近代の哲学者からはあまり優先されていない問題であった。

(4) アレントにとって、現代世界《モダン・ワールド》の政治的起源は「原子爆弾の最初の爆発」である。アレント『人間の条件』(志水速雄訳、ちくま学芸文庫、一九九四) 一六頁。*The Human Condition* (Chicago: Uni-

versity of Chicago Press, 1970), 6.

（5）この問題は、"Some Questions of Moral Philosophy," *Responsibilly and Judgment*, ed. J. Kohn (New York: Schocken Books, 2003), 49-146. J・コーン編、H・アレント『責任と判断』（中山元訳、筑摩書房、二〇〇七）所収の「道徳哲学のいくつかの問題」（六三―一八一頁）において詳細に検討されている。

（6）「現在の情況」とはもちろん冷戦のことである。興味深いことに、型破りで物議を醸したもう一つの政治思想の傑作、トマス・ホッブズ『リヴァイアサン』も、ちょうど三百年前の一六五一年、政治的不安の時代に出版されている。（アレントの「企画書」は米国議会図書館に所蔵されている。）

（7）この最終章「イデオロギーと恐怖――新しい統治形態」が書かれたのは一九五三年であり、一頃アレントはこの章をマルクス主義に関する著作に入れようと考えていた（米国議会図書館所蔵、一九五三年一月二九日付、グッゲンハイム財団H・A・モウ氏宛の彼女の手紙を参照のこと）。現存するものの中でもっとも完全でリーダブルなショッケン・ブックス版『全体主義の起原』*The Origins of Totalitarianism* (New York: Schocken Books, 2004)には、より最新の章はむろんのこと、アレントの「結びの言葉」のオリジナルが含まれている。引用の箇所は四六〇頁にある。

（8）H. Arendt, *Essays in Understanding, 1930-1954*, ed. J. Kohn (New York: Schocken Books, 1994), 310, 404.『アーレント政治思想集成2』（齋藤純一・山田正行・矢野久美子訳、みすず書房、二〇〇二）二二六、二四六頁。

（9）*Letters, 1925-1975/Hannah Arendt and Martin Heidegger*, ed. U. Ludz, trans. A. Shields (New

York: Harcourt, 2004), 121. 『アーレント＝ハイデガー往復書簡』（大島かおり・木田元訳、みすず書房、二〇〇三）一一九頁。

(10) *Hannah Arendt/Karl Jaspers Correspondence, 1926-1969*, ed. L. Kohler and H. Saner, trans. R. and R. Kimber (New York: Harcourt Brace Jovanovich, 1992), 160, 216. 『アーレント＝ヤスパース往復書簡 1926-1969』（大島かおり訳、みすず書房、二〇〇四）一五一頁。

(11) H. Arendt, *Was ist Politik?*, ed. U. Ludz (Munich: Piper Verlag, 1993), 9-133. 『政治とは何か』（佐藤和夫訳、岩波書店、二〇〇四）三―一三三頁。

(12) Cf. ibid., 197-201. 同書、一六八―一七二頁を参照のこと。

(13) *Essays in Understanding, 1930-1954*, 8. 『アーレント政治思想集成1』（齋藤純一・山田正行・矢野久美子訳、みすず書房、二〇〇二）一二頁。

(14) 以下の著作において、マーガレット・カノヴァンはこれに成功している。Margaret Canovan, *Hannah Arendt: A Reinterpretation of Her Political Thought* (Cambridge: Cambridge University Press, 1992). マーガレット・カノヴァン『アレント政治思想の再解釈』（寺島俊穂・伊藤洋典訳、未來社、二〇〇四）。

(15) *Essays in Understanding, 1930-1954*, 168, 354. 『アーレント政治思想集成1』二二八頁、『同2』一八一頁。以下も参照のこと。"The Conquest of Space and the Stature of Man," H. Arendt, *Between Past and Future*, (New York: Viking Press, 1968), 270-77. 『過去と未来の間』「宇宙空間の征服と人間の身の丈」（引田隆也・齋藤純一訳、みすず書房、一九九四）三六一―三八一頁。

(16) 引用元は、私自身のノートの他に、米国議会図書館所蔵のアレント自身によるこのセミナーの梗概である。

（17） H. Arendt, *The Life of the Mind*, vol. I. Thinking（New York: Harcourt Brace Jovanovich, 1978), 87.『精神の生活』上（佐藤和夫訳、岩波書店、一九九四）一〇二頁。

（18） 以下のような思いを禁じがたい。アレントはこれに類似した内面の複数性の破壊を、時間的にはプラトンよりもはるかに近接した一人の哲学者、すなわちマルティン・ハイデガーに見いだしている。

（19） *The Human Condition*, 6.『人間の条件』一七頁。

（20） アレントは、ソクラテスの対話篇中のプラトンの尽きせぬアイロニーを誰よりも深く堪能し、他のどこよりも『エウチュプロン』の中にそれを見いだしていた。そのアイロニーを考慮に入れるなら、おそらく私が *to hosion* を「敬虔（piety）」ではなく「畏敬（reverence）」や「応答（responsiveness）」とみなしても大目に見てもらえるだろう。なにしろ神々に関するソクラテスの議論——敬虔な人間は何を神々に負うているのか、また神々がそれを愛するがゆえにある事柄は崇高であるのか、それとも、それが崇高であるから神々はそれを愛するのか——は全くもって難問《アポリア》なのだから。

第一章　ソクラテス

＊本論文とわずかな異同が見られる論文が、「哲学と政治」として『社会研究』第五七巻、第一号 "Philosophy and Politics," *Social Research*, volume 57, no. 1, Spring 1990（「哲学と政治」千葉真訳、『現代思想』一九九七年七月号）に掲載されている。

(1) この有名なイメージが現れる一節は、ヘーゲル『法哲学』の序文から全文を引用するだけの価値があるだろう。「哲学が灰色を灰色に塗り重ねるとき、それは年老いた生命の形をとる。年老いた哲学が若返ることはありえず、それはただ理解されうるだけなのだ。ミネルヴァの梟は黄昏れてはじめて空に飛び立つ」。(編者)

(2) プラトン『パイドン』63b.

〈訳者〉該当箇所を引用する。

「さあ、それでは」とあの方は言われました、「君たちに対して、裁判官たちに対してよりも、もっと説得的に弁明することを試みてみよう。なぜなら、シミアスにケベス、もしも僕が、第一に、この世を支配する神々とは別の賢くて善い神々のもとにこれから行くだろうということ、第二に、この世の人々よりはより優れた死んだ人々のもとにも行くだろうということ、これらのことを信じていなかったとすれば、僕は、死に対して憤慨しなければ、不正を犯したことになるだろう。だが、事実はどうかといえば、よく承知しておいてもらいたいのだが、僕は善い人々のもとへ行くだろう、という希望をもっているのだ。もっとも、この点は僕はあまり強く断言するつもりはないが。しかし、非常に善い主人である神々のもとに行くだろう、という点は、なにかこの種のことで他に僕が断言するかもしれないことがあるとすれば、これこそがそれだ、ということをよく承知してもらいたい。だから、これらの理由によって、僕は［希望をもたない人々と］同じようには憤慨しないのだ。むしろ、僕は、死者たちには何かが有る、という善い希望をもっている。しかも、古い言い伝えにあるように、悪い人々にとってよりは、善い人々にとっては遥かに善い何かが待っているのだ、と」『パイドン』(岩田靖夫訳、岩波文庫、一九九八) 二六―七頁。

(3) アリストテレス『ニコマコス倫理学』1140a 25-30; 1141b 4-8.
(4) トゥキュディデス『戦史』ii. 40.
(5) プラトン『法律』716c.『プラトン全集 13』(森進一・池田美穂・加来彰俊訳、岩波書店、一九七六) 二七四頁。
(6) 詳細については以下を参照。『人間の条件』三五四—五七頁。*The Human Condition*, 225–226 and n. 65.(編者)
(7) アリストテレス『弁論術』1354a 1.
(8) プラトン『パイドロス』260a.
〈訳者〉該当箇所は以下の通り。

パイドロス その点については、親愛なるソクラテス、私は次のように聞いています。つまり、将来弁論家となるべき者が学ばなければならないものは、ほんとうの意味での正しい事柄ではなく、群衆に——彼らこそ裁き手となるべき人々なのですが——その群衆の心に正しいと思われる可能性のある事柄なのだ。さらには、ほんとうに善いことや、ほんとうに美しいことではなく、ただそう思われるであろうような事柄を学ばなければならぬ。なぜならば、説得するということは、この、人々になるほどと思われるような事柄を用いてこそ、できることなのであって、真実が説得を可能にするわけではないのだから、とこういうのです。

ソクラテス 「ゆめ聞き流しにせぬがよかろう」パイドロス、賢者たちが口にする言葉というものをね。彼らの言うところには一理あるのかもしれないから、かならずしらべてみなければならない。だから君がいま言ったこともやはり、見のがしにしてはならないのだ。『パイドロス』(藤沢令夫訳、岩波文庫、一九六七）九三頁。

（9）『ニコマコス倫理学』1133a 14.

〈訳者〉該当箇所を少し前から引いてみよう。

比例的な対応給付《アンティドシス》が行なわれるのは対角線的な組み合わせによる。Aは大工、Bは靴工、Cは家屋、Dは靴。この場合、大工は靴工から靴工の所産を獲得し、それに対する報償として自分は靴工に自分の所産を給付しなくてはならない。それゆえ、まず両者の所産の間に比例に即しての均等が与えられ、その上で取引の応報（アンティペポントス）が行なわれることによって、いうところの事態は初めて実現されるであろう。もしそうでないならば、取引は均等的でなく、維持されもしない。事実、一方の所産が相手方の所産以上のものであるような事例は充分ありうるのである。だからして、両者の所産は均等化されることを必要とする。……

詳言すれば、かような共同関係の生ずるのは二人の医者の間においてではなくして、医者と農夫との間においてであり、総じて異なったひとびとの間においてであって、均等なひとびとの間においてではない。かえってこれらのひとびとは均等化されることを要するのである。『ニコマコス倫理学　上』（高田三郎訳、岩波文庫、一九七一）一八六―七頁。

（10）ibid., 1155a 5.

（11）ibid., 1155a 20–30.

（12）プラトン『ゴルギアス』482c.

〈訳者〉該当箇所は以下の通り。

ソクラテス　……とはいえ、すぐれた人よ、ぼくとしてはこう考えているのだ。よし、ぼくのリユラ琴の調子が合わないで不協和な音をだすとか、ぼくが費用を負担することになる合唱隊がそのありさまであるとか、また、世の大多数の人たちがぼくに同意しないで反対するとしても、そのほうがまだしも、ぼくは一人であるのに、ぼくがぼく自身と不調和であったり、自分に矛盾したことを言うよりも、ましなのだとね。

カル**リクレス**　ソクラテスよ、あなたは議論となると、まるでもう正真正銘の大道演説家かなんかのように、気負い立たれるようだね。『ゴルギアス』（加来彰俊訳、岩波文庫、一九六七）一一六—七頁。

（13）『ニコマコス倫理学』1166a 10–15; 1170b 5.

（14）ibid., 1176a 17.

（15）アリストテレス『形而上学』980a 22–25を参照のこと。

〈訳者〉該当箇所は以下の通り。

すべての人間は、生まれつき、知ることを欲する。その証拠としては感官知覚〔感覚〕への愛好があげられる。というのは、感覚は、その効用をぬきにしても、すでに感覚することそれ自らのゆえにさえ愛好されるものだからである。しかし、ことにそのうちでも最も愛好されるのは、眼によるそれ〔すなわち視覚〕である。けだし我々は、ただたんに行為しようとしてだけでなく全くなにごとを行為しようともしていない場合にも、見ることを、言わば他のすべての感覚にまさって選び好むものである。『形而上学 上』（出隆訳、岩波文庫、一九五九）二一頁。

（16）プラトン『テアイテトス』155d.

〈訳者〉該当する部分を含む箇所を以下に引用する。

テアイテトス　ええ、それがしかも、神々に誓って申しますが、ソクラテス、一体これらは何なのかしらと私は一方ならず驚き異《あや》しんでいるしだいなのです。そして時には、いや本当に、これらに目を向けていると、目がくらむことさえあります。

ソクラテス　つまり、テオドロスさんは、君！　この様子では君の生れつきについて見当違いはしておられんのだよ。なぜなら、実にその驚異《タウマゼイン》の情《こころ》こそ智を愛し求める者の情なのだからね。つまり、求智（哲学）の始まりはこれよりほかにはないのだ。だからまた、天界の使者イリス（虹）をタウマスの子だと言ったかの人も、見たところへたな系譜家ではないようだということになる。

『テアイテトス』（田中美知太郎訳、岩波文庫、一九六六）五〇頁。

(17) プラトン『第七書簡』341c.『プラトン全集 14』（長坂公一訳、岩波書店、一九七五）一四七―八頁。

(18)『ニコマコス倫理学』1142a 25.

〈訳者〉該当する部分を含む箇所を以下に引用する。

知慮は、かくして、「直知《ヌース》」とちょうど対照的な位置にある。というのは、「直知」のほうは、それについては証明《ロゴス》の存在しないごとき定義（ホロス）といったものにかかわるのであるし、これに対して、知慮のほうは、学《エピステーメー》の対象たりえず、むしろ知覚《アイステーシス》の対象となるような究極的な個にかかわっている。『ニコマコス倫理学　上』二三四頁。

第二章　政治思想の伝統

(1) Oscar Cullmann, *Christ and Time* (Philadelphia : Westminster Press, 1950) を参照のこと。

（2）アリストテレス『政治学』vii, 1333a 9–10.

（3）アリストテレス『詩学』vi, 1450a 12-13 を参照のこと。

〈訳者〉該当箇所は以下の通り。

悲劇は行為の再現であり、行為は行為する人々によってなされるが、これらの者は性格と思想においてなんらかの性質をもっていなければならない。というのは、性格と思想によって行為もまたなんらかの性質をもつとわたしたちはいうのであり――行為には、おのずから思想と性格という二つの原因がある――そしてすべての人々は、このような行為に応じて、成功したり失敗したりするからである。『アリストテーレス詩学・ホラーティウス詩論』（松本仁助・岡道男訳、岩波文庫、一九九七）三五頁。

（4）ウェルギリウス『アエネイス』i, 35.

（5）キケロ『国家論』vii, 12.

（6）R. H. Barrow, *The Romans* (1949), 194.

（7）アレント『責任と判断』「プロローグ」一八―二〇頁、"Prologue", *Responsibility and Judgment*, 12-14 を参照のこと。そこでは個人《パースン》（person）は per-sonare に、すなわち公的な仮面を「通して聞こえてくる」声に由来するとされている。ここでは「人々」は、ローマ的意味で、市民の権利と義務を有する者たちを指している。（編者）

（8）『テアイテトス』155d. 第一章原注（16）を見よ。

（9）アリストテレス『形而上学』i, 982b 9.

〈訳者〉該当箇所は以下の通り。

けだし、驚異することによって人間は、今日でもそうであるがあの最初の場合にもあのように、知恵を愛求し《フィロソフェイン》〔哲学し〕始めたのである。ただしその初めには、ごく身近の不思議な事柄に驚異の念をいだき、それからしだいに少しずつ進んで遥かに大きな事象についても疑念をいだくようになったのである。『形而上学 上』二八頁。

(10) キケロ『義務について』iii. 77.

〈訳者〉引用部分を含む箇所を以下に引用する。

こういう意味のよき人……にとって、道徳的に高貴でないものを有利と見ることは、どういう場合にもできないのである。この種の人は、いやしくも敢て公言できないことを、なすのはもとより、敢て考えることも一切しないであろう。教育のないものさえ迷わないこのような問題に、哲学者が困惑するのは醜いことではあるまいか。事実、百姓たちの間に起って、すでにいい古されたこういう諺がある。それは、彼らが誰かの誠実さ、善良さをほめるとき、その人は「くら闇で指の数当て遊びの相手にしてもよい」人柄だというのだが、この諺のねらいは、たとい誰の咎めもうけていないで思いが遂げられるにせよ、道徳的に正適でないことは決して有利でありえないことを、いうにほかならないのではあるまいか。『義務について』第三巻第一八章第七七節（泉井久之助訳、岩波文庫、一九六五）一八三頁。

(11) ボシュエ Bossuet, J. B.『世界史論』iii. 8.

(12) プラトン『法律』vii. 803.

(13)『ルカによる福音書』23: 34.

〈訳者〉該当箇所を少し前から引いてみよう。

さて、イエスと共に刑を受けるために、ほかにふたりの犯罪人も引かれていった。されこうべと呼ばれている所に着くと、人々はそこでイエスを十字架につけ、犯罪人たちも、ひとりは右に、ひとりは左に、十字架につけた。そのとき、イエスは言われた。「父よ、彼らをおゆるしください。彼らは何をしているのか、わからずにいるのです」。『新約聖書』日本聖書協会、一九五四、一三一―一二頁。

(14) ibid., 17: 3-4.

〈訳者〉該当部分を含む箇所を引用してみよう。

イエスは弟子たちに言われた、「罪の誘惑が来ることは避けられない。しかし、それをきたらせる者は、わざわいである。これらの小さい者のひとりを罪に誘惑するよりは、むしろ、ひきうすを首にかけられて海に投げ入れられた方が、ましである。あなたがたは、自分で注意していなさい。もしあなたの兄弟が罪を犯すなら、彼をいさめなさい。そして悔い改めたら、ゆるしてやりなさい。もしあなたに対して一日に七度罪を犯し、そして七度「悔い改めます」と言ってあなたのところへ帰ってくれば、ゆるしてやるがよい」。同書、一一八頁。

(15) ibid., 5: 21-24.

〈訳者〉該当部分を含む箇所を引用してみる。

ある日のこと、イエスが教えておられると、ガリラヤやユダヤの方々の村から、またエルサレムからきたパリサイ人や律法学者たちが、そこにすわっていた。主の力が働いて、イエスは人々をいやされた。その時、ある人々が、ひとりの中風をわずらっている人を床にのせたまま連れてきて、家の中に運び入れ、イエスの前に置こうとした。ところが、群衆のためにどうしても運び入れる方法がなかったので、屋根にのぼり、瓦をはいで、病人を床ごと群衆のまん中につりおろして、イエスの前においた。イエスは彼らの信仰を見て、「人よ、あなたの罪はゆるされた」と言われた。すると律法学者とパリサイ人たちとは、「神を汚すことを言うこの人は、いったい、何者だ。神おひとりのほかに、だれが罪をゆるすことができるか」と言って論じはじめた。イエスは彼らの論議を見ぬいて、「あなたがたは心の中で何を論じているのか。あなたの罪はゆるされたと言うのと、起きて歩けと言うのと、どちらがたやすいか。しかし、人の子は地上で罪をゆるす権威を持っていることが、あなたがたにわかるために」と彼らに対して言い、中風の者にむかって、「あなたに命じる。起きよ、床を取り上げて家に帰れ」と言われた。すると病人は即座にみんなの前で起きあがり、寝ていた床を取りあげて、神をあがめながら家に帰って行った。みんなの者は驚嘆してしまった。そして神をあがめ、おそれに満たされて、「きょうは驚くべきことを見た」と言った。同書、九二頁。

(16)『マタイによる福音書』6: 14-15.

〈訳者〉該当部分を引用する。

もしも、あなたがたが、人々のあやまちをゆるすならば、あなたがたの天の父も、あなたがたをゆるして下さるであろう。もし人をゆるさないならば、あなたがたの父も、あなたがたのあやまちをゆるして下さらないであろう。同書、八頁。

(17) ニーチェ『道徳の系譜学』第二論文、一―二。また以下を参照のこと。*The Human Condition*, 245, n. 83.(編者)

〈訳者〉少し長くなるが、関連する部分を引用する。

私たちは以前に、権力は、人びとが共に集合し「協力して活動する」とき生まれ、人びとが分散する途端に消滅すると述べた。人びとが集合する出現の空間やこの公的空間を存続させる権力と異なり、人びとを一緒にさせておくこの力は、相互的な約束あるいは契約の力である。主権というのは、人格という個人的な実体であれ、国民という集合的な実体であれ、孤立した単一の実体によって要求される場合、常に虚偽である。しかし、相互の契約によって拘束された多数の人びとの場合には、ある限定されたリアリティをもつ。この場合の主権は、結果的に、未来の不可測性をある程度免れている場合に生まれる。その程度というのは、約束をし、守る能力そのものに含まれている限界と同じものである。この場合の主権というのは、人びと全員をなぜか魔法のように鼓舞する単一の意志によって結びつけられた人びとの団体の主権ではない。そうではなく、それは、同意された目的によって結ばれ、一緒になっている人びとの団体の主権であり、そこで交わされた約束は、この同意された目的にたいしてのみ有効であり、拘束力をもつのである。完全に自由で、いかなる約束によっても拘束されず、いかなる目的によってもしばられていない人びとにたいし、この種の主権は文句のない優位を極めてはっきりと示している。この優位は、未来を現在であるかのように扱う能力にある。いいかえると、権力が効果を発揮する次元そのものが、まったく奇蹟と思われるほど大きく拡大されるのである。ニーチェは、道徳的現象に異常なほど敏感であったために、すべての権力の源泉を孤立した個人の意志の力に求めるという近代的偏見を免れなかった。それにもかかわらず、彼は、約束の能力（彼が呼んでいたところでは「意志の記憶」）こそ、人間生活を動物生活から区別するものであると考えていた。活動と人間事象の領域における主権は、製作と物の世界領域における職人の能力と同じ関係にあるといってもよい。しかし、その主な違いは、前者が共に拘束された多数者によってのみ達成されるのにたいし、後者は孤立においてのみ考えられるという点にある。『人間の条件』（志水速雄訳、ちくま学芸文庫、一九九四）三八二—三頁。

ニーチェは人間の主権と約束をする能力との関係を比類のない明晰さで見ていた。その結果、彼は人間の誇りと人間の良心の関係にたいしてユニークな洞察を導きだした。残念ながら、この二つの洞察はともに彼の主要な概念である「権力への意志」と無関係のままに終わり、それになんの効果も与えなかった。したがって、しばしばニーチェ学者さえもそれを無視している。これらの洞察は『道徳の系譜学』における第二論文の最初の二つのアフォリズムに見られる。同書、四〇一—二頁（原注83）。

(18) プラトン『法律』v, 739.

第三章　モンテスキューによる伝統の修正

(1) モンテスキュー『法の精神』III, 1.

(2) もちろんアレントは、これらの同じ草稿の他の箇所ではっきりと述べているように、以下の点を自覚している。すなわちモンテスキューの「名声は、統治体における立法・行政・司法の三部門の発見によって、つまり権力は分割不能なものではなく、暴力が有するあらゆる含意から完全に分離されるという偉大な発見によって、揺るぎないものになっている」。しかしながら彼女の主眼は以下の点にある。すなわち「モンテスキューにとって、この統治体の三部門は人間の政治的活動力の主要三分野を意味している。すなわち法の作成、決定の実行、その両者に付随する判断である」。権力の「起源は、活動のための人間の多様な能力にあり、また政治体《ボディ・ポリティック》が存続する限り、それらの活動に終わりはないのだ」。（編者）

第四章　ヘーゲルからマルクスへ

（1）『思索日記Ｉ——1950-1953』一〇二頁。*Denktagebuch*, April 1951.

（2）ibid., 一七三頁。September 1951.

（3）ゲーテ『ファウスト』第二部、11187-88.

（4）*Jenenser Realphilosophie*, Meiner edition, vol. xx, 199.

第五章　伝統の終焉

（1）キケロ『義務について』I, xliv.（編者）

〈訳者〉アレントはキケロ一流の反語的表現として引用しているが、該当する部分を含む箇所を以下に引用する。

時々聞くことだが、人間は他人の助けがなければ、自然に要求されるものを手に入れ、或いは実現できないので、生活の必然に迫られて他人と協同し結合する、といい、従って反対に、もしすべてわれわれの生存と生活に必要なものが、あたかも伝説の魔法の杖にでもよるように供給されるなら、すぐれた天賦の人はみなあらゆる仕事を抛擲して認識と知識に没頭するであろう、というのは誤っている。決してそうでない。やはり彼は孤独をのがれて研究の仲間を求め、たがいに教えたがいに習い、聞いたり聞かれたりを望むにちがいない。従って人間の社会的な結合を守って力があるすべての義務は、当然、単に認識と知識に由来する義務より上位に置かれなくてはならない。前出書、第一巻第四四章第一五八節、八五—六頁。

(2) ibid., I, xliv. また、xliiiをも参照のこと。（編者）

(3) Karl Marx, *Capital* (New York: Modern Library, 1959), 824.（編者）

(4) プラトン『政治家』305d.

第六章　政治入門

(1)『思索日記I――1950-1953』二一―五頁。*Denktagebuch*, August 1950.

(2)「イセゴリア」と「イソロギア」は明白に言論の平等なる自由を指し示している。（編者）

(3) Theodor Mommsen, *Röimische Geschiche*, I, 62.

(4) *philopsychia*, 字義的には「生命=生活《ライフ》への愛」だが、臆病を含意する。（編者）

(5) トゥキュディデス『戦史』ii. 41.

(6) プラトン『第十一書簡』359b.

(7) プラトン『第七書簡』325d.

(8) ギリシアでは《idion》という語の意味は、「私的な」、「自分自身の」、「独自の」である。（編者）

(9) テルトゥリアヌス『護教論』38.

(10)『マタイによる福音書』6:1 ff.

〈訳者〉該当する箇所を引用する。

自分の義を、見られるために人の前で行わないように、注意しなさい。もし、そうしないと、天にいますあなたの父から報いを受けることがないであろう。

だから、施しをする時には、偽善者たちが人にほめられるため会堂や町の中でするように、自分の前でラッパを吹きならすな。よく言っておくが、彼らはその報いを受けてしまっている。あなたは施しをする場合、右の手のしていることを左の手に知らせるな。それは、あなたのする施しが隠れているためである。すると、隠れた事を見ておられるあなたの父は、報いてくださるであろう。

前出書、七―八頁。

(11) 英国王チャールズ一世が処刑される前に放った言葉。(編者)

(12) Theodor Eschenburg, *Staat und Gesellschaft in Deutschland*, 19.

(13) アレントがこの稿を執筆しているとき、アメリカとソ連の間に戦争が勃発する可能性は大きかった。(編者)

(14) プラトン『パイドロス』245a.

(15) ヘロドトス『歴史』I, i.

(16) ブルクハルト『ギリシア文化史』III, 406.

(17) トゥキュディデス『戦史』V, "The Melian Dialogue."「メロス対話」

〈訳者〉他の都市を支配下に置こうとするアテナイ人と、中立と独立を保ちたいと主張するメロス人との対話。

(18) ヘラクレイトス『断章』B 53.

(19) 前に引用したプラトンの著作『政治家』は、ギリシア語では「ポリティコス *politikos*」と言う。(編者)

(20) カント『判断力批判』S 40.

〈訳者〉該当すると思われる部分を以下に抜粋してみる。

しかし我々はこの《sensus communis》を、「共通（gemeinschaftlich）感覚」の理念の意味に解せねばならない、要するにかかる共通感覚は一種の判定能力——換言すれば、その反省において他のすべての人の表象の仕方を考えのなかで（ア・プリオリに）顧慮する能力なのである。……以下に、普通の人間悟性〔常識〕が考方の基準とする格律について述べておきたい。……その格律というのは、次のようなものである、——（一）自分自身で考えること、（二）自分自身を他者の立場に置いて考えること、（三）常に自分自身と一致して〔自己矛盾のないように〕考えることの三である。『判断力批判　上』（篠田英雄訳、岩波文庫、一九六四）二三二—三頁。

(21) 一九七〇年、アレントは、彼女が言うところの、カントの「書かれざる」政治哲学について、講義を行っている。R・ベイナー編、H・アレント『カント政治哲学の講義』（浜田義文監訳、法政大学出版局、一九八七）H. Arendt, *Lectures on Kant's Political Philosophy*, ed. R. Beiner (Chicago: University of Chicago Press, 1982) を参照のこと。（編者）

(22) Mommsen, 71.

(23) ウェルギリウス『アエネイス』vii, 321 f.

(24) ibid., ix, 742.

(25) ibid., ix, 232 f.

(26) ルカヌス『内乱記 *Pharsalia*』I, 128.（編者）

(27) プラトン『ゴルギアス』476d.

〈訳者〉該当する箇所を以下に引用する。

ソクラテス　それでは、いままでのことをひとまとめにすると、さっき言ったように、あらゆる場合について、するほうのものがするような、そういう性質のことを、されるほうのものはされるのである、ということになるが、それを君は同意してくれるかどうか、まあ、見てくれたまえ。
ポロス　いや、同意します。前出書、九八頁。

(28) アルトハイム『ローマ史Ⅱ』Franz Altheim, *Römische Geschichte* II, 232.（編者）
(29) ibid., 214.
(30) ベック編 No. 48.
(31) プラトン『クリトン』50e–51b.
(32) ウェルギリウス、vii, 203–4.
(33) ibid., iv, 231.
(34) Altheim, II, 71.
(35) Mommsen, I, 663.
(36) ホメロス『イリアス』iv, 164 f. vi, 448 f.
(37) ウェルギリウス、i, 5.
(38) タキトゥス『アグリコラ』30.
(39) マルクス「フランスにおける階級闘争 1848–50」『マルクス－エンゲルス全集』第七巻（大月書店、一九六一）八二頁。
(40) ここでアレントが暗示しているのは、騎士が凍てついて雪で覆われたボーデン湖をそれと知らずに馬で駆け渡るというドイツ民話である。向こう岸に渡り着いてから自分が落ち込んでいた危険

について知らされると、その騎士は落馬して死んでしまう。文字通り死ぬほどの恐怖感をおぼえたのである。(編者)

エピローグ

＊このテキストは、一九五五年春にカリフォルニア大学バークリー校で行われた「政治理論の歴史」という講演の結論部分である。

(1)『ハムレット』第一幕第五場。

〈訳者〉該当箇所は以下の通り。

「この世の関節がはずれてしまったのだ。なんの因果か、それを直す役目を押しつけられるとは!」(福田恆存訳、新潮文庫、一九六七)四六頁。

訳注

緒言

〔1〕目的：end の訳語だが、アレントの場合、goal の訳語の「目標」とは区別が必要である。詳しくは第六章の本文を参照されたいが、とりあえず簡単に記すと、目標《ゴール》は、活動を方向付けるもの、いわば活動のあり方を測る尺度のようなものであり、その活動と活動の目的を超えて持続するが、目的＝終わり《エンド》は、その達成のために順次手段が設定され、それを目指した営為が終わると文字通り消滅する。目標に対応するのが「活動」だとするならば、目的に対応するのは「労働」と「仕事」「制作」である。

第一章　ソクラテス

〔1〕政治：アレントが「政治」もしくは「政治的」と言うとき、多くは、すでにアレント独自の意味がこめられている。アレントによれば、政治的な営為とは、人間それぞれが固有の差異性を保持しながら、したがって多数の観点から、同じように固有の差異性を有する他者たちと交流することである。その空間は公的（＝政治的）領域と称され、そこでは言論と活動が自由に駆使され、交換される。この公的＝政治的領域は、アレント固有の意味で「世界」が生成されうる場（機会）でもある。政治は、つまり自由は、人間の内側にではなく、この、人間と人間の間に生起する世界で実

現されるのであり、逆に、いや同時に、政治と自由が実現されることで世界が生成される。ただしアレント的な世界の生成は、生命《ライフ》＝生活の必要《ネセシティ》＝必然から解放されていることが前提になる。

〔2〕タレース *Thales*（前六二四？―前五四六）：ギリシアの哲学者・幾何学者・天文学者。自然哲学の創始者。万物の根源は水であるとした。

〔3〕アナクサゴラス *Anaxagoras*（前五〇〇？―前四二八）：ギリシアの哲学者。世界は微細な種子（スペルマタ）の混合体であり、その結合と分離の原動力として精神（ヌース）があると説く。ペリクレスの師友。

〔4〕ペリクレス *Pericles, Perikles*（前四九五？―前四二九）：古代ギリシア、アテナイの政治家・軍人。前四六〇年ごろ民主派の指導者として政権を掌握。デロス同盟を従え、アテナイの帝国化を推進。民主政治を徹底させ、パルテノンの造営など土木・建築・学芸にも功績を挙げ、ペリクレス時代と呼ばれるアテナイ民主制の黄金時代を現出。ペロポネソス戦争中病没。

〔5〕プロタゴラス *Protagoras*（前五〇〇？―前四三〇？）：古代ギリシアの哲学者。ソフィストの祖。「人間は万物（すべての人間的事象）の尺度である」とする相対主義の立場をとり、プラトンはこれを『テアイテトス』で批判している。

〔6〕イデア：プラトン哲学においては「エイドス *eidos*」とともに超感覚的な「真実在」を指すのに用いられたが、もともとは「見ること」を意味する動詞イデーン *idein* の派生語で、本来は「見られたもの」、「形」、「姿」、さらに物の形式や種類をも意味した。

〔7〕ヌース *nous*：古代ギリシア語で「理性」の意だが、順を追って過程的に思考する推論理性ではなく、全体を一挙に把握する直観理性を意味した。アナクサゴラスは宇宙に最初の一撃を与えて秩

序化する原理をヌースと呼んだ。アリストテレスでは、ヌースは事物の本質を把握する能力、推論の原理を把握する能力を意味する。

第二章　政治思想の伝統

〔1〕ブルクハルト Jacob (Christopher) Burckhardt（一八一八—九七）：スイスの歴史家・文化史家。進歩的な発展概念を否定して、「繰り返されるもの、恒常的なもの、類型的なもの」を考察した。『イタリア・ルネサンスの文化』（一八六〇）。

〔2〕ラーファター Johann Kaspar Lavater（一七四一—一八〇一）：スイスの人相学者・神学者・詩人。宗教的情熱と神秘主義的傾向を持つ詩で、シュトゥルム・ウント・ドランク運動において名を成したが、とくにゲーテの協力を得て結実した人相学研究で知られる。

〔3〕トゥキュディデス Thucydides（前四六〇?—前四〇〇?）：古代ギリシアの歴史家。アテナイ出身。主著『戦史』八巻（未完）は自らが従軍したペロポネソス戦争（前四三一—前四〇四）の歴史を叙したもの。公平・正確な叙述において後世史家の模範とされる。

〔4〕ヘロドトス Herodotos（前四八四?—前四二〇?）：古代ギリシアの歴史家。小アジア生まれ。黒海北岸、エジプト、バビロンなどを遊歴して、ペルシア戦争を中心とする東西抗争の歴史物語を『歴史』として記し、後世キケロにより「歴史の父」と呼ばれる。

〔5〕アキレウス Achilles：ホメロス Homer, Homerus（前八世紀?）の叙事詩『イリアス *Iliad, Ilias*』に出てくる中心的英雄でトロイア戦争でのギリシア随一の戦士。ヘクトルを討つが、パリスに不死身の身体の唯一の弱点である踵を射られて斃れる。アレントの著作では、トロイア戦争にお

ける敗者の象徴としてのトロイアのヘクトルとの対照で、勝者の代表としてしばしば言及される。

〔6〕ピンダロス Pindar, Pindaros（前五二二？—前四四〇？）：古代ギリシア最大の合唱隊歌詩人。壮大華麗な用語と文体、複雑な韻律、自由奔放な想像力をもって知られる。とくに『競技祝勝歌』は、競技者の肉体の美、詩的言語を操る詩人の矜持を力強く表現し、ギリシアの言語感覚の一つの頂点とされる。

〔7〕『アエネイス』*Aeneid, Aeneis*：古代ローマの詩人ウェルギリウス Vergil, Vergilius（前七〇—前一九）作の長編叙事詩。トロイアの王子アイネイアスが、ギリシア軍の侵攻によるトロイア落城から波瀾万丈の流浪を経てイタリアの地に渡り、ローマを建国する物語。十二巻。アレント政治哲学のキーワードたる「創建」の概念、また「絶滅戦争」を避けて〝持続〟を選ぶ「条約＝契約＝約束」の概念の発祥する歴史的出来事として、しばしば言及される。

〔8〕ヘクトル Hector：ホメロスの叙事詩『イリアス』の主人公。トロイア戦争でトロイア軍の総大将として活躍したが、アキレウスに討たれる。アレントの著作では、トロイア戦争における〝敗者〟の象徴として現れる。

〔9〕キケロ Marcus Tullius Cicero（前一〇六—前四三）：ローマの政治家、哲学者、雄弁家。その文体はラテン語散文のもっとも模範的なものとされ、ギリシアの学術語をラテン語に翻訳して後世に伝えた功績も大きい。ストア学派やエピクロス学派の学説を中世に伝え、中世・近世を通じての修辞学に大きな影響力を持ち続けた。「伝統」に対して皮肉な言辞を弄する数少ない人物として、アレントの著作でしばしば引用される。

〔10〕コンスタンティヌス帝 Constantinus（二七二？—三三七）：ローマ皇帝（在位三〇六—三三七）。

ミラノ勅令を発して信教の自由を認め、自らもキリスト教徒となり、キリスト教を保護し、これを公認宗教とした。三三〇年、都をローマからビザンチウムに移してコンスタンチノープルと称し、ビザンティン帝国の基礎を固めた。

〔11〕ライプニッツ Gottfried Wilhelm Leibniz（一六四六―一七一六）：ドイツの数学者・哲学者・神学者。ドイツ啓蒙思潮の先駆者。微積分学の形成者。モナド論ないし予定調和の説によって目的論的世界観と機械論的世界観の統一を企図し、哲学上・神学上の対立を調停しようとした。『形而上学叙説』『単子論』『人間悟性新論』。

〔12〕シェリング Friedrich Wilhelm Joseph von Schelling（一七七五―一八五四）：ドイツの哲学者。ドイツ観念論およびロマン主義の代表者。自我と自然との相互浸透に基づく「自我哲学」、自然と精神が絶対的に同一であるとする「同一哲学」を説く。『自然哲学の理念』『先験的観念論の体系』『人間的自由の本質について』。

〔13〕アウグスティヌス Aurelius Augustinus（三五四―四三〇）：初期キリスト教会最大の教父。放縦の生活を送り、初めマニ教を信じ、やがて新プラトン主義に転じる。『告白』は古代自伝文学の最高傑作と言われる。他に『三位一体論』『神の国』。

〔14〕トマス・アクィナス Thomas Aquinas（一二二五?―一二七四）：イタリアのスコラ哲学者・神学者。アリストテレス哲学をキリスト教的に発展させて、信仰と理性との調和を説いた。主著は学としての神学を確立した『神学大全』。

〔15〕ボシュエ J. B. Bossuet（一六二七―一七〇四）：フランスのカトリックの司教、説教家、著述家。『世界史論』（一六八一）により、普遍的な摂理の軌道に明滅する神と人間の交流を描き、創造者か

ら祝福された王権の正統性を立証し、王を神の地上の代行者とみる、いわゆる「王権神授説」を補強。ブルボン王朝の公的な政治理論を確立したとされる。

〔16〕アウグスティヌス『神の国』第一二巻第二一章第四節。『アウグスティヌス著作集13』（泉治典訳、教文館、一九八一）一四二頁。

第三章　モンテスキューによる伝統の修正

〔1〕アレントによれば、モンテスキューは法を関係《ラポール》と定義している。以下を参照のこと。*On Revolution* (Harmondsworth, Penguin, 1973), 188.『革命について』（志水速雄訳、ちくま学芸文庫、一九九五）三〇四頁。邦訳の該当箇所を以下に引用する。

　私はまえに、革命以前の理論家のなかではモンテスキューだけが、政治領域に絶対者つまり神的あるいは専制的権力を導入する必要を考えなかったとのべておいた。これは、私の知るかぎりでは、モンテスキューだけが「法」という言葉を、常にその古い厳密にローマ的意味で用いていたという事実と密接に結びついている。彼は『法の精神』の冒頭で、この法という「言葉」を、関係《ラポール》、つまり異なった実在のあいだに存在する関係だと定義づけている。なるほど、彼も宇宙の「創造者と保護者」を仮定し、「自然状態」とか「自然法」について語ってはいる。しかし、創造者と創造物、あるいは自然状態にある人間と人間のあいだに存在する関係《ラポール》は、世界の統治を決定し、それなしには世界はまったく存在しないような「規則《レグル》」あるいはきまり以上のものではない。したがって厳密にいうと、宗教的な法も自然法も、モンテスキューにとっては、「より高い法」を構成しないのである。それらは、ただ存在する関係、存在の異なった領域を維持する関係にすぎない。ローマ人と同じように、モンテスキューにとっても、法は単に二つのものを関連づけるものであり、したがって定義上から相対的《リラティヴ》なものであるので、権威の絶対的源泉を必要とせず、法の絶対的妥当性という厄介な問題をもちだすことなく、「法の精神」をのべることができたのである。

〔2〕バーク Edmund Burke（一七二九―一七九七）：イギリスの政治家・著述家。アイルランド出身。ジョージ三世の専制に反対、アメリカの独立運動に同情したが、フランス革命の過激化を批判し、伝統を基盤とするイギリスの国制を擁護、近代保守主義の立場を明らかにした。

〔3〕エピクテトス Epictetus, Epictetos（五五？―一三五？）：ストア学派のギリシア人哲学者。意志を離れては善いものも悪いものも存在しないこと、出来事を予期したり支配したりしようとしてはならず、理性によってそれを受け容れねばならないということを説く。

第五章　伝統の終焉

〔1〕スピノザ Baruch（Benedictus）de Spinoza（一六三二―一六七七）：オランダの哲学者。レンズ磨きで生計を立てながら、「単独者」として質素・高潔な生涯を貫いた。永遠で絶対な自己原因としての神が唯一の実体、すなわち「神即自然」だとする。『神学政治論』『エチカ』。

〔2〕「活動」と「制作」の相違については、「訳者解説」を参照のこと。

〔3〕テルトゥリアヌス Tertullian, Tertullianus（一六〇？―二二〇？）：初期キリスト教会の最初のラテン教父。熱烈な護教家。ギリシア哲学を「異端の父」として排撃。神の啓示を超理性的なものとして、「キリストの復活は不合理であるがゆえに信じられる」と語ったとされる。

〔4〕ジェイムズ・マディソン James Madison（一七五一―一八三六）：アメリカ合衆国第四代大統領。

合衆国憲法の起草・制定に活躍。「憲法の父」と呼ばれた。党派利害の多様性を自由と公共善の観点から肯定し、多元主義政治学派に影響を与えた。アメリカ政治学の始祖と称される。

〔5〕マルクス「フォイエルバッハに関するテーゼ」。

〔6〕省略があるので、この引用部分を含む該当箇所を以下に引用する。

最後に、共産主義だけが、国家を完全に不必要にする。なぜなら、抑圧すべき相手がだれもいない――階級という意味で、住民の一定の部分との組織的闘争という意味で、「だれも」いない――からである。われわれは空想主義者ではないから、個々人が不法行為をおかす可能性と不可避性をすこしも否定しないし、また、このような不法行為を抑圧する必要をも否定しない。しかし、第一は、そのためには、抑圧のための特殊な機構、特殊な機関を必要とはしない。武装した人民自身が、簡単に、容易に――ちょうど今日の社会においてすら、文明人の集まりでさえあれば、簡単に、容易にけんかしている人々をひきわけ、婦女子への暴行をゆるさないように――これを遂行するであろう。第二に、共同生活の規則の侵害である不法行為の根本的な社会的原因が、大衆の搾取、彼らの窮乏と貧困であることを、われわれは知っている。この主要な原因が排除されるとともに、不法行為は不可避的に「死滅し」はじめるであろう。それが、どんなに急速に、またどんな順序で死滅するか、われわれは知らないが、しかし、それが死滅するであろうということは知っている。それが死滅するとともに、国家もまた死滅するであろう。

マルクスは、空想にはふけらずに、この将来にかんして現在規定できること、すなわち、共産主義社会の低い段階（階段、時期）と高い段階との区別を、より詳しく規定している。

レーニン『国家と革命』（全集刊行委員会訳、大月書店、一九七二）一一六頁。

〔7〕ベーベル August Bebel（一八四〇―一九一三）：ドイツ社会民主党創設者。引用該当部分は、エンゲルス『ゴータ綱領批判』（望月清司訳、岩波文庫、一九七五）八五頁。

第六章　政治入門

〔1〕man の訳語は言うまでもなく「人間」であるが、とくに men との区別が意識されている場合には「複数性」の有無が含意されているので、目障りにならない程度に訳語や表記に工夫をすることにした。もっともシンプルなのは、man と men の訳語たる「人間」にそれぞれ「マン」「メン」のルビを振ることだが、必要と思われる場合には「人間一般」とか「複数的な人間」「人間たち」など、適宜パラフレーズした訳語を与えている。同様のことは、同じパラグラフにある the lion と lions についても言える。

〔2〕人間すべてが有する本質的平等性：アレントが言う「平等性」とは「同一性」のことではない。なぜなら人間はユニークな孤独のうちにこの世に生まれ、その意味で固有の生を新しく始める生き物だから。つまり人間は一般的（＝普遍的）に平等なのではなく、あくまでも「絶対的差異性」を有するという点で平等なのだということ。逆に、人間を一般的に扱えば、つまり同一なるものとして扱えば、そのユニークなる差異性は消滅してしまうということ。

〔3〕アクトン卿 John Emerich Edward Dalberg-Acton（一八三四―一九〇二）：英国の歴史家、宗教家。熱心なカトリック教徒、自由主義者として知られ、教皇の不謬性を批判した。『ケンブリッジ近代史叢書』編集。

〔4〕権力、力、暴力：「権力」は power の訳語だが、多数の複数的な人間たちが協同することで生

まれる力、つまり、理想的には、アレント的な意味で「政治的」に結集されて「世界」に生起する力のことである。「暴力」は force, brutal force, violence の訳語だが、本質的に単数的な（あるいは少数的な）存在から発祥するものと思われる。なお force は、文脈に従って、より一般的な「強制力」や「力」と訳し分けることもある。

〔5〕パルメニデス Parmenides：前五世紀頃に活躍したイタリア生まれのギリシアの哲学者。エレア学派の開祖。思惟によってのみ把握されうる不生不滅・唯一不可分の「在るもの」の存在を説き、多数性、運動を仮象とみなす。原子論やプラトンのイデア論への道を開く。「同一性」の祖とも言える。

〔6〕異邦人：バルバロイ。ヘレネス（＝古代ギリシア人の自称）の対語。わけのわからないことをしゃべるという意味で、古代ギリシア人が異民族を蔑んで用いた呼称。ローマではギリシア・ローマ文化に浴さない民族、キリスト教徒にとっては非キリスト教徒を意味した。

〔7〕ポリュビオス Polybius（前二〇五？―前一二三？）：ギリシアの歴史家。人質としてローマに送られ、ローマの将軍スキピオ・アエミリウスの庇護を得て四十巻から成るローマ史『歴史』を著した。

〔8〕モムゼン Theodor Mommsen（一八一七―一九〇三）：ドイツの歴史家、古典学者。『ローマ史』（一八五四―五六、一八八五）。

〔9〕ヘラクレイトス Heraclitus, Helakleitos（前五四〇？―前四七〇？）：古代ギリシアの哲学者。「永遠に生ける火」を万物の根源（アルケー）とみなす。さらに火は、世界を支配するロゴス（理法）の象徴でもあるとされる。万物流転説を唱える。

〔10〕ランケ Leopold von Ranke（一七九五―一八八六）：ドイツの歴史家。厳密な史料批判に基づく客観的歴史記述の方法を確立し、「近代歴史学の祖」といわれる。政治的には保守主義に立ち、自由主義を批判した。

〔11〕コヴェントリ Coventry：英国ウェストミッドランズ州東部の工業都市。一九四〇年、ドイツ空軍の猛爆撃によって壊滅的被害を受けた。

〔12〕トロイア戦争：主としてホメロスの『イリアス』と『オデュッセイア *Odyssey, Odyssea*』で有名な、古代ギリシア伝説にあるギリシアとトロイアの戦争。古代には史実として疑われたことはなかったが、十九世紀に批判的歴史研究が起こり、虚構として片付けられることも多かった。しかしドイツの考古学者ハインリヒ・シュリーマン（一八二二―九〇）がトロイア発掘に成功してからは、伝説に対する全面的不信が改められ、トロイア戦争の史実性を信じる学者も多くなった。戦争が起こったのは紀元前十三世紀頃とみなされている。

ヘラ、アテナ、アフロディテの三女神が美を競ったとき、審判役となったトロイアの王子パリスは、ギリシア第一の美女を与えることを約束したアフロディテを選び、スパルタ王メネラオスの妃ヘレネをトロイアに連れ帰る。ヘレネ奪回を目ざし、妻を奪われたメネラオスの兄のアガメムノンを総帥としたアキレウス、オデュッセウスらの遠征軍がトロイアに向けて出発する。難攻不落の城壁で守られたトロイアは簡単には陥落せず、総帥アガメムノンと英雄アキレウスは仲違いして、ギリシア軍は苦戦に陥る。アキレウスはトロイアの英雄ヘクトルを討ち取るが、のちに自分もパリスの矢に踵を討たれて戦死する。ギリシア軍の「木馬の計」が功を奏して膠着状態が破られ、ギリシアが勝利する。

〔13〕フィディアス Phidias：紀元前五世紀頃のギリシアの彫刻家。
〔14〕アカイア人 Achaeans：紀元前十六世紀頃よりきわめて高度な文化を発展させたミケーネ時代のギリシア人の呼称。ホメロスの叙事詩でギリシア人の総称の一つとして用いられている。
〔15〕アイネイアス Aeneas：トロイア戦争で敗北後、破壊されたトロイアから危うく脱出に成功、一族とともにトラキアやマケドニアの沿岸を航行してシチリア島に渡り、やがてイタリアに到着してローマを建設したと伝えられる。のちにウェルギリウスはこの伝説をもとに『アエネイス』を書いた。
〔16〕ラティウム：現在のローマ南東部にあった古代の都市国家。
〔17〕パリス Paris：ギリシア伝説で、美貌のトロイア王子。スパルタ王メネラオスの后ヘレネを誘拐し、これが原因となってトロイア戦争が起こった。ギリシア最強の英雄アキレウスのかかとを射抜いて落命させた。
〔18〕ラウィニア Lavinia, Lauinia：アイネイアスは、トロイア落城に際して老父を背負い、息子ユルスの手を引いて脱出に成功すると、わずかな手兵とともに新トロイア建設の使命を抱いてイタリアに向け航海する。シチリアを出たあと彼を憎むユノ女神が起こした嵐によって艦船の大半は難破するが、かろうじてアフリカに漂着すると、カルタゴの女王ディドは彼に恋をしてしまう。アイネイアスは最後は使命のために彼女を見捨てて再び出航し、彼女は絶望のあまり自ら命を絶ってしまう。さまざまな苦難を経てついにローマの地ラティウムまでやって来ると、土地の王ラティヌスは娘ラウィニアと国土建設のための領土の提供を約束するが、彼女にはすでに多くの求婚者がいて、アイネイアスはイタリアの諸族、とくにトゥリ人の王トゥルヌスと闘わねばならなくなる。トゥルヌス

を一騎打ちで倒したアイネイアスは新たに建設した都市を妻の名にちなんでラウィニウムと命名した。また彼の息子ユルスは、ラテン都市アルバ・ロンガを建設した。

〔19〕カトーMarcus Porcius Cato（前二三四―前一四九）：古代ローマの将軍・政治家。第二次ポエニ戦争で活躍。反カルタゴ政策を主張した保守主義者。また文筆家として、ラテン散文文学の祖と称される。古いローマの伝統を重んじて、その質実剛健な気風を復興することで、多くの政治家を腐敗の罪で告発した。曾孫の小カトーに対し大カトーと呼ばれる。

〔20〕イリウムIlium：古代トロイアのラテン語名。

〔21〕十二表法Twelve Tables：前四五一年―前四五〇年にローマの法典編纂十人委員により作成され、十二枚の木板に彫りこまれたローマ最古の包括的法典。法生活において貴族の恣意から平民を守るため、身分闘争の過程で平民の要求により制定されたとされる。

〔22〕カルタゴの破滅：第三次ポエニ戦争（前一四九―前一四六）によってローマがカルタゴを完全に滅ぼしたことを指す。カルタゴはローマの属州アフリカとなった。

〔23〕タキトゥスPublius Cornelius Tacitus（五五？―一二〇？）：ローマ帝政期の歴史家。世界帝国を実現した共和政期を称え、帝政初期の暗い時代を批判した。政治家としても諸官職を歴任。『ゲルマニア』『年代記』。

〔24〕ソキエタス：共通の目的を達成するために、数人の当事者による契約に基づいたローマ時代の組合。各当事者は資金や技術や材料や権利や労働を提供し合い、利益と損失を等しく分けあった。

〔25〕アイスキュロスAeschylus, Aischylos（前五二五―前四五六）：ギリシアの悲劇詩人。

〔26〕ユンガーErnst Jünger（一八九五―一九九八）：現代ドイツの小説家・論説家。志願兵として従

軍した第一次世界大戦の戦争体験を原体験とする日記文学『鋼鉄の嵐の中で』（一九二〇）によって登場後、一九二〇年代後半から三〇年代前半にかけて、ハイデガーやカール・シュミットと共に「保守革命派」の代表的知識人として活動。

〔27〕クラウゼヴィッツ Karl von Clausewitz（一七八〇―一八三一）：プロイセンの軍人。軍事学者。「戦争とは他の手段をもってする政治の継続である」と説く主著『戦争論』は戦争理論の古典。

訳者解説

高橋勇夫

本書はHannah Arendt, *The Promise of Politics* (New York : Schocken Books, 2005) の全訳である。

本書『政治の約束』の成り立ちについては編者ジェローム・コーンの序文に詳しく書かれているが、ウルズラ・ルッツの書誌的な調査(U・ルッツ編『政治とは何か』〔岩波書店、二〇〇四〕所収「編者の評註」参照)も踏まえて考えると、本書は一九五〇年代半ばに計画されたままついに完成を見なかった『政治入門』を再構成したものだといえるだろう。当初は『全体主義の起原』(一九五一)に欠けていたマルクス思想と伝統的政治思想に関わる二つの著作が構想されていたのだが、マルクスに関する著作については、彼に対するアレントの評価と失望が交錯し続け、まとまりを持った書物として実現することが難しくなったようだ。政治思想に関する著作についても、彼女の構想が二転三転し続けてゆくうちに、アイヒマン問題などへの応対に忙殺されるまま、多くの草稿が机の中にしまわれてしまったらしい。それらの草稿の山を選り分けて再構成されたのが本書『政治の約束』なのだが、とくに内容的にも量的にも本書の中核を成している第六章「政治入門」は、日付のない草稿を配列するという、ルッツ氏の気の遠くなるほど綿密な作業の賜であるし、またアレントの構想に即してその他の草稿を配し、ルッツ氏の仕事を発展させたコーン氏の手柄も同様に賞賛されていいものだろう。

本書の第一章から第五章には、政治思想の伝統が古代ギリシアに始まり、マルクスに到って終焉を迎えるまでの変遷が描かれ、第六章では、絶滅戦争がリアルな可能性の問題となり始めた一九五〇年代の時代情況を背景に、政治の意味が徹底的に検討されている。幻の著作『政治入門』を再現する本書が重要なのは、この「政治」という概念にこそ、ハンナ・アレント独自の思想が凝集されているからである。もちろん『政治入門』の再構成という観点から言えば、結論として構想されていた「政治と思考」にあたる部分が、明示的な章立てとしては欠落していることに憾みが残るといえば、そう言えなくもないだろう。しかしもともとアレントは、一つの主題について、教育的に、つまり一貫した方針のもとに順序立てて論述を進めるのではなく、ややもすればその時々の関心に没頭しつつ考えてゆくタイプらしく、本書においても、結論が先取りされたり同じ論点が繰り返されたりすることも珍しくない。さらに思考は終わりのない運動であるとして、体系的であることを疑う彼女の年来の主張のことを思えば、論述の順番などは大した問題ではなかったのかもしれず、本書においては、「思考」や、活動と思考を統合した「判断（力）」についても、折に触れて検討されている。彼女の生涯の最後の十年はまさにこの思考と判断という倫理的な問題に考察の力点が置かれることになるのだが、訳者の感想としては、アレント政治思想の原理的な部分については、本書において、出尽くしているように思う。

しかし手持ちのカードを惜しみなく切りながら論述を進めるアレントの手法、いや〝活動〟は、つねにいきなり本論に入るようなもので、必ずしも専門家以外の読者には親切なものとは映らないようだ。しかも厄介なことに「政治」「世界」「活動」「労働」「制作(仕事)」「目的」「目標」「始めること」「生まれてくること」「砂漠」等々、ふつうの言葉にアレント独自の意味がこめられているので、彼女の著作になじみの薄い読者にはなおのこと無用な困惑を与えることもあるようだ。その意味では、アレント政治哲学の原理的な部分を語った、比較的に〝教育的〟な作品、『人間の条件』(志水速雄訳、ちくま学芸文庫、一九九四)を併せて読まれることが望ましいとも思う。事実、アレント自身が『人間の条件』は『政治入門』の「序論」にあたると述べているのである。

いずれにしろ「政治」がアレント政治思想の最重要テーマであることに疑いはなく、ポリスのみならず、ホメロス的な前ポリス的経験にその起源を探り、ソクラテス刑死を決定的な分かれ目にして「政治」が「哲学」に抑圧されてきた西欧政治思想の伝統を語り、絶滅戦争を目前にして政治再生への希求と気概がこめられた本書は、体系的・包括的な著作が意外に少ない彼女の著作群にあって、きわめて貴重なものになっている。そうした本書の内容とその意義については、コーン氏のすばらしい「序文」が付されているので、今さら訳者が屋上屋を架すこともないだろうとは思うが、ハンナ・アレントは〝難しい〟という、いささか早まった「世評」については、彼女の用語法にも原因があると思われるので、まずはその部分を中心に訳者として少しばかり説明を加えておこうと思う。

ハンナ・アレントが人間の活動力を「労働」「仕事」「活動」に分類したことはよく知られている。労働は、人間の生物学的条件（＝自然性）に対応する活動力、すなわち必要と《ネセシ》欲《ティ》求に拘束されている活動力であり、個体と種の維持のための必要物の生産などがこれに当たる。また仕事は、死すべき人間の生のむなしさに抗するために耐久的な「人工的」世界を「制作」する（つまり世界を「暴力」によって変形する）活動力であり、例えば技術者、建築家、芸術家などがその担い手になる。そして活動は、人間の複数性という条件に対応しており、人間と人間の間に生起して、主として言論によって、人間（の差異性）を開示（＝暴露）し、同時に「世界」を生起させる活動力のことであり、「政治」が実現するための中核的条件にして、その実現態でもある。

またそもそも本書の中心をなす「政治」という用語も、その言葉自体は広くふつうに使われている分だけ、じつは一層厄介でもある。アレントが「政治」もしくは「政治的」と書くとき、その多くはアレント的「政治」のことであり、統治的（＝支配的）な秩序を作ったり作り直したりすることでもなければ、富の再配分やら生産性、またインフラや安全保障に直接関わるものでもない。彼女が唱える政治的な営為は、端的にいうなら、各々の人間が固有の差異性を保持しながら、言い換えるなら多数の観点から、対等に固有の差異性を有する他者たちと関係を結び合い、縦横に意見（ドクサ、偏見）を交し合って〝世界〟を出現させることなのである。したがって政治は動的であり、その指針となる目標（目的＝終わり《エンド》ではない）は「自由」である。政治が実現しているとき、人間は、予告も予測もできない新しいことを始めるという意味で〝奇跡〟を起こす、すなわち「活動」する存在なのである。またできる限り物理的な力に依存しないという点で、何より「言論」を縦横に駆使する存在でもある。このとき大切な点は、言論も活動も他者がいなければ絶対に成り立たないということだ。活動と言論は他者たちとの間に生起するものであり、彼ら／彼女らとの関係次第でいかようにも変転するものだからである。また、このときもう一つ大切な点は、人間が生物としての必要やら必然、また〝歴史の必然〟といったネセシティの虜になっていないことである。生命や生活を維持するための過程《プロセス》に自由はなく、設定された目的《エンド》が絶対視されたうえで手段化される行為にも自由はない、なぜなら、後者の場合、それは予測と予定と当然の行為であり、新しいことは、つまり予定外のことは許されない行為であるからだ。プロセスの虜になった行為は「活動」ではないし、つまりは「政治的」でもないのである。そして、アレントの認識ではこうした過程的思考こそは、全体主義を導いたものに外ならなかった。

アレントの作品には、政治と同様、いや政治以上にありふれている「世界」という用語もある。そもそもアレントは人間に「本性」や「本質」が存在するとは少しも考えていない。在るのは人間の条件であり、人間それ自体などという代物は存在しないのだ。そういう意味では、彼女は反人間主義的・反本質主義的といえる。世界とは、さまざまに条件付けられた人間が実現する（人工的に創る）政治的＝公的領域のことであり、同時に、政治的に振る舞う人間の生の条件でもある。世界なしでは、人間の自由は存在しえないのだ。もし、私たちはつねに人間ではなく世界に荷担しなければならない、という言い方があるとすれば、そういう意味である。世界は自然に成りゆくものではなく、人間の自発的な関与がなければけっして存在しえない。世界は人間と人間の間に生起する出来事から成り、それは刻々たる他者たちとの関係が生起させる動的な事態に満ちみちた場である。世界は人間たちの間にあって人間たちを結び付け、同時に人間たちを切り離す。言い換えるなら、それぞれの人間は、それぞれの差異を手放さずに、つまり他と異なる自分だけのものを開示しながら、共同して生きてゆくのだ。他方、「無世界性」とは、世界という条件に関わることも曝されることもなく、孤立して生きてゆくことである。無世界性は無力感や虚無感・無常観のみならず、例えば様々なる超越的真理（イデア、生物学的自然、摂理、歴史法則、科学的真理、教義、イワシの頭、……）や他者（恋人、家族、友人を含む）と心地よく一体化するあまり、共同世界において、人間が固有の自己を開示し合う機会、すなわち「活動」の機会を放棄してしまう事態をも指す。

アレントによれば、伝統的政治思想は、いま述べたような意味での「言論」と「活動」の実現を、つまり「政治」の実現を阻んできたのである。それはさらに言い換えるなら、「世界」の実現を阻んできたということでもある。政治の代わりに幅を利かせていたのは永遠なる真実であり、キリスト教（会）的善であり、「人間性」であり、理性であり、世界精神であり、超人であり、労働という人間の本性であり、「たった一つの前提に基づく全体主義的な強制的演繹」であり、総じて、本質や同一性、また「永遠」や「絶対」につながる、プラトン的な超越的真理であった。つまり伝統的政治思想において中心的位置を占めてきたのは、複数性を条件とする政治ではなく、唯一性と同一性を希求する哲学だったのである。政治思想の伝統は、思惟と活動、観照と実践、要するに哲学と政治の葛藤の歴史、ありていに言えば、前者が後者を封じ込めてきた歴史であった。それは、言い換えるなら、「唯一的なるもの」が「多数的なるもの」を抑圧してきた歴史ということでもある。

ハンナ・アレントのいずれの著作においても、その全体像をきれいに思い描くのはなかなか容易ではないが、ウルズラ・ルッツ、ジェローム・コーン両氏の綿密な編集を経た本書においても、その事情は同じであるし、とくにハンナ・アレントに不慣れな読者には酷な部分もあると思われる。しかし訳者としては是非とも最後まで読み通してほしいと願っている。そこで読了するためのアシストとして、以下に第六章「政治入門」を中心に本書の梗概を記してみる。梗概など無用だと考える読者は、もちろん読み飛ばして構いません。

第一章　ソクラテス

ポリスの自由市民なら誰もが世界に対する独自の開口部を持っていた。それがドクサ（＝意見、臆見）である。ドクサは人間の複数性に対応する、いわば人それぞれの「真理」であり、公的（＝政治的）世界で自己を開示する手立てでもあった。ソクラテスは自ら真理を説く者ではなかったが、彼一流の問答法によって、ポリス市民の間をうるさく付きまとう虻のように動き回り、彼らのドクサに含まれる誤解と真理を明るみに出そうとする。彼が駆使する強制力のない言論は、人間の複数性という条件の所産に外ならない。しかし自ら「真理の産婆役」を任じるソクラテスも、最終的には、皮肉なことにアテナイ市民のドクサの多数決によって、刑死してしまう。

ソクラテスの死にプラトンは甚大な衝撃を受ける。そしてプラトンは、ソクラテスを死に追いやった複数的な、要するにバラバラで当てにならないドクサを軽蔑・恐怖し、人間的世界を超越する絶対的な真理（イデア）を渇望するようになる。ここにおいて、人間的事象を扱う「政治」と真理を扱う「哲学」の間に深淵が開き、以後延々と持続する政治思想の伝統が始められることになる。哲学と政治の対立は、真理とドクサ、神意と世俗、魂と身体などの対立に変奏されながら伝統化されて、この伝統は長らく「政治」の十全なる実現を阻むことになる。

しかし、ドクサに含まれる真理を炙り出すという哲学者ソクラテスの方法は、同時に、仮借ない問答によってドクサの過ちを粉砕するものでもあった。つまり、哲学と政治の亀裂と共存は、そもそもソクラテスという人物に内在するものでもあったのである。

第二章　政治思想の伝統

政治は、人間が冒険的に事を始め、それを他者と共にやり抜くという偉業が賞賛されていたギリシア初期の前-ポリス的経験に起源を有する。しかし政治思想の「伝統」が始まったのは、こうしたギリシアの哲学が破綻し始めたプラトン、アリストテレスの時代である。かつての英雄の理想は、立法者としての政治家の理想に取って代わられ、政治家たちの役割は活動することではなく、活動する人間たちの移ろいゆく営為に不変のルールを強いることだとされるようになる。

伝統の〝概念〟は、創建と家庭の聖性を信じるローマ帝国に由来する。家庭守護神を崇めるローマ的宗教は、国家の創建に基づき、祖先や偉人たちから受け継がれたものは何であれ守ることを神聖な義務とし、ここに「宗教」、「権威」、「伝統」の三位一体が成立する。ローマ帝国衰退後は、カトリック教会の創建によってローマの創建が反復され、宗教・伝統・権威の大いなるローマ的三位一体は、古代ローマに匹敵する驚異的な長命を保つことになった。これが破綻したのは、近代の始まりと共に、遠い過去の創建を神聖視する古い信念が、終わりのない進歩としての未来を信じる新しい確信に道を譲ったときである。

伝統の欠陥は、初期キリスト教において、スコラ学が主要な政治的経験を沈黙のうちに放棄したことにもっとも明瞭に見て取れる。このとき「実践的（＝公的・政治的）生活」は「観照的（＝哲学的）生活」に劣るとされたのである。

宗教的伝統の中で、活動と「赦し」の関係が生き残った。赦しは、すべての活動が招来する諸結果の連鎖と構図から私たちと他の人々を解放する唯一の、厳密な意味で人間的な活動である。

第三章　モンテスキューによる伝統の修正

統治体の本性、すなわち支配する「権力」とそれに制約を加える「法」という伝統的な構造の概念では、活動や移動を始めさせる根拠をまったく説明できない。統治体に息吹を与えるのはプラトン的「本性」ではなく、内なる「活動原理」なのである。モンテスキューは『法の精神』において、統治形態を「君主制」「共和制」「専制」の三つに区分し、それぞれの活動原理として「名誉」「徳」「恐怖」を挙げる。名誉は差異（＝卓越）への愛から、徳は平等への愛から生まれる。恐怖の根本的経験は孤独と無力感であり反－政治的だが、差異と平等は複数性という人間の根本的特性であり、公的領域で政治的に活動する人間の条件である。

第四章　ヘーゲルからマルクスへ

ニーチェは「諸価値の再吟味」をプラトン的哲学の転倒と称し、マルクスは精神ではなく物質で歴史を動かしてヘーゲルの歴史哲学を転倒させた。両者が採用しているのは遠近法的思考であり、転倒、すなわち視点の移動が起こると、伝統思想による「拘束的真理」の支配を受けない、新たな世界解釈が行われるようになる。

　しかしニーチェとマルクスによる転倒は、伝統の内容を排除して、その形式は温存するものだった。マルクスは、世界精神からも歴史的実態からも解放された方法としての弁証法を採用し、結果として十九世紀に特有の過程《プロセス》的思考を生み出してしまう。ある理念をテーゼとして設定する弁証法は「強制的演繹」を行う自動的プロセスと化し、過程的思考はやがて現実の制約を被らない全体主義体制下の破壊的ロジックに帰結する。

　マルクスにおいて歴史を理解可能にするのは、階級的利害の衝突である。人間は「労働する動物」と定義づけられ、唯一の正当なる利害の満足は労働のうちにあるとされる。いまや歴史を合理的に解釈するものは、プラトン的な「イデア」でもへーゲル的な「精神」でもなく、「労働」なのである。しかし生きるための必要物《ネセシティ》と密接に関連する労働に拘束される限り、政治思想から脱することはできず、真の政治的問題は棚上げされ続け、人間は自由になることができない。

第五章　伝統の終焉

永遠なる事柄に関心を寄せる哲学の伝統は、永遠ならざる人間の生活的諸条件に関わる政治に対しては、消極的な関係しか持たなかった。朽ちやすい人間的事象を哲学者は軽蔑し、プラトンの「哲人王」が意味したのも、哲学による現実支配ではなく、哲学者が真理の追究を行うための閑暇が確保される支配＝政治の在り方であった。そうした、政治は〝必要悪〟にすぎないという確信は、キリスト教が支配する時代になっても、ニーチェの時代になっても変わらず、「哲学者は世界を解釈してきたのにすぎない……重要なのは世界を変革することである」と言い放ったマルクスですら、とどのつまり求めていたのは「人間の最高の運命」という〝イデア〟であった。

マルクスによれば、明文化された法体系はすべて階級支配のための口実、イデオロギーであり、廃棄されねばならないものだ。彼にとって唯一意味のある法は、法律《ロー》ではなく

（運動）法則《ロー》なのである。さらに国家権力は、階級支配のための道具であり、その永続性は法のうちにではなく、統治＝支配のうちにあった。

支配の起源は古代の家長が家族と奴隷を支配する私的領域にあり、プラトンにおいてはっきり示されているように、支配する者とは、仕事の遂行の仕方を奴隷たちに命ずる主人のような監督機能を持つ者のことである。このとき、公的領域の活動は単に与えられたことを遂行するだけになり、認識はするが自分自身では行動しない誰かによって決定されている。マルクスが政治思想の伝統を終わらせるために挑んだのは、いわばこの〝哲学的〟な支配であった。マルクスの転倒は、哲学者による人間の支配を逆転させ、いわば人間すべてが哲学者になることを目指すものであり、彼によれば、公的事象に関わる政治は、哲学＝思考と無縁なものではなく、本質的に哲学的な唯一の活動力だったのである。

第六章　政治入門

I

政治は人間の複数性という根本的条件に基づいている。複数性はすべての人間が互いに有する絶対的差異に具現され、政治が実現されるのは、そうした人間たちの関係性において、すなわち人間と人間の間に生起する世界においてなのである。そうした空間で、人間は、物質的存在としての諸条件に、つまり生命《ライフ》＝生活の必要《ネセシティ》＝必然に左右されずに、他者との関係性において真の自由を実現し、自分を露見させることができる。

II

現在でも政治は意味を持っているのか？　もし持っているとしたらそれはいかなる意味なのか？　そうした疑問を解決するためには、まず政治に関する「偏見」を検証してみなければならない。その偏見によれば、政治は、国内政策としては、いかがわしい利害とイデオロギーによって織られた嘘とまやかしの織物であり、外交政策としては、退屈なプロパガンダと剝き出しの力の行使の間を揺れ動くものでしかない。何よりも政治は二十世紀の残忍な世界戦争を引き起こした張本人であり、いまや核兵器による絶滅戦争にすら手を染めかねないしろものだ。ノーバディによる官僚支配、種々の専制体、「歴史的諸力」による過程《プロセス》的支配も政治の産物である。社会に目を転じれば、大衆民主主義、消費と忘却の無限プロセスは人間の無力感を増大させているし、近代世界における標準《スタンダーズ》の破綻は、ニヒリズムと「神々の黄昏」、総じて道徳的秩序の崩壊をもたらしている。

人間に対する偏見が疑問に呈するのは、「標準」が喪失されるとき人間の「判断力」もまた無力化するのではないか？　という点だ。しかし「判断力」はいかなる標準にも依拠するものではなく、差異化する人間の能力に関わるものであり、けっして強制的なものではない。標準に頼らないと人間は判断できないという偏見の裏にあるのは、近代世界で失調したのは世界ではなく人間だという考え方である。人間がダメになった、つまり今や不安の対象はもっぱら人間なのである。世界とその中で起こる破局はすぐれて人間的な出来事であり、現代の不幸の原因は、人間の行動と本性のうちにある、ということである。行動主義や人間学、心理学が隆盛を究めるのもそうした理由に外ならない。

しかし現代の破局的情況を人間の在り方や人間の本性に帰する考え方は、すべて「非－政治的」である。なぜなら政治の中心にあるのは、人間ではなく、世界に対する気遣い《コンサーン》＝関心でなければならないからだ。「世界」とは活動によって人間と人間の間に生起する空間のことである。もし人類があした滅びるとしても、その原因は人類自身にではなく、この世界にある。いま人間自体に関心が向かうというのは、人間が世界から疎外されたまま過程《プロセス》に内在するオートマチックな諸力に身を預け、「内的事象（内面）」に逃避しているからなのである。気遣われるべきなのは、人間ではなく世界である。

政治の意味は自由である。しかし二十世紀の政治がもたらした全体主義と原子爆弾は世界を破壊し、したがって世界の中で躍動する人間の自由を根絶やしにするものに外ならない。するとやはり政治と自由は相反するものではないか？ そもそもギリシア・ローマの時代から、誰も政治の意味は自由であるなどとは信じてこなかったのであり、政治は、支配と統治の、また生活と生命を維持するための社会資源とその発展的な生産性を保護するための手段だとみなされてきたのである。しかし絶滅兵器の登場は、そうした「必要《ネセシティ》」のための政治という意味をも不可能にしてしまう。全体主義国家と原子兵器が合体した解決不能の脅威がもたらす袋小路によって、政治は意味を失い消失したかのようだ。もはや「奇跡」によってしか、よりよい方向への変化は望むべくもないように思われる。

奇跡が超自然的・超人間的なものであると考える必要はない。予測可能な過程《プロセス》の側から見れば、すべての新しい始まりは〝奇跡〟なのである。ヒトが世界に生まれ落ちてくること自体、すでに奇跡であり、人間の「始める能力」もそこに由来する。人間には奇跡を起こす才能があり、その才能の行使が「活動」なのである。活動はありそうもないことや予測し得ないことを実現する。自由とは、何かを何らかの方法で変えたいと望むことであり、自由という奇跡は「始める能力」に固有のものなのである。政治の意味を問う問題は、こうした奇跡への信仰において解消されるだろう。

ギリシア的な政治の意味は、自由な人間たちが強制も暴力も、互いの支配もなく、相互に平等者として交流することである。自由は自分と対等な他者がいて初めて存在するのであり、たとえ独裁者であろうと孤独である限り自由ではありえない。また政治は物質的・身体的必要《ネセシティ》が終わるところに始まる。プライベートな生活《ネセシティ》が繋ぎ止められている家庭＝私的領域の外へ踏み出すことによって、初めて人間は真の政治的空間たる〝公共圏〟に進み入ることができる。

まず、ホメロスの叙事詩に謳われているように、自由民による軍隊が参集して語り合い、帰還してその偉業を讃え合うための広場《アゴラ》が創られた。次にそれを中心としてポリスが創設されてゆく。人間の偉業と壮大な弁舌のために、ホメロスの詩以上に確かな住居が確保されねばならなかったのだ。やがて冒険と偉業が遠のいてゆくにつれて、市民たちが広場《アゴラ》の公共空間で平等な他者たちと交わり、言論の自由を謳歌することが、（政治的）自由の実質になってゆく。要は、誰も独りでは、客観的世界の全貌を十分には把握できないということなのである。世界は多くの人間に共有されて彼らの間に横たわり、それぞれの人に異なって現れるものだから、多くの人々がそれについて語り合い、互いに意見と立場を比較しながら交換することができて、初めて理解しうるものになる。世界に生きることと、それについて語り合うことは、基本的に同一の事柄なのである。言論の自由は政治の目的（＝終わり）ではなく、政治的事柄すべての実質であり意味である。この意味で政治と自由は一つのものであり、この種の自由が存在しないいかなる場所でも、真の意味での政治的空間も存在しない。

西洋政治哲学の父たるプラトンはさまざまな形でポリスに反対し、哲学から導き出される政治理論を提案した。彼が創設したアカデメイアは、政治的領域から隔離された、少数者のための自由空間であり、ポリスの「市場の自由」とは対極にあるものだった。それは今日まで受け継がれる学問の自由という理念を規定するものでもあるが、反面で政治に対する無関心、「脱政治」をもたらすものでもあった。哲学が多数者と少数者を分け隔てたことによって、政治の地位は低下し、選ばれた少数者がまったく為すすべを持たない、生存《ネセシティ》のための諸問題だけが政治の手に委ねられることになった。

キリスト教徒にとっては、公的空間は、公的であるがゆえに、耐え難いものだった。イエスが説く善は、隠れねばならないものであり、露骨に世界に現れてはいけないものだったからである。したがってキリスト教の生活様式の下で、人間の問題は公的領域から隔離されることになった。しかしその後、聖者の生は「社会」の中で展開されると説くアウグスティヌスの登場によってキリスト教は変容を被り、教会がキリスト教徒の逃避的引きこもりを世俗化＝社会化する役割を果たすようになる。教会という隔離された空間内で、本質的には（アレント的な意味では）非－政治的な公的領域が形成され、そこから世俗の政治に影響を与えるようになったのである。

近代に到ると、宗教的領域は私的な領分へと後退し、従来は私的領域とみなされていた生活と必要の領域が、「社会」という新しい〝公的〟領域に侵入してくる。政治は統治体《ガヴァメント》によって担われるようになり、その目的は、社会の自由な生産性と個人の財産と安全を守ることにあった。近代が国家に期待し、実際に国家が実現したのは人間を解放して社会的な生産力を発展させ、「幸福」な生活に必要な商品を共同して生産できる体制を保証することだった。近代的な政治概念は、国家を「社会」の一機能、もしくは社会的自由のための必要悪とみなす。

政治をその（アレント的な）本性から考えるなら、こうした政治と生活の結び付きは、政治におけるすぐれて政治的なものを無効にするものに外ならない。しかし人間が人類を絶滅させる手段を持ち、今や否応もなく人類の生き残り（＝生命）が政治の課題となるに到り、アレント的な政治（＝自由）と生活（＝生命）の対立自体も無効化したようにみえる。暴力の手段が怪物的に増大したのは、種々のテクノロジーの発明によるだけではない。政治的・公的空間それ自体が、近代世界の自己認識とその残忍な現実において、暴力の舞台になってしまったからでもあるのだ。

近代には、生活において人を強制するものとしての暴力は減少したが、国民が暴力のない日常を生きてゆくために、国家による暴力の独占が強化される。暴力は、多数者による「権力」と結びつくところではどこでも、怪物的に育っていった。そして近代世界の発展の過程においてすら保たれていた破壊と生産の均衡が、原子エネルギーの発見により、一挙に崩れ去る。絶滅戦争は、軍事的ターゲットを破壊するだけでは満足せず、人間と人間の「間」に生起してきた世界、つまり公的・政治的空間の破壊に取りかかる。全体主義体制に適合する唯一の戦争たる絶滅戦争の現実化によって、戦争は初めて政治の手段であることをやめ、政治によって定められた限界を踏み越え、さらに政治そのものまでも絶滅させ始めたのである。

ホメロスの『イリアス』に描かれたトロイア戦争は歴史上最古の〝絶滅戦争〟だが、この叙事詩において決定的な点は、ホメロスが敗者を黙殺せず、勝者・敗者二つの側面から戦争を描いていることである。ホメロスはギリシアの英雄アキレウスとトロイアの英雄ヘクトルの双方に、勝敗にかかわらず、ありのままの姿で現れることによって十全にリアルになる機会を与えている。そうした、ホメロスにおいては「戦闘」に内在していた複数性が、やがてギリシアの闘技精神《アゴーン》に受け継がれ、「言論」において現されるようになる。討議されることによって、すべての話題が、それを討議する人々と同じ数だけの側面を持ち、同じ数だけの観点から出現する可能性を持つようになる。それはアリストテレスにとっては、政治的人間の「実践知」を意味するものであったし、カントの「共通感覚」と「判断力」に通じるものでもある。ギリシア的な考え方によれば、孤立した人間はけっして自由ではなく、相異なる個人たちが集まって共生し、動き回り、初めて自由は人と人の間の空間に生起する。つまりギリシア的な自由は〝場所〟に根差し、自由空間の境界はポリスの城壁、厳密に言えば、広場《アゴラ》と一致しており、ポリスと政治的領域は一体のものだったのである。

ギリシア人と同様、ローマ人も自らの民族的起源をトロイア戦争に求めた。彼らは、自分たちのことを、家の守り神《ペナテス》を背負い、破壊されたトロイアから命からがら逃れてローマを建設したと伝えられるアイネイアスの子孫だと考えていた。それが意味するのは、ローマ人は「敗北」を自らの起源としつつ、家庭の再建（家系の持続）を図ろうとしていたということである。

ローマ人がホメロスの詩の公平性のうちに自己解釈したのは、徹底的な絶滅から別の持続的な何ものかへの変質であった。敗れたトロイアの末裔たちがイタリアの地に降り立って生起させたのは、ギリシア人たちの間で政治がその限界まで達したあげくに終焉した、まさにその地点での、政治の発展に外ならなかった。政治は、ギリシア人にとっては、都市の同等ランクの市民たちの間に生長するものであり、討論を通して本来の自分を現すためのものだったが、ローマ人にとっては、戦闘で初めて一緒になった見も知らぬ対等ならざる人々の間に生長し、闘争は自分自身のみならず、敵方をも認識するための手段であった。戦争が終わると、ギリシア人はポリスの壁の内側で自分自身と勝利の栄光に耽り、語る自由を謳歌したが、ローマ人は敵国と条約を結ぶことによって、敵国との間に新しい政治の世界を創り、その持続を保証し合ったのである。

　戦争を終結するにあたってギリシアとローマが現した対極的な姿は、それぞれ法《ノモス》＝掟と法《レックス》という二様の法概念の起源となる。ギリシア人にとって、法はしばしば外部の立法者によって着想されるものであり、市民による言葉と行為のやり取りから生まれるものではなかった。つまり政治的舞台に属するものではなかったのである。法は一人の外部の人間によって建てられる城壁であり、その内側で自由な市民が自由に動き回る政治的空間が創られるのだ。したがって法はポリスの外部では無効であったし、他方で、法がなくなればギリシアの人々はアイデンティティを失ったのである。同時に、法は予測不能な活動の無軌道性を阻止し、言葉や偉業など、死すべきものが有する「儚さ」に対抗するための枠組でもあった。要するに、ギリシアの法《ノモス》にとって重要なのは境界を定めることであり、外部との結び付きや連帯を形成するものではなかったのである。

しかしローマの法《レックス》の実際の意味は「持続するつながり」であり、国と国の間、または同国内の政治的集団の間を架橋する働きをするものだった。ローマ人にとって、政治は外交政策として始まったのである。戦争は終わりではなく政治の始まりであり、平和条約と同盟から生まれる新しい政治的領域の始まりなのである。敵を徹底的に破壊せず、「慈悲」と「敗者に対する赦し」によって条約を結び同盟関係を創る。外交政策の概念と、その結果としての、自らの国や都市の境界を越える政治的秩序観は、ひとえにローマに発祥するものなのだ。ローマ人が部族と部族の間にある空間を政治問題化したことによって、西欧世界が「世界」として創始されたのである。

二十世紀に全体主義が台頭して以来、私たちの国内外の政策が直面している脅威の本質は、「政治的なるもの」の消滅である。もし戦争がもう一度絶滅戦争になるならば、ローマの時代から実践されてきた、とりわけ政治的な本質を有する外交政策は消滅してしまうだろう。そうなれば国家間の関係は法も政治も知らない広漠たる空間に退行し、世界は破壊されて、あとには砂漠が残されるだろう。二十世紀の根本的な政治的経験を形成したのは、戦争と革命であるが、その両者に共通しているのは、暴力の徴を帯びているという点である。戦争と革命がこの時代の〝政治的〟経験だとするなら、二十世紀の人々は政治と暴力を同一視するように追い込まれているのだ。もし政治的活動が「目的（end）」を追求するものであり、そのための有用性によって判断されねばならないものだとするなら、政治は本質的に非‐政治的であり、政治よりも上位にある事柄に奉仕するものだということになる。その場合、政治的活動はその目的が達成された瞬間に停止することになり、いずれは人間の歴史から消滅することになるだろう。

政治的活動がつねに追求するのは「目的（end）」ではなく「目標（goal）」でなければならない。目的は堅固に規定され、手段（暴力を含む）を選択して正当化し、神聖化すらも行い、自分の役に立つあらゆる事柄を手段の地位に貶め、役に立たない事柄は何であれ無益だとして棄却する。その結果、「自由のための暴力」というように、目的（＝自由）と活動の意味（＝暴力）に齟齬が生ずるに到る。こうした齟齬を解消、もしくは緩和するのは「目標」である。目標は不断に存在し、方向づけは行うが、けっして石のように硬直化することはない。目標はそれに従ってあらゆる行為が判断されねばならない標準を規定し、いかなる特定の活動の終結（＝目的）をも乗り越えて持続しうるのである。目標の本領は、目的と手段の双方に対して制限を加え、それによって活動が極端に走る危険を封じ込めることにある。たとえば「平和」という目標は、暴力に身の程を弁えさせ、その破壊的勢いを抑制しようとする。したがって所定の目的に向けられた活動が不条理になるときには、目標はすでに失敗していることになる。絶滅兵器を大国が所有し、やがてはすべての主権国家がそれを所有するであろう今日の事態は、それに当たるだろう。

エピローグ

現代における「無世界性」の拡大は砂漠の拡大といえる。世界の喪失とは、人間と人間の間にある事柄、すなわち「政治」が衰退してゆくことだ。心理学は人間自身に問題があるかのように振る舞い、砂漠を変えるのではなく、治療と称して人間を砂漠に順応させようとする。全体主義は死のような静けさから突然現れて人間をさらってゆく偽りの活動である。心理学によって順応したり、全体主義的運動による活動にすべてを委ねたりしてしまえば、私たちの当座の苦しみは軽減するだろうが、苦境を受忍し持続する人間の能力と徳は、失われてしまうだろう。私たちは砂漠の住人になり、砂漠を人間的な世界に変えることができるという希望は失われてしまうだろう。

人間の世界はいつでも「世界への愛」の産物である。世界の潜在的不朽性は、世界を築いた人間たちの死すべき運命と、世界に誕生してくる人間たちの出生を、条件としている。世界は新たに始められて構わないし、そう信じる「始める人たち《ビギナーズ》」の要請において、世界はつねに〝砂漠〟なのである。「そもそもどうして誰かが(何かが)存在して、誰も(何も)存在しないということはないのだろう?」これは虚無的な問いではない。砂漠のよう

——に虚無的な世界の情況にあっても、誰かが、何かが存在してしまうという驚き《タウマゼイン》であり、反‐虚無主義的な問いかけなのである。

前述のように、幻の『政治入門』には「政治と思考」という最終章が構想されていた。哲学の軛から政治を解放しようとし続けたハンナ・アレントは、同時に、人間にとって哲学が、というより思考が、いかに重要なものであるかを語って倦むこともなかった。たとえばナチス・ヒトラーのように一つの民族を根絶やしにすることをも厭わない論理が多くの心を捉えたことへの驚愕、たとえばハイデガーのように深遠な哲学が反人類的な悪に易々と荷担したことへの憤りと戸惑い、たとえばアイヒマンのように「考えないこと」によって「凡庸なる悪」に支配されてしまうことへの深い憂慮こそは、彼女の「思考」を終生衝き動かし続けたものであった。

思考には孤独が必要であり、孤立した思考はややもすれば真理《イデア》を意欲し、イデアは強制的論理によって体系性・一貫性を要求するだろう。もともとメランコリーな詩を愛し、観照的な資質と志向を自覚するアレントはそのことを痛いほど承知していたに違いない。だからこそ彼女は、思考に世界を媒介させること、つまり思考を複数的な他者たちとの対話に晒して練り上げること、言い換えるなら、思考と活動（世界）を対立的に分け隔てるのではなく、繰り返し（たぶん終わることなく）縒り合わせてゆくことを説いたのである。
活動、すなわち政治的行為は一切のネセシティと利害から解放された自由な営為だが、同時に、その場の他者たちとの関係に左右されざるをえず、本質的に無軌道なものでもある。活動は取り消しようがなく、予測もできない。言い換えるなら、活動には、自由であるがゆえに、その代償として「不可逆性」と「予言不能性」という二つの困難が伴わずにはいない。アレントがときどき念を押すように「赦し」と「約束」に言及するのはそのせいである。じつは、赦しと約束は、活動が自滅しないために、活動自体に内在している。「赦し」は、自由が発生させる「取り返しのつかなさ」を取り消し、無軌道な活動が呼び込む災厄の連鎖から私たちを解放して「新しく始める」ための機会をもたらす。一方、「約束」は、人びとの自由が衝突して世界に暴力が運び込まれる前に、受忍を保たせ、他者へのリスペクトを回復させ、信頼と未来をもたらす人類だけの考案品である。政治を持続可能にするためのツールとして、忘れてはならないものだろう。

ハンナ・アレントは、一九〇六年、ドイツのケーニヒスベルク（現在はロシアのカリーニングラード）の古いユダヤ人の家柄に生まれる（生誕の地はハノーファーのリンデン）。両親は社会主義に傾倒する同化ユダヤ人であった。マールブルク大学でマルティン・ハイデガーから哲学の指導を受けるが（二人には恋愛関係も存在した）、やがてハイデルベルク大学に移り、カール・ヤスパースの下でアウグスティヌスの愛の概念について博士論文を書き上げる。ナチが政権を奪取した三三年、シオニストたちへの協力の廉でゲシュタポに逮捕・尋問されるに及んで彼女はドイツを脱出し、パリに移り住む。以後、五一年にアメリカ国籍を取得するまでの十八年間、ハンナ・アレントは「無国籍人」であった（実際にドイツ国籍を剝奪されたのは一九三七年）。パリの彼女はブレヒトやベンヤミンなどと交わりながら、ユダヤ人避難民のパレスチナ移住に力を貸したり反ファシスト活動家を支援したりする活動に従事するが、フランスの一部がナチスに占領され、パリのユダヤ人たちも収容所に送られ始めたのを機に（アレント自身、グール抑留キャンプに四週間収容された）、四一年、二番目の夫ハインリッヒ・ブリュッヒャーと共に、わずか二五ドルの金とベンヤミンの遺稿を握り締めてアメリカに亡命する。ニューヨークのアレントはユダヤ系のドイツ語新聞に原稿を書いてヒトラーに対抗するユダヤ軍の創設を訴えたりしていたが、二、三年で英語の左翼系高級誌『パルチザン・レヴュー』などにも評論を載せ始める。五一年、スターリニズムとナチズムに代表される全体主義（「根源的な悪」）の起源を反ユダヤ主義と帝国主義に辿る『全体主義の起原』が刊行されて、アレントは一躍気鋭の政治思想家として認知される。以後、『人間の条件』（一九五八）、『革命について』（一九六三）、『イェルサレムのアイヒマン』（一九六三）、『精神の生活』（一九七八）などの著作を刊行する。その間、プリンストン、バークリー、シカゴなどでの講義やヨーロッパを含む各地の講演に飛び回る生活を送っていたが、六七年以降はニューヨークのニュースクールに腰を据える。一九七五年十二月、心臓発作で六九年の生涯を終えた。

ハンナ・アレントの葬儀には二つの大陸から約三百人が参列したが、冷戦終了後以降の数次の「ブーム」に比べれば、当時の彼女の「名声」は限られたものだった。彼女の全体主義論の受容のされ方にも「冷戦」が濃い影を落としていただろうし、何よりも一九六三年の『イェルサレムのアイヒマン』の余波で多くの友人たちが彼女のもとを去っていた。もともとアレントはヨーロッパのユダヤ人指導層には批判的であり、ユダヤ人とパレスチナ人による共同統治を主張してイスラエル建国に反対していたのだが、『イェルサレムのアイヒマン』における「ユダヤ人への共感を忘れた語り口」(ゲルショム・ショーレム)は、ユダヤ人社会の激しい憤りをあらためて買っていたのである。

『イェルサレムのアイヒマン』では、アレントは、絶滅収容所に数百万のユダヤ人を移送する責任者だったアイヒマンに「悪の凡庸さ」を見いだしていた。それはあたかも「黴」のように表層化する「悪」の現代的徴候であった。彼女は、イェルサレムの裁判で紋切り型の証言を繰り返すばかりのアイヒマンに深い「思考」の痕跡を見つけられず、誰もが当然視する悪魔性ではなく、むしろ思考の欠落こそがアイヒマンの悪の本質だと考えたのである。深い思考がなければ、人間は悪には(善にも)届かない。これを契機に、もっぱら政治的な活動の本質を究めることに注がれていたアレントの探求は、そうした活動を成り立たせる「思考」と「(道徳的)判断」へ本格的に重心を移してゆくことになる。

本書の編者ジェローム・コーンは、本書のみならず、ハンナ・アレントの多くの遺稿集と旧著の新装版に編者、協力者として関わっており、現在の世界的なアレント研究の隆盛は彼の手柄に拠るところが大きい。アレントの死後、いち早く彼女の友人メアリ・マッカーシーに協力して『精神の生活』の公刊を実現し、それ以降、アレントの未発表、未公刊の草稿の編集作業に携わってきた。コーン氏は、アレントの最後の五年間、ニューヨークのニュースクール(The New School for Social Research)で彼女の助手(teaching assistant)を務めた。二〇〇〇年春にニュースクールに創設されたハンナ・アレント研究所(Hannah Arendt Center)では、二〇〇八年まで所長であった。その最後の年に訳者は研究員としてニュースクールに滞在していたのだが、コーン氏によれば、アレントの講義は結論などなきがごとくに縦横に話し続けるスリリングなもので、ある学生などは「思想の津波」と呼んでいたそうだ。

力のこもった序文にもある通り、コーン氏は本書の現代的意義を強調している。表題の『政治の約束』が意味するのは、新しい政治の始まりへの確かな展望である。憎み合う者たち、闘い合う者たちが、共に生きてゆける世界、それを実現する新しい政治をコーン氏はハンナ・アレントの政治哲学に確信しているのである。

なおハンナ・アレント研究所は、二〇〇九年より、ニューヨークから北に電車とタクシーで二時間ほどのバード大学に置かれている。バード大学はアレントの夫ハインリッヒ・ブリユッヒャーが長らく教鞭を執っていた大学であり、いま、その敷地内の墓地にアレントとブリユッヒャーが並んで眠っている。

さて今回学芸文庫として版を改めることになり、訳文に少々手を入れた。いくつかの訂正箇所もあったが、大半は文章を読みやすくする作業であった。どうしても日本語のシンタックスに乗らず、何度も「超訳」への誘惑に駆られたが、辛うじて自重した。原文から離れすぎないように注意して精いっぱい工夫したつもりである。テキストの性質上、難しい部分も残ったかもしれないが、過度な完璧主義は捨てて、気楽に(!?)読み進めていただきたい。

小見出しについては単行本刊行時の担当編集者の大山悦子さんの強い勧めがあった。小見出しのおかげで理解の整理がしやすくなり、格段に読みやすくなったと思う。学芸文庫化にあたっては、北村善洋さんのお手を煩わせた。多数の訳文の修正のみならず、無数の句読点の取捨や語尾の変更で、さぞかし繁雑な作業になったことだと思う。感謝しております。

本書は、二〇〇八年一月十日、筑摩書房より刊行された。

社会学の考え方〔第2版〕
ジグムント・バウマン／ティム・メイ
奥井智之訳
日常世界はどのように構成されているのか。日々変化する現代社会をどう読み解くべきか。読者を〈社会学的思考〉の実践へと導く最高の入門書。新訳。

コミュニティ
ジグムント・バウマン
奥井智之訳
グローバル化し個別化する世界のなかで、コミュニティはいかなる様相を呈しているか。安全をとるか、自由をとるか。代表的社会学者が根源から問う。

ウンコな議論
ハリー・G・フランクファート
山形浩生訳／解説
ごまかし、でまかせ、いいのがれ。なぜ世の中、こんなものがみちるのか。道徳哲学の泰斗がその正体とカラクリを解く。爆笑必至の訳者解説を付す。

世界リスク社会論
ウルリッヒ・ベック
島村賢一訳
迫りくるリスクは我々から何を奪い、何をもたらすのか。『危険社会』の著者が、近代社会の根本原理をくつがえすリスクの本質と可能性に迫る。

民主主義の革命
エルネスト・ラクラウ／シャンタル・ムフ
西永亮／千葉眞訳
グラムシ、デリダらの思想を摂取し、根源的で複数的なデモクラシーへ向けて、新たなヘゲモニー概念を提示した、ポスト・マルクス主義の代表作。

鏡の背面
コンラート・ローレンツ
谷口茂訳
人間の認識システムはどのように進化してきたのか、そしてその特徴とは。ノーベル賞受賞の動物行動学者が試みた抱括的知識による壮大な総合人間哲学。

人間の条件
ハンナ・アレント
志水速雄訳
人間の活動的生活を《労働》《仕事》《活動》の三側面から考察し、《労働》優位の近代世界を思想史的に批判したアレントの主著。（阿部齊）

革命について
ハンナ・アレント
志水速雄訳
《自由の創設》をキイ概念としてアメリカとヨーロッパの二つの革命を比較・考察し、その最良の精神を二〇世紀の惨状から救い出す。（川崎修）

暗い時代の人々
ハンナ・アレント
阿部齊訳
自由が著しく損なわれた時代を自らの意思に従い行動し、生きた人々。政治・芸術・哲学への鋭い示唆を含み描かれる普遍的人間論。（村井洋）

責任と判断
ハンナ・アレント　ジェローム・コーン編　中山元訳

思想家ハンナ・アレント後期の未刊行論文集。人間の責任の意味と判断の能力を考察し、考える能力の喪失により生まれる〈凡庸な悪〉を明らかにする。

プリズメン
Th・W・アドルノ　渡辺祐邦／三原弟平訳

「アウシュヴィッツ以後、詩を書くことは野蛮である」。果てしなく進行する大衆の従順化と、絶対的物象化の時代における文化批判のあり方を問う。

哲学について
ルイ・アルチュセール　今村仁司訳

カトリシズムの救済の理念とマルクス主義の解放の思想との統合をめざしフランス現代思想を領導した孤高の哲学者。その到達点を示す歴史的文献。

スタンツェ
ジョルジョ・アガンベン　岡田温司訳

西洋文化の豊饒なイメージの宝庫を自在に横切り、愛・言葉そして喪失の想像力が表象に与えた役割をたどる。21世紀を牽引する哲学者の博覧強記。

アタリ文明論講義
ジャック・アタリ　林昌宏訳

歴史を動かすのは先を読む力だ。混迷を深める現代文明の行く末を見通し対処するにはどうすればよいのか。「欧州の知性」が危難の時代を読み解く。

プラトンに関する十一章
アラン　森進一訳

『幸福論』が広く静かに読み継がれているモラリスト、アラン。卓越した哲学教師でもあった彼が平易かつ明快にプラトン哲学の精髄を説いた名著。

コンヴィヴィアリティのための道具
イヴァン・イリイチ　渡辺京二／渡辺梨佐訳

破滅に向かう現代文明の大転換はまだ可能だ！　人間本来の自由と創造性が最大限活かされる社会をどう作るか。イリイチが遺した不朽のマニフェスト。

重力と恩寵
シモーヌ・ヴェイユ　田辺保訳

「重力」に似たものから、どのようにして免れればよいのか……ただ「恩寵」によって。苛烈な自己無化への意志に貫かれた、独自の思索の断想集。ティボン編。

工場日記
シモーヌ・ヴェイユ　田辺保訳

人間のありのままの姿を知り、愛し、そこで生きたい――女工となった哲学者が、極限の状況で自己犠牲と献身について考え抜き、克明に綴った、魂の記録。

ちくま学芸文庫

政治《せいじ》の約束《やくそく》

二〇一八年三月十日　第一刷発行

著　者　ハンナ・アレント
編　者　ジェローム・コーン
訳　者　高橋勇夫（たかはし・いさお）
発行者　山野浩一
発行所　株式会社　筑摩書房
東京都台東区蔵前二―五―三　〒一一一―八七五五
振替〇〇一六〇―八―四一二三
装幀者　安野光雅
印刷所　三松堂印刷株式会社
製本所　三松堂印刷株式会社
乱丁・落丁本の場合は、左記宛にご送付ください。
送料小社負担でお取り替えいたします。
ご注文・お問い合わせも左記へお願いします。
筑摩書房サービスセンター
埼玉県さいたま市北区櫛引町二―六〇四　〒三三一―八五〇七
電話番号　〇四八―六五一―〇〇五三

ISBN978-4-480-09849-8 C0131